本书受人文社会科学平台西南大学“一带一路”反贫困研究中心的建设经费资助

西南大学缙云智库丛书

关注大西南：有话要说(2020)

GUANZHU DAXINAN YOU HUA YAO SHUO 2020

兰剑　王成　刘新智 等著

西南师範大學出版社
国家一级出版社　全国百佳图书出版单位

图书在版编目(CIP)数据

关注大西南：有话要说. 2020 / 兰剑等著. — 重庆：西南师范大学出版社，2020.6
(西南大学缙云智库丛书)
ISBN 978-7-5697-0294-1

Ⅰ. ①关… Ⅱ. ①兰… Ⅲ. ①区域发展—研究—西南地区 Ⅳ. ①F127.7

中国版本图书馆 CIP 数据核字(2020)第 093345 号

关注大西南：有话要说(2020)

兰剑　王成　刘新智　等著

责任编辑：李　炎
责任校对：叶晓丽
书籍设计：尚品视觉 CASTALY 周　娟　钟　琛
排　　版：王　兴
出版发行：西南师范大学出版社
地址：重庆市北碚区天生路 1 号
邮编：400715　市场营销部电话：023-68868624
网址：http://www.xscbs.com
经　　销：新华书店
印　　刷：重庆长虹印务有限公司
幅面尺寸：185mm×260mm
印　　张：14.75
插　　页：11
字　　数：353 千字
版　　次：2020 年 6 月　第 1 版
印　　次：2020 年 6 月　第 1 次
书　　号：ISBN 978-7-5697-0294-1

定　　价：68.00 元

共同努力，迈进数字化全球新时代

林辉

2019.3.9

林辉

国际欧亚科学院院士，江西师范大学地理与环境学院院长。曾担任国际数字地球学会中国国家委员会副主席、国家航天局绕月探测科学专家委员会成员、国家空间科学专家委员会委员和联合国教科文组织世界遗产空间中心科学委员会委员。曾获亚洲遥感协会杰出贡献奖、美国地理学家协会(AAG)米勒奖。

论坛纷呈
思想交融
受益无限
共享共荣

林聚任
2019.4.26

林聚任

山东大学哲学与社会发展学院社会学系教授、博士生导师、社会学系主任，罗伯特·默顿著作的中文译介者和研究专家，国家社科基金学科评审组专家，中国社会学学会农村社会学专业委员会副理事长，中国社会学学会科学社会学专业委员会副理事长，山东省社会学学会副会长，山东省政协社会法制委员会特聘专家。

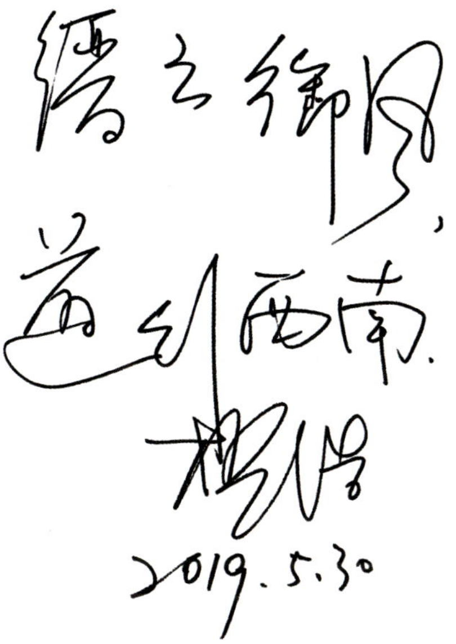

樊和平

笔名樊浩，东南大学教授、哲学系博士生导师，教育部特聘教授，国家首批哲学社会科学领军人才，全国及教育部哲学社会科学规划评审专家，曾担任江苏省社会科学院副院长，中国伦理学会副会长，东南大学人文社会科学学部主任。

祝缙云哲学
论坛越办越好

冯俊
2019.11.21

冯俊

中国人民大学教授、博士生导师，同济大学人文学院特聘教授，享受国务院政府特殊津贴专家，清华大学习近平新时代中国特色社会主义思想研究院学术委员，北京市习近平新时代中国特色社会主义思想研究中心顾问。曾先后任中国人民大学副校长、学术委员会副主任、中国浦东干部学院常务副院长、中共中央党史研究室副主任、中共中央党史和文献研究院院务委员（副部长级）、第十二届全国政协委员等职务。

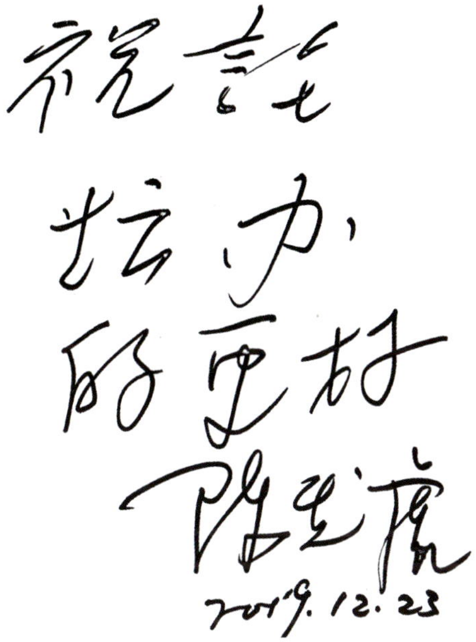

陈发虎

兰州大学特聘教授、中国科学院院士、发展中国家科学院(TWAS)院士。现任中国科学院青藏高原研究所所长,中国地理学会理事长,国际地理联合会环境演变委员会副主席,中国资源学会、中国第四纪研究会副理事长,教育部特聘教授。曾获得国家杰出青年基金资助,获得中国青年科技奖,荣获全国先进工作者等荣誉称号。

为振兴西南地区全面建成小康社会贡献高等学校哲学社会科学工作者的智慧

智力资源是一个国家、一个民族的宝贵资源。当今世界，智库已成为影响政府决策、推动企业发展、引领社会舆论的重要力量，成为国家"软实力"的重要组成部分，既发挥着无拘无束、异想天开的"头脑风暴中心"作用，也担当着一个敢于超越一切现有智慧的"战略思想中心"角色，为决策者处理经济、政治、科技、军事、外交等各方面问题出谋划策，提供最佳理论、策略、方法、思想等智力支持。也正因为如此，许多西方国家把智库建设摆在十分重要的位置，并诞生了像德国汉堡经济研究所、日本野村综合研究所、美国兰德公司、卡内基国际和平基金会、斯坦福大学胡佛研究所等一大批在全球拥有很高声誉和影响力的顶级智库，它们在思想生产、舆论导向、人才汇聚、政府臂膀等方面发挥重要功能。

改革开放40多年来，广大社会科学工作者形成共识，要以自己的知识、才智为国家发展提供智力支持，为此，国内一批决策研究咨询机构和哲学社会科学研究部门相继成立，它们紧紧围绕改革开放和社会主义现代化建设，在咨政建言、理论创新、舆论引导、社会服务、公共外交等方面发挥了重要作用。党的十八大以来，习近平总书记就建设中国特色新型智库、建立健全决策咨询制度做出一系列重要论述和指示，指明了我国智库建设的定位使命、方向路径、总体格局和发展理念。2015年1月，中共中央办公厅、国务院办公厅印发《关于加强中国特色新型智库建设的意见》，将智库建设上升到国家战略高度。随着我国经济发展和社会变化，正确应对我国社会主要矛盾转变，解决人民日益增长的美好生活需要和不平衡不充分的发展之间的矛盾，智库建设要有新目标、新方式、新作为。习近平总书记在党的十九大报告中提出，"加强中国特色新型智库建设"，这为新时代智库建设指明了方向，即必须坚持党的领导，把握正确方向，服务中心工作，体现中国特色，为推动改革开放和社会主义现代化建设做出更大贡献。

刚刚过去的2019年，正逢新中国成立70周年。经过70年的经济社会发展，国家、民族、人民面貌发生了翻天覆地的变化，全国各族人民团结一心，迎难而上，开拓进取，奋力前行，创造了一个又一个人类发展史上的伟大奇迹，中华民族迎来了从站起来、富起来到强起来的伟大飞跃；经过一代又一代人的努力，我国成为全球经济增长新引擎，国民经济持续快速增长，经济总量连上新台阶、稳居世界第二，对世界经济增长的贡献率超过30%；产业结构持续优化升级，基础产业和基础设施实现重大飞跃，区域协调发展呈现新格局，国际合作和经贸往来发展成就举世瞩目，科学教育事业欣欣向荣，社会事业繁荣昌盛……。站在新的起点，当前全面建成小康社会进入决胜期，破解改革发展稳定难题和应对全球性问题的复杂性、艰巨性前所未有。研判我国经济社会发展态势，我国发展仍处于并将长期处于重要战略机遇期，我国将以更大力度，在更广范围、更深层次上全面实施创新和对外开放合作，推动构建新型国际关系，携手构建人类命运共同体。在这种新的时代背景下，我国新型智库必须积极把握和回应新时代发展变革的主题主线，以服务于党和政府决策为宗旨，以政策研究咨询为主攻方向，以完善组织形式和管理方式为重点，以改革创新为动力，开展前瞻性、针对性、现实性政策研究，只有这样才能提出专业化、建设性、切实管用的政策建议，才能发挥咨政建言、理论创新、舆论引导、社会服务、公共外交等重要功能。

涵盖四川、云南、贵州、西藏、重庆等五省、自治区、直辖市的西南地区，总面积约234.06万平方千米，占中国陆地国土面积的24.50%；截至2019年末，西南地区人口约2.03亿，占西部地区总人口的53.30%，占全国总人口的14.08%。西南地区以山地为主，地形结构十分复杂，自然资源（如江河、林木、牧草等）十分丰富，拥有大面积高山区和草场以及常年生的林木和牧草，无霜期长，是我国发展橡胶、甘蔗、茶叶等热带经济作物的宝贵地区。西南地区矿产资源种类多、储量大，已发现矿种130种，有色金属约占全国储量的40%。西南地区也是我国民族种类最多的地区，有藏族、白族、傣族、水族、佤族、苗族、怒族、门巴族、珞巴族、彝族、纳西族、哈尼族、土家族等民族，其中仅云南一省就有20多个民族聚居，是我国民族种类最多的一个省。西南地区文化多样且独特，民俗资源、旅游资源、生态资源极其丰富。同时，西南地区战略地位独特，是"一带一路"倡议和长江经济带建设的重要节点，也是通往南亚、东南亚以及世界各地的重要窗口，更是我国开放发展的前沿阵地，在国家战略中具有举足轻重的作用。

新中国成立70多年来，西南地区在党中央国务院的正确领导下，经过各级地方党委、政府和广大人民群众的共同努力，四川、云南、贵州、西藏、重庆等五省、自治区、直辖市发生了巨大变化。经济总量不断上升，社会和谐稳定，文化繁荣昌盛，生态文明建设成就斐然，城镇化有了较快增长，社会事业发展取得长足的进步。但与中央的要求和区域内广大人民群众的要求相比，还存在较大差距，面临着的压力和挑战依然巨大。经济发展相对滞后，贫富差距较大，精准扶贫任务艰巨；生态保护与发展平衡矛盾突出，在经济新常态下产业转型和经济增长方式转变渠道收窄，社会事业建设有待提速；等等。这些问题亟需用创新、协调、绿色、开放和共享的理念去研究，去解决。正是出于这些考虑，西南大学一批哲学社会科学工作者在学校领导和社科处的亲切关怀和大力支持下，组建了"缙云论坛"。

论坛旨在始终保持政治定力、战略定力、发展定力，牢固树立"四个意识"，增强"四个自信"，遵守国家法律、法规，坚守学术道德，坚持人文社会科学为社会服务的原则，贯彻"百花齐放、百家争鸣"的方针，围绕主题，贴近实际、贴近生活、贴近群众，坚持问题导向，紧扣学科发展前沿，深入开展有关党和国家及地方重大理论与现实问题的基础理论研究、应用对策研究和公益性研究，不断提升西南大学人才培养、学科建设、社会服务、文化传承创新的能力和水平，逐步形成具有世界水平、国内一流、特色鲜明的“缙云学派”，为深入贯彻党和国家方针政策，推动国家创新、协调、绿色、开发、共享发展，全面建成小康社会，实现中华民族伟大复兴的中国梦提供精神动力和智力支持。

缙云论坛成立六年来，在校内外广大哲学社会科学工作者的积极参与和大力支持下，已经有了良好的起步，学术活动蓬勃开展，数十名国内外一流学者和来自改革开放基层一线的工作者受邀论坛讲学，十多件智库产品得到省部级以上领导肯定性批示，二十多件智库产品获得重庆市优秀成果奖，影响力逐步扩大，正在成为独具特色的“学术家园”和服务社会的有效载体。为了更好地强化智库的历史功能，缙云论坛学术委员会从 2015 年起，组织广大哲学社会科学工作者结合自身的研究领域，聚焦西南地区经济社会发展，如精准扶贫与精准脱贫、乡村振兴与农村发展、文化建设与文化多样性保护、民族教育问题、旅游发展、社会治理、新型城镇化、“互联网＋”、“大众创业、万众创新”等，深入基层、深入社区、深入百姓，开展有针对性的调研活动，撰写有见地的智库成果，编辑成《关注大西南：有话要说》（西南大学缙云智库丛书），每年推出一本，公开出版，并直接呈送给中央和地方党委政府主要负责同志，直接服务社会、服务党和国家的重大需求，比较集中地贡献广大知识分子的智慧力量和问题解决方案。本集由西南大学、武汉大学、贵州财经大学、贵州中医药大学、长江师范学院等多个学校的科研工作者，通过实地调研和思考，主要聚焦精乡村振兴、减贫发展、社会建设、区域经济与发展等问题，汇聚了四十余篇政策建议，体现出每位作者的问题意识和整体性、前瞻性思考，所提建议和解决方案有一定的参考价值。

在本集即将付梓之际，我们要感谢的人很多很多。首先要感谢西南大学领导的亲切关怀和大力支持，使缙云论坛才能得以健康发展；要感谢学校社科处的胆识和果断决定，将几位教授自由闲聊中的话题及时转变为现实，使缙云论坛得以扬帆起航；要感谢学校社科处、教师发展部/人事处、宣传部、信息中心、图书馆等职能部门领导的无私支持和指导，使论坛每次活动得以顺利开展并产生影响。其次要感谢西南师范大学出版社米加德社长的关心、支持和帮助，还要感谢责任编辑为本书付出的努力。坦诚地说，要感谢的人实在太多太多，恕不一一赘述。

由于时间紧，本论丛谬误在所难免，诚恳地欢迎各界学术同仁和广大实际工作部门的同志不吝指教指正，在此深表谢意。

西南大学缙云论坛主席 王志章

2020 年 1 月 20 日

目录 MULU

减贫发展与农村问题研究

乡村振兴研究

区域经济与区域发展研究

社会治理与社会建设研究

减贫发展与农村问题研究

JIAN PIN FAZHAN YU NONGCUN WENTI YANJIU

深度贫困地区脱贫攻坚面临三大突出问题亟待改善
——基于四川省凉山彝族自治州昭觉县等地的调研

王志章

内容摘要:凉山彝族自治州是我国"三区三州"深度贫困地区之一。近年来,在中央一系列重大政策驱动下,脱贫攻坚取得了教育扶贫、医疗扶贫、搬迁扶贫、文明扶贫四大成效。同时,也面临资金瓶颈、人才瓶颈、基础设施建设难度大三大难题,直接影响如期脱贫。有鉴于此,本文从补齐配强教师队伍,提升教育水平解决"因教致贫";从改善医疗力量,提升医疗保障水平解决"因医致贫";从改进基础设施建设,优化民族地区生产生活空间布局解决"因地致贫";从完善政策规范,提升脱贫攻坚政策合力解决"返贫致贫",着力建立扶贫工作长效机制等方面提出了相关对策建议。

昭觉县位于我国四川省西南部的凉山彝族自治州,全县面积2700平方千米,辖47个乡(镇)、271个村,总人口33.23万,其中彝族占98.40%,是全国最大的彝族聚居县、四川省少数民族人口最多的县,也是社会制度"一步跨千年"的"直过民族地区"和四川省45个深度贫困县之一。2018年2月11日,春节前夕,习近平总书记亲临昭觉县三岔河乡三河村和解放乡火普村,看望贫困群众,了解脱贫攻坚的真实情况,一路强调"我们搞社会主义,就是要让各族人民都过上幸福美好的生活""说一千,道一万,增加农民收入是关键",要求"全面小康路上一个不能少,脱贫致富一个不能落下"。2019年6月初,国家社科基金重大项目"民族地区深度贫困大调查与贫困陷阱跨越策略研究"课题组深入四川省凉山彝族自治州昭觉县进行专题调研。调研表明:四川凉山州认真贯彻落实习近平总书记视察重要讲话精神,紧扣"两不愁、三保障"目标,瞄准"辍学、毒品、艾滋病、超生、陈规陋习"五只脱贫路上的"拦路虎",取得了教育扶贫、医疗扶贫、搬迁扶贫、文明扶贫等四大成效。同时,四川凉山州扶贫工作面临资金瓶颈、人才瓶颈、基础设施建设难度大等三大难题,需要从多个方面着力建立扶贫工作长效机制。

一、四川省昭觉县脱贫攻坚取得四大成效

两年多来,在习近平总书记视察凉山州重要讲话精神的鼓舞和指引下,昭觉县委、县政府带领全县30多万彝族群众,举全县之力、聚社会之智,紧扣"两不愁、三保障"目标,瞄准"辍学、毒品、艾滋病、超生、陈规陋习"五只脱贫路上的"拦路虎",采取切实措施,取得脱贫攻坚战新成就,"两不愁、三保障"有了新提升,各族人民无不感恩习近平总

书记的亲切关怀。2018 年全县地区生产总值(GDP)总量 29.84 亿元,财政收入 1.4 亿元,城镇、农村居民人均可支配收入总量分别为 25430 元和 9129 元。脱贫攻坚初期全县识别的 191 个贫困村、95276 建档立卡贫困人口,通过精准扶贫和精准脱贫,贫困村减少到 93 个,贫困人口减少到 11686 户、53095 人,贫困发生率从 31.80%降至 18.10%,突出表现如下:

第一,按照“学前教育打基础,义务教育抓质量,高中教育求突破”的思路,深入推进教育领域扶贫攻坚。全县小学和初中阶段入学率分别达到 99.28%、95.29%;推行“1 年学前教育+9 年义务教育”模式,开办“一村一幼”幼教点 282 个,有效帮助彝区幼儿突破“汉语关”;建立“生本教育”18 所基地学校,成为四川省第二个推行“生本教育”模式改革的试点县;利用“15 年免费教育”“9+3”免费职业教育的政策优势,巩固义务教育成果、成就贫困学生成才梦想,全县中职教育在校生超过 3000 人,为提高彝区人口素质、阻断贫困代际传递起到重要作用;设立教育扶贫救助基金 370 万元,为考上大中专院校的贫困户子女发放助学金、生活补助等,帮助学生办理生源地助学贷款,让贫困家庭孩子实现了大学梦。

第二,着力提升医疗基础服务水平。全县每千人医生数和床位数分别从“十二五”期末的 1.92 人、2.52 张增加到 1.96 人、3.1 张,与四川全省平均水平的差距逐步缩小;全面落实“十免四补助”政策,建档立卡贫困户新农合参合率达到 100%,贫困人口医疗扶持、全民预防保健等八项指标均达到 100%,农村群众县内就医报销比例达到 99.27%,基本实现“零支付”;建立卫生扶贫救助基金 300 万元,为贫困群众报销救助金。健全贫困群众基本生活保障长效机制,为 4.6 万名贫困群众提供农村低保,为 1432 名孤寡老弱对象、1449 名孤儿和 3050 名特殊困难儿童提供救助,实现“两线合一”“应保尽保”;累计提供农村医疗救助 16.91 万人次,贫困群众住院自费救助比例达到 70%以上,有效减少了因病致贫返贫。

第三,按照“先难后易”和新村、新居、新产业、新农民、新生活“五新同步”的工作思路,整村规划、连片推进新村新寨建设,实现人居环境大改善。搬迁安置 2910 户、建成彝家新寨 2528 户、整合资金改造 2818 户,3 万余名贫困群众实现住有安居。加快道路通村通社建设,着力建设外通内联的路网系统,累计修建国道 166.6 千米、省道 50.9 千米、通乡柏油路 71.9 千米、通村道路 430.3 千米,实现国省道和乡镇干线通畅,85%的村实现通达,群众出行困难问题得到有效解决。统筹推进水利、电力、通信等基础设施建设,完成 3.3 万人饮水巩固提升工程、93 个村农村电网改造工程、90 个村实现宽带通信和广播电视网络覆盖。

第四,深入推进毒品、艾滋病、超生和辍学“四治”工作,引导群众摒弃“以毒为药、患艾获保、多子多福”等落后思想。持续推进“毒品治理·凉山行动”,健全完善“禁毒防艾二十条”机制,通过“支部+协会+家族”禁毒防艾模式深入开展禁毒斗争,建成 41 个社区戒毒(康复)工作站,社区戒毒(康复)执行率达 91%。全面启动艾滋病防治和健康扶贫攻坚行动,筑牢艾滋病防线。“1+8”艾防中心项目通过评审,“1+M+N”艾防工作模式积极推广,艾滋病抗病毒治疗覆盖率 90.78%、有效率 85.88%;提供自愿咨询、婚检等检测服务，艾滋病感染者及病人配偶检测率达 86.61%，婚检率保持 100%；强化艾滋病母婴传播预防干预，住院分娩率达 100%，母婴传播率下降至 5.21%。深入开展生育秩序专项整治，优先扶持计划生育贫困家庭脱贫致富，加快转变群众婚育观念，全县符合政策生育率达 91.83%，“超生”这一特殊社会问题逐步解决。按照习近平总书记“把‘驱鬼除魔’进行到底”的要求，开展“习总书记来到我们村”系列宣讲活动，覆盖群众近 15 万人，申报创建省级“四好村”3 个、州级 58 个、县级 58 个，引导群众主动移风易俗、摒弃陈规陋习，养成现代文明生活方式。

二、四川省昭觉县脱贫攻坚面临“三大”问题

从此次调研情况来看，昭觉县作为凉山州贫困程度最深的县目前依然存在以下问题：

第一，资金和政策扶持尚需加大。虽然国家、省、州等部门自脱贫攻坚以来加大了对彝区贫困县脱贫攻坚的投入力度，但由于历史欠账较多，脱贫攻坚任务重、压力大。即使是发展较好的近几年，财政收入平均每年也只有 1.29 亿元，财政自给率仅为 5.40%，这些仅够“保工资、保运转”，很多脱贫建设项目虽开展了前期工作，但由于无后续资金保障，建设进度滞后，不能及时发挥脱贫的带动作用。

第二，专业技术人才匮乏。昭觉全县因为自然条件和经济条件的限制，教育、医疗、农业等各行业普遍存在专业技术人才“引不进、留不住”的问题，高学历、高水平、经验丰富、阅历深厚的人才不愿意来，即使是引进的高校毕业生，经过几年学习成长为经验技术型人才后，也几乎都考或调到外地。全县基础教育师资严重短缺，目前在校学生 82500 人，按照国家规定的师生比要求，教师应在 4000 人左右，但目前仅有 2000 多名教师；稀有正式编制的幼儿教师，全县多建成“一村一幼”，但无正规的园舍和经过严格训练的幼儿教师，即使条件较好的郭城镇幼儿园，一个班多达 160 多个孩子，仅配有 2 名临时受聘的幼儿老师，连基本安全都难以保障。全县各村建有医务室，但无一位受过专业训练的医务人员，看病难尚未真正解决。尽管 2018 年在脱贫攻坚中上级部门补充教师 305 名、医务人员 365 名，但全县教师仍缺编 2008 人，医务人员缺编 474 人，专业技术人才难以满足学有所教、病有所医的基本需求。

第三，基础设施项目建设难度大。2018 年，凉山州委将昭觉县定位为凉山州东部区域中心城市，县委也按照州委编制出建设彝族文化、交通、产业、城市、教育医疗“五个中心”的规划进行建设，但综合考虑，实现州委对昭觉县的发展定位难度大，势必会影响凉山州实现打赢脱贫攻坚战后的高质量发展，返贫和落入贫困陷阱的风险极大，亟须采取新举措加以应对。

三、加强和改进四川凉山州脱贫攻坚工作的四大建议

国家社科基金重大项目“民族地区深度贫困大调查与贫困陷阱跨越策略研究”课题

组继调研昭觉县后，先后又调研了凉山州的雷波、冕宁两县，上述几个县存在的问题具有很大的相似之处，为此，本文提出如下建议：

第一，精准施策，补齐师资短板，着力提高深度贫困地区中小学教师综合素质，确保贫困家庭的孩子有学上、能上好学，提升智力阻隔代际贫困的能力。一是扎实推进民族地区教育扶贫，落实义务教育“两免一补”、中高等教育“三免一助”、职业教育“雨露计划”和教师优惠政策，守住因贫失学、辍学底线。二是补齐义务教育阶段教师缺编的短板，建议国家为深度贫困地区列出专项教师编制，按照现行师生比的要求，确保贫困地区学生能够均衡享受高质量的义务教育，筑牢阻隔代际贫困的根基。三是创新激励政策，鼓励来自深度贫困地区的大学毕业生自愿回原籍担任中小学教师、农业技术人员等，对经过考核回原籍的大学本科以上学历毕业生在乡镇中小学、幼儿园、农业领域等连续工作满五年者，除给予国家正式编制外，再给予退还大学四年学费的奖励；对幼儿师范专科学校毕业的学生回乡担任幼儿园教师的，其工资纳入当年县级财政预算，工资标准与乡镇中小学教师一致，对特别优秀的可以经过严格考核转入正式编制。四是扩大教育部直属师范大学和民族地区师范院校在深度贫困地区的定向招生比例，提高对师范生的资助力度，确保他们能够安心学到过硬本领，立志返乡从教改变落后面貌。五是加强大中城市与贫困地区对口支教帮扶力度，每年选派优秀教师到深度贫困地区中小学任教，通过智能化手段和传、帮、带等形式帮助提高当地教师综合素质，提升教育质量。加大教育部“国培计划”对民族地区中小学教师的培训力度，依托本省师范院校开办深度贫困地区“国培班”，每年增加培训人数。六是各级教育行政主管部门、共青团组织、大专院校要充分利用暑假社会实践活动，组织在校硕士、博士研究生深入民族地区开展支教帮扶实践活动，积极传播新知识，帮助乡镇中小学教师了解基础教育发展前沿，拓宽新视野。

第二，健全民族地区医疗服务体系，加强医护人员专业化队伍建设，提档升级县、乡（镇）医院设备，确保贫困人口公平享有基本医疗。一是稳步推进农村基层医疗卫生“雨润工程”，加大医疗保障救助等政策兜底力度，把好因病致贫返贫等闸口。加强慢性疾病、常见疾病防控和健康教育，引导贫困群众逐步养成健康的生活方式和生活习惯，预防和减少疾病发生。二是做强民族地区州一级人民医院，提档升级县中心医院，做好乡镇医院卫生枢纽，强化村医务室定位，形成民族地区自治州、县、乡（镇）、村完善完整的医疗服务体系；按照服务人口1‰～1.5‰的比例配备乡村医生，每所村卫生室至少要有一名执业（助理）医师或具备专科以上学历的乡村医生。三是在有条件和有一定基础的民族地区兴办一所医药专科学校，加强对本土医疗卫生人才的培养，发挥少数民族医药在服务贫困人口中的作用；由国家扶贫资金买单，支持有影响的医科大学面向民族地区、贫困地区定向招收“全科医生班”；扶持民族地区有条件的中等卫生护士学校联手医科院校兴办服务本土的大专“全科医生班”，扩大招生比例，对毕业回到乡（镇）医院工作满五年的给予事业编制，对工作满两年的给予由国家资助带薪攻读公共卫生专业硕士学位的奖励；建立完善三甲医院对口支援民族地区、贫困地区中心医院制度，定期选派综合素质高的医务工作者到县、乡（镇）医院挂职坐诊，免费接纳来自贫困地区医院的医生到三甲医院师从名医跟班学习；鼓励医科大学到贫困地区乡（镇）医院建立永久性实习基地，每年安排一定数量的医科大学生到乡镇卫生院实习一年。四是由国家颁布《贫困地区乡镇卫生院医疗设备配置品目录清单》，加大中央、省级和地方财政的投入力度，及时更新、升级县、乡（镇）医院医疗设备，定期进行验收检查，确保医疗设备能够满足贫困地区群众治疗检查、贫困人口定期免费体检的基本要求。五是全面落实患病贫困人口“先诊疗、后付费”和“两免两减半”政策，夯实基本医疗保险、大病保险、医疗救助、商业补充保险多重保障，发挥各项医疗保障政策叠加效应，降低民族地区贫困人口就医负担。落实贫困人口参加城乡居民基本医疗保险个人缴费财政补贴政策。各级定点医疗机构要设立综合服务窗口，真正实现各项医疗保障政策“一站式”信息交换和即时结算。六是省、州两级财政每年从专项扶贫资金中安排一定比例的经费，为未脱贫和享受脱贫政策的建档立卡贫困户以及脱贫后易返贫的贫困人口购买扶贫特惠保险。完善建档立卡贫困严重精神障碍患者基础信息库和动态监测网络，建立信息共享机制，按照“分级负责、属地管理”的工作原则，对辖区建档立卡贫困严重精神障碍患者进行诊断、复核诊断及评估。加强乡（镇）和村医疗卫生机构精神卫生服务能力，提高服务可及性，确保建档立卡贫困严重精神障碍患者得到有效救治。

第三，按照生产、生活、生态功能区建设的基本要求，在脱贫攻坚战和实施乡村振兴战略过程中优化民族地区村庄空间布局，完善升级基础设施，整治田园山水环境，确保民族地区贫困人口有安全住房。一是有鉴于深度贫困地区乡（镇）、村组空间大、居住分散、人口稀少等现实，民族地区自治州、各县应依据生产、生活、生态三大功能划分要求，对现有乡（镇）、村组的空间格局进行重新规划、定位，改善生态环境，确保贫困人口有房住、住得安全。二是有鉴于贫困地区基础设施过去欠账太多、补短板任务重等现实，国家职能部门应按照中共中央、国务院《关于打赢脱贫攻坚战三年行动的指导意见》要求，精准施策、集中发力、奖励有道，加速推进民族地区外通内联、通村畅乡、客车到村、制村通硬化、饮水安全巩固、农网改造升级、电力基础设施建设、农村生活垃圾治理、卫生厕所改造、山水田园整治等系列工程，对保质保量提前完成建设任务的单位和地方政府按照工程总造价的一定比例由国家给予奖励；对拖延工程贻误脱贫攻坚、质量不高的建设单位实施严厉惩罚，建立黑名单制。三是支持民族地区、深度贫困地区在脱贫攻坚和实施乡村振兴战略过程中开展“还一片绿色行动”，通过易地扶贫搬迁、财政补贴、贴息贷款等政策，对现有居住在生态敏感区、脆弱区、不适合人类居住地方的村组，经过政策宣传、问题答疑等，整体搬迁到经过重新规划的集中安置点，打造民族文化符号化、可视化、多彩化强的特色社区，并通过引进社会资本发展多样化的文旅融合产业、农业园区建设、贫困人口免费技能培训，大力推行政银企户保、资产收益、微工厂等，帮助搬迁贫困人口实现充分就业，在实现住房安全有保障、持续生计能力有提升中更新其思想观念，使其告别落后生活方式，增强内生发展动力。

第四，完善法律法规保障，多措并举打好“组合拳”，确保“两不愁、三保障”水平稳步提升，高质量完成脱贫攻坚收官之战，为 2020 年全面建成小康社会进入减贫时期奠定基础。一是国家应抓紧研究制定出台《贫困地区职业教育法》《民族地区乡村教师法》

《民族地区执业医师法》《乡村振兴法》《民族地区减贫法》《民族地区区域开发法》《民族地区生态补偿法》《新型职业农民法》《未成年子女家庭受援法》等系列法律，为民族地区、后发地区脱贫后持续高质量发展、提升贫困人口“两不愁、三保障”能力提供法律依据。二是对已脱贫的贫困县、贫困村和贫困户，进一步完善后续巩固提升和精准防贫机制，保持扶贫政策的连续性，筑牢“边脱贫、边返贫、边增贫”的“防火墙”。对非高标准脱贫户和非贫困低收入户，强化综合扶持政策，采取有力措施增加收入，防止返贫。三是加快推进农村基础设施和基本公共服务建设，着力解决非贫困村和贫困村发展不均衡问题，健全扶贫机制聚合力。四是充分发挥先发地区对口帮扶民族地区、贫困地区的作用，坚持鱼渔兼授、志智双扶，抓紧制定后续帮扶和巩固提升规划，增强贫困群众内生动力和自我发展能力。五是深化民族地区扶贫领域腐败和作风问题专项治理，严格把控资金和项目全程监管，让扶贫工作得到各族群众的认可、经得起历史检验。六是做好民族地区、深度贫困地区脱贫攻坚与乡村振兴的有效衔接，通过加快发展现代特色农业、全力打造美丽民族乡村、激发农村发展活力等措施，把乡村振兴和脱贫攻坚融为一体，统筹谋划、系统推进、相互借力，实现民族地区脱贫之路与乡村振兴之道有机衔接。七是强化民族地区、贫困地区基层组织建设，把打赢脱贫攻坚战、提升“两不愁、三保障”能力作为“不忘初心、牢记使命”主题教育活动重要内容，学习领会习近平新时代中国特色社会主义思想，列出思想—行动对照检查清单，增强贫困地区广大党员干部在脱贫攻坚、实施乡村振兴战略过程中的领导力、执行力；进一步完善“村官”“选调生”制度，增加民族地区、贫困地区的选派名额，按照严格组织程序，把那些政治素质好、思想觉悟高、“懂农业、爱农村、爱农民”的青年干部尽早选拔到乡镇和村级领导岗位，改变民族地区、贫困地区基层干部文化素质普遍偏低、年龄偏大的局面，为深度贫困地区全面建成小康社会后持续减贫、实现新的“两步走”的宏伟目标提供坚强组织保障。

本文为国家社科基金重大项目“民族地区深度贫困大调查与跨越贫困陷阱策略研究”（项目批准号：18ZDA121）的阶段性研究成果。作者为西南大学经济管理学院教授、博士生导师，西南大学“一带一路”反贫困研究中心主任，贵州财经大学特聘教授，长江师范学院武陵山片区绿色发展协同创新中心、武陵山区特色资源开发与利用研究中心兼职教授，研究方向为区域经济发展与反贫困。①

① 本书作者简介均以成文时为准。

民族地区巩固脱贫成果需要新举措
——基于临夏回族自治州扶贫产业发展的实地调查

王志章　闫龙

内容摘要：临夏州作为“三区三州”深度贫困地区之一，脱贫攻坚难度大、任务重，实地调研发现，其通过大力发展高原特色扶贫主导产业、旅游产业、劳务产业，脱贫攻坚取得了显著的成绩，但同时也存在产业发展水平较低、土地的集约化程度不高、缺乏发展主导产业专业技术人才的问题。为巩固临夏州脱贫成果、解决发展主导产业中存在的迫切问题，本文提出如下建议：充分利用国家扶贫政策，加快主导产业培育；加快土地流转步伐，实现主导产业的规模化经营；加大职业技能培训力度，保证产业发展所需人才充足。

甘肃临夏回族自治州位于甘肃省中部西南面，黄河上游，北与兰州市接壤，东临洮河与定西市相望，西倚积石山与青海省海东市毗邻，南靠太子山与甘南藏族自治州搭界，地处青藏高原和黄土高原过渡地带，地形复杂，是全国两个回族自治州之一和甘肃两个民族自治州之一，面积8169平方千米，辖1个县级市、5个县、2个自治县，总人口205万，其中少数民族人口占59%，除临夏市外其余7个县均为国家级深度贫困县。2017年，国家将临夏回族自治州整体纳入“三区三州”深度贫困地区。

“全国脱贫看甘肃，甘肃脱贫看临夏”，作为深度贫困地区之一，临夏州的脱贫攻坚工作进展如何？已经取得哪些成绩？2020年如期脱贫还有哪些问题？带着上述问题，国家社科基金重大项目“民族地区深度贫困大调查与跨越贫困陷阱策略研究”课题组于2019年8月5日至8月12日，组织部分成员深入临夏州的15个贫困乡镇、10多个村，围绕产业扶贫及乡村振兴能够巩固脱贫成果这一主题，通过大量阅读当地脱贫攻坚材料，分析几年来的面板数据，深度访谈多位乡镇主要领导，多次召开由村书记、村主任、驻村第一书记、村民参加的座谈会，观察田间地头和扶贫车间，微信回访被试对象以及对100多个贫困户进行抽样调查等，比较全面地掌握了临夏州脱贫攻坚中产业发展取得的成绩，找到了存在的一些问题。

一、主导型扶贫产业发展取得显著成果

党的十九大以来，在国家一系列政策的强力驱动下，临夏州委、州政府全面实施“一户一策”精准脱贫帮扶计划，大力发展主导型高原特色扶贫产业，支撑“两不愁、三保障”

的作用显著增强，脱贫攻坚取得决定性胜利。截至 2018 年年底，全州实现 160 个贫困村、11.22 万人脱贫，其中，州政府所在的临夏市通过严格审查脱贫摘帽，农村居民收入增加，可支配收入 6817 元，同比增长 9.90%，增速居甘肃省首位。2018 年年底，全州仅有建档立卡贫困人口 16.38 万，贫困发生率由 2013 年底的 32.50%降至 8.97%，初步形成农业全面升级、农村全面进步、农民全面发展的良好态势。

第一，高原特色扶贫主导产业有了较快发展。临夏州提出以打造绿色食品种植、生产和加工民族用品“百亿元”产业为目标，充分发挥气候、土壤、错季节等独特的优势，以高原夏菜、花椒、桃、面点、清真食品等为抓手，以临夏经济开发区、临夏国家农业科技园为依托，以修订完善出台支持中小微企业发展的 26 条政策措施为驱动，大力发展红头葱、临夏桃种植和养牛业，改造升级啤特果，扩大临夏拉面经营体量，仅临夏市就种植红头葱 1 万多亩，远销广州、深圳、香港、澳门等地，产值达到 1 亿元，2020 年将扩大至 5 万亩，产值预计达到 5 亿元；将现有全国近 7000 家临夏拉面馆扩大到 1 万家，按每家年收入 20 万元计算，预计年收入将达到 20 亿元。富有民族特色的高原产业发展加快了脱贫步伐，全州初步形成牛羊肉、乳制品、饮品、农产品、副食品产加销一体化格局，食品和民族用品生产加工产值达到 40 亿元左右，同比增长 7%。临夏品牌越来越受到市场青睐。

第二，旅游产业成为脱贫致富新亮点。临夏州牢牢把握“华夏文明传承创新区”建设和“丝绸之路经济带”建设带来的机遇，做好文化旅游产业发展与脱贫攻坚的深度融合，优化思路，调整结构，及时编制《旅游“百亿元”产业发展规划》，加大投入，着力打造甘肃重要的旅游休闲度假基地和“丝绸之路经济带”黄金段上的重要旅游节点，精心设计每个景区景点，做到点、线、面相衔接，景、林、路相配套，游、购、娱一条龙。初步形成以河州花儿、河州砖雕、民族建筑为代表的民族民俗文化，以刘家峡、松鸣岩、太子山为主的绿色生态文化，以马家窑彩陶为主的史前文化，以古生物化石、恐龙足印为代表的物种演进文化为主打品牌的全域型、全季节旅游业发展格局，打响“山水临夏、绿色临夏、美丽临夏”品牌，旅游产业持续实现了“井喷式”发展。截至 2018 年，全州累计接待游客 2098.61 万人，同比增幅 32.32%，实现旅游产业综合收入 96.39 亿元，同比增幅 37.03%，全州规模以上文化企业达到 12 家，完成机构数 423 个，旅游产业各项指标均跻身甘肃省前列，旅游产业发展成为带动全州脱贫致富的新动能。

第三，劳务产业实现贫困人口稳定增收。临夏州顺应供给侧结构性改革的大趋势，把加强劳务技能培训作为提高能力素质、增加劳务收入、打造“百亿”产业的突破口和关键点，整合各类职业技能培训机构，多渠道筹措培训经费，大力开展订单培训、定向培训和创业培训，进一步促进了劳务输出由“苦力型”向“技能型”转变、低收入向中高收入转变。通过加强对贫困群众的精准培训，基本实现户有致富门路、人有增收技能，持续稳定脱贫效果逐渐显现；为巩固拓展劳务基地和劳务市场，建立与用人单位长期稳定的劳务合作关系，加大有组织的输转力度，倾力打造临夏劳务品牌；鼓励扶持务工人员回乡创业，提升劳务经济的质量和效益；千方百计创造就地转移就业岗位，让更多群众在家门口实现就业增收。2018 年，临夏州共输转劳务人口 50.87 万，实现劳务收入 90.23 亿元，同比增长 9.40%，人均劳务收入达 1.77 万元，增长 9.32%。2018 年，全州人社系统开展精准扶贫劳动力培训 3.36 万人，完成全年培训任务的 117%，其中培训建档立卡贫困劳动力 2.14 万人，完成全年计划培训的 131%。同时，在人民日报社举行的第六届中国民生发展论坛暨第十二届国际公益慈善论坛上，临夏州的劳务产业作为“三个百亿”产业之一，荣获“民生示范工程”奖。

第四，党建引领凝聚脱贫产业发展力量。临夏全州坚持“一名党员就是一面旗帜、一个支部就是一座堡垒”的理念，充分发挥基层党组织在脱贫攻坚战中的引领作用，凝聚发展动力，引导村党组织创办领办专业合作社，组建产业党支部，扶持建立产业基地，“支部建在产业链、党员聚在产业链、群众富在产业链”有了新发展，“党建＋产业扶贫”“党建＋电商扶贫”等模式取得新突破，目前全州建立扶贫车间 115 个，成立乡镇电商服务站 33 个、建档立卡贫困村电商服务点 214 个，建立农民合作社 3975 家，党建引领汇聚着强大的脱贫帮扶力量，正在成为临夏脱贫产业的内驱力。

二、发展主导产业面临的困难与问题

一是产业发展水平较低，缺乏竞争优势。从产业发展情况看，临夏州多数农产品加工尚处在初级阶段，附加价值低。大多数贫困人口主要从事传统的种植和养殖业，种植面积“碎片化”、品种“单一化”、养殖“分散化”，产业集约化程度不高，未形成规模。如全州穆斯林人口达 110 多万，占全州总人口 56.40%，具有发展清真食品的独特优势，市场需求量巨大，开发清真食品前景广阔，但缺乏统一规划、统一管理、统一的营销渠道，以拉面、牛羊肉等为主的清真食品对眼下脱贫具有一定的作用，但尚未形成统一的品牌，不少优势资源为外省、外地所利用，存在一定的返贫风险。

二是土地集约化程度不高，新型农业经营合作组织规模小，带动力不强。全州土地流转程度不高，截至 2018 年底，全州农村土地流转总面积为 60.98 万亩，仅占总耕地面积的 29.90%，多数土地尚处在农户手中，单一经营、种植杂、产出率低、效益不好；农业新型经营合作组织虽然有了一定的起步，但全州累计仅 2000 多家，即使发展较好的和政县，截至 2018 年 12 月底，全县登记注册的合作社也才 443 个，入社成员 4780 户，其中建档立卡贫困户 2072 户，占全县贫困户总数的 17.40%，可见新型合作组织发展缓慢；不少地方农村合作组织的成员心存疑虑，合作意愿不强，加之缺资金、缺主导品种、缺技术，大多经营难以为继，有的名存实亡。

三是缺乏发展主导产业专业技术人才。临夏州教育发展水平较低，缺乏熟练掌握产业技能的专业人才。同时，由于受工资待遇、生活条件、工作环境等因素制约，对外引智吸引力不强。尽管州委、州政府相继出台了《临夏州急需紧缺人才引进办法》等一系列政策措施，但是在 2019 年引进急需紧缺人才活动中，首次两个月仅引进各类人才 78 名，其中博士 2 人、硕士研究生 38 人，副高级职称仅 1 人，一时难以弥补全州发展主导产业中高端人才的短板。同时，由于没有形成与市场经济相适应的人才运行机制，本土人才学非所用、用非所专的现象十分普遍，存在人才资源浪费现象。

三、产业振兴的对策建议

产业兴旺则人民富裕。临夏州作为国家深度贫困地区之一，要打赢脱贫攻坚战，必须抓紧做大做强具有高原特色的主导产业，用产业发展助力脱贫攻坚，用产业兴旺巩固脱贫攻坚成果，为此，本文提出几点建议如下：

（一）充分利用国家扶贫政策，加快主导产业培育

第一，大力发展清真食品、民族用品等特色产业。一是要成立专门的经营公司，以注册“临夏面点师”为品牌主导，注册商标、整合现有资源、制定统一标准、设计统一门店，打造“麦当劳式”的清真食品品牌，辐射全国，走向世界。二是要通过中央、省、州权威媒体和新媒体加大对临夏饮食文化宣传推介力度，拓展产品市场，提高发展质量和效益，实现临夏清真食品品牌由弱到强、从少到多的转变。三是遴选几所职业高中、职业技术学院，建立与面点师相适应的面点师人才培养体系，实训技能型人才，确保“临夏面点师”高质量发展。

第二，加快发展以高原夏菜、啤特果、花椒、临夏桃等为重点的特色种植业和以牛羊养殖为主导的现代养殖业。结合农业供给侧结构性改革和农村“三变”改革，加大农业结构调整力度，优化产业结构，充分发挥临夏州气候、土壤等资源优势，做好园区规划设计，扩大特色种植业和养殖业规模。加快推进扩大“粮改饲”试点范围，大力发展循环农业、生态农业、立体农业和都市农业，因地制宜发展设施农业、休闲农业、农村电商等农村二、三产业，促进三产深度融合，辐射带动建设一批特色产业扶贫村，提升产业扶贫的组织化程度，促进乡村振兴，用产业振兴巩固脱贫成果，为脱贫后的临夏实施减贫战略夯实基础。

第三，继续推进乡村旅游扶贫产业。一是始终坚持“绿水青山就是金山银山”的理念，充分利用临夏州人文条件以及独特的自然环境，聘请专业机构或公司通过文化创意做好顶层设计，切忌小打小闹，浪费资源。二是要坚持旅游资源开发和生态环境保护相结合，坚持产业良性发展和农户能力发展相结合，坚持企业主体作用发挥和贫困人口稳定脱贫相结合，做好功能定位和制度安排，整合产业、财税、金融等政策资源，精准发力，着力把临夏打造成集休闲、养老、度假、康体、民族户外运动等为一体的“兰州后花园”和中国西北之璀璨明珠。三是加大对有条件脱贫市县和乡镇旅游扶贫的政策支持，按照“政府主导＋企业主体＋产业融合＋贫困户参与”的思路，编制乡村差异化的旅游产业发展规划，统筹盘活区域旅游资源，并结合资源禀赋差异、产业发展特点、贫困人口发展意愿和能力，因地制宜，因户施策，确保成功。四是健全联动机制，加大对外宣传力度，实现信息共享，提高乡村旅游产业的扶贫效率及产业的牵引作用。

（二）加快土地流转步伐，实现主导产业的规模化经营

第一，由相关部门设计出切实可行的土地流转工作实施方案。要特别注重外部引

导，积极开展多种模式的服务，创建实效性较高的流转服务体系，使农民更及时、更全面地了解相关土地流转信息。同时，提升耕地保护质量，对违反法律规定的土地用途变改行为加以有效控制；积极出台多种合理的优惠政策，支持有实力的农业龙头企业和以村委会为主体的成片或整个村的土地流转，实现规模化经营，减少小规模、碎片化的流转方式。要利用多种有效手段，宣传普及农村规模经营的好处，增强农民对相关政策的了解，为主导产业规模生产经营营造良好的社会环境。

第二，通过“三变”改革，加快推进村级股份经济合作社建设，把发展生产扶贫作为主攻方向，推动贫困群众与企业、合作社、家庭农场、村级集体经济组织等经营主体“产业连体、股份连心”，确保户户有增收目标、人人有脱贫门路，提高产业扶贫效益和资产收益，激活脱贫攻坚内生动力，增强临夏贫困人口脱贫致富的信心和能力；让更多农民增收，在“耕者有其田”的基础上实现“耕者有其股”，着力打造“股份农民”，增加农民股权收益，最大限度释放改革的综合效应和红利，增强农民群众在改革中的获得感；让村级组织增加集体收入、壮大集体经济，确保集体资源资产资金保值增效，有序消除贫困村后实现可持续发展，夯实党在农村执政的物质基础，提升基层党组织的凝聚力、战斗力和号召力；让更多农村资源增值，优化资源配置，激活农村发展要素，加速释放资源红利，促进资源向资产的转化，提升资源交换价值，大力实施生态产业化、产业生态化发展，增加村集体和农民财产性收益，实现百姓富与生态美的有机统一。

第三，加快推进临夏全州集体经营性建设用地通过公开“招拍挂”入市的步伐，实现与国有经营性土地同权、同价、同等入市，其入市收益分配的12％土地出让金作为财政征收，保留不少于40％的净收益用于村集体基础设施建设和公益事业，60％按集体经济组织成员股份留在村集体，待发展壮大后，按股份在个人之间分配。

（三）加大职业技能培训力度，保证产业发展所需人才充足

第一，广泛收集适合贫困群众就业的岗位信息，在全面掌握贫困劳动力培训就业需求和培训工种需求的基础上，依据市场需求“订单”和掌握的农民工就业、培训意向“名单”，为贫困群众量身定做就业培训“菜单”，确保有意向的务工人员由苦力型、低收入型向技能型、高收入型转变，筑牢返贫、落入“贫困陷阱”的防线。

第二，大力实施人才兴州和科技扶贫计划。一是实施更加灵活的人才引进计划，每年从地方财政和国家扶贫拨款中列出部分资金，对民族地区产业发展的紧缺人才，除享受本土的人才引进资金外，成立“临夏州人才引进奖励基金”，用于奖励对全州产业发展作出重大贡献的人才。二是对民族地区产业发展的紧缺人才，除享受本土出台的人才引进政策外，允许引进人才在企业、农业园区等中持有一定比例的股份。三是加强与西南大学等全国涉农重点高等院校的合作，以确定的高原夏菜、清真食品、牛羊养殖业等主导产业为载体，联手组建“临夏乡村振兴战略研究院”，组织联合攻关，及时解决产业发展中的重大理论和技术问题。

第三，加强与东部帮扶区县对接，不断深化协作和定点帮扶工作。一是通过内部情况交流、主动上门、邀请来访等形式主动交流临夏产业发展的想法和打算，争取帮扶单

位更多支持。二是拓展协作领域，紧密围绕临夏产业发展确定的方向谋划合作大项目，确保稳步实施，取得成效，为产业兴旺奠定基础。三是出台更加宽松优惠的政策，支持对口支援区县在临夏州发展“飞地经济”，优势互补，实现帮扶的可持续性与共享共赢。

第四，依托州委党校、临夏现代职业学院等，紧紧围绕全州产业发展的现实需要，创新教室＋农业（工业）园区、学生跟师学艺等培养模式，实现理论知识与实际操作相结合，确保每一名学员学有所得、学有所用，学有所岗、学有所富，为临夏产业发展储备各类人才。

本文为国家社科基金重大项目“民族地区深度贫困大调查与跨越贫困陷阱策略研究”（项目批准号：18ZDA121）的阶段性研究成果。作者王志章为西南大学经济管理学院教授、博士生导师，西南大学“一带一路”反贫困研究中心主任，贵州财经大学特聘教授，长江师范学院武陵山片区绿色发展协同创新中心、武陵山区特色资源开发与利用研究中心兼职教授，研究方向为区域经济发展与反贫困。闫龙为西南大学经济管理学院博士研究生。

激发农户创业新动能,实现脱贫攻坚总目标

杨丹　曾巧

内容摘要: 创业对经济增长做出了重要贡献,在脱贫攻坚决胜时期,激发农户创业新动能,助力扶贫攻坚目标的全面实现具有重要意义。基于剖析当前农户创业存在的困境,本文提出农户创业助力脱贫攻坚的实现路径,以及相应的政策建议。本文的研究结论有助于进一步深刻理解农户创业的重要意义和作用,并为政策部门推进农户创业、助力脱贫攻坚实现乡村振兴提供实践依据。

贫困问题一直都是人类社会发展的瓶颈,如何消除贫困已经成为世界各国关注的焦点。目前,我国脱贫攻坚工作已进入"深水区",积极探索脱贫攻坚新动能刻不容缓,而农户创业在解决农村剩余劳动力就业、发展壮大乡村产业、拓宽农民增收渠道等方面发挥着积极的作用。2018年中共中央、国务院《关于实施乡村振兴战略的意见》提出"需要促进农村劳动力转移就业和农民增收,加强扶持引导服务,实施乡村就业创业促进行动";2019年中央一号文件进一步提出"鼓励外出农民工、高校毕业生、退伍军人、城市各类人才返乡下乡创新创业"。在"大众创业、万众创新"的浪潮中,农村的创业者异军突起,中国农村创业率由1992年的3.85%增长到2015年24.56%,农村创业率经历了快速的增长。近年来,乡村旅游业、物流快递产业和家庭农场的蓬勃兴起,再次凸显了农民这个特殊群体所爆发出来的创业创新动能。截至2018年底,各类返乡下乡创新创业人员累计达780万人,其中农民工540万人,约占70%,其他返乡下乡人员240万人,约占30%。全国休闲农业和乡村旅游营业收入超过8000亿元,吸引30亿人次到乡村休闲度假;农村网络销售额突破1.3万亿元,吸收2800万农民就业,创业带动农户经营收入平均增加67%。实践表明,农村创业创新行为,为农业发展注入新要素,为农村繁荣注入新动能,为农民增收开辟新渠道,已经成为新时代促进乡村振兴的主力军。

创业的本质是创新,意味着对原有事业的突破。根据农民企业家的可能形态与战略取向,可将农户创业活动划分为农业创业和非农创业。其中,非农创业指从农业中脱离,到非农产业自主就业的行为,农业创业可以认为是在农业领域内对原有事业的突破和创新,譬如改变和拓展生产活动范围、扩大原有农业生产规模等,尽管没有新的事业产生,但也不是对原有事业的简单复制,相对于自身来讲是一种创新和突破。中国的农业创业活动主要是以家庭农场、专业大户、农民专业合作社为载体出于对成本效益的合理考虑而进行的规模经营活动。本文明晰并完善了农户创业的定义,将农户的两种不同创业行为放到一个完整分析框架中进行分析,而现有研究往往仅关注农户的非农创

业或者农户的农业创业。本文首先剖析当前农户创业，助力脱贫攻坚存在的困境；其次分析农户创业助力脱贫攻坚路径，进而提出相关政策建议。

一、农户创业的现实困境

（一）农户面临创业风险

由于农业自身的弱质性和生产过程的特殊性，导致农户难以规避创业风险。首先，创业农户面临较大的自然风险。中国地域辽阔、耕地离散分布于各种自然条件下，农户几乎每年都会受到自然灾害的影响，而创业农户一般抵御自然风险能力较弱，容易产生巨大的经济损失。其次，创业农户面临较大的市场风险。创业农户很容易受到“谷贱伤农”的影响，而且大量的农产品不易长期保存，其价格无法充分实现。最后，创业农户面临较大的社会风险。农户创业的政策环境不够宽松，法律地位、政策支持等供给不足，导致合法权益难以得到有效保障。

（二）农户创业能力不足

首先，创业农户自身能力不足。尽管创业农户具有一定的信息、技术和创业经验，但是其文化程度、知识和思维方式、经营管理水平等都有待提升。创业农户如若不能对当地实际情况和市场需求进行准确把握，仅凭自身经验和主观判断确定投资方向和领域，就会导致低水平、盲目性的投资和重复建设现象，使得创业效果不理想。其次，品牌竞争力较弱。多数创业农户采用的是家庭管理模式，而这种模式缺乏完善的企业治理结构，容易出现技术水平较低、规模不大、品种比较单一、管理决策不民主等问题，导致品牌竞争力不强。

（三）农户创业扶贫模式亟须创新

创新是生产的第一驱动力，农户创业亦是如此。当前中国农户创业大多数是以传统的家庭农场、专业大户等形式进行规模生产。创业活动范围主要为种植业、养殖业等传统性的农业生产领域，与其他产业结合不足，也不成熟。电子商务扶贫模式是目前最常用的创新模式，但是由于农户生产的农产品同质性严重，出现大量的滞留和价格比拼现象，很难提高产品质量形成自身的品牌。旅游业结合扶贫的模式由于缺乏资金和对资源的不合理规划利用，导致植被破坏、水土流失和大气污染等情况。“家庭农场＋贫困户”的模式也容易出现贫困农户难以融入等问题。

二、农户创业助力脱贫攻坚的现实路径

如图 1 所示，农户创业助力脱贫攻坚的路径主要包括助力资本积累、支撑农业产业发展、提高农户收入水平三个具体路径。

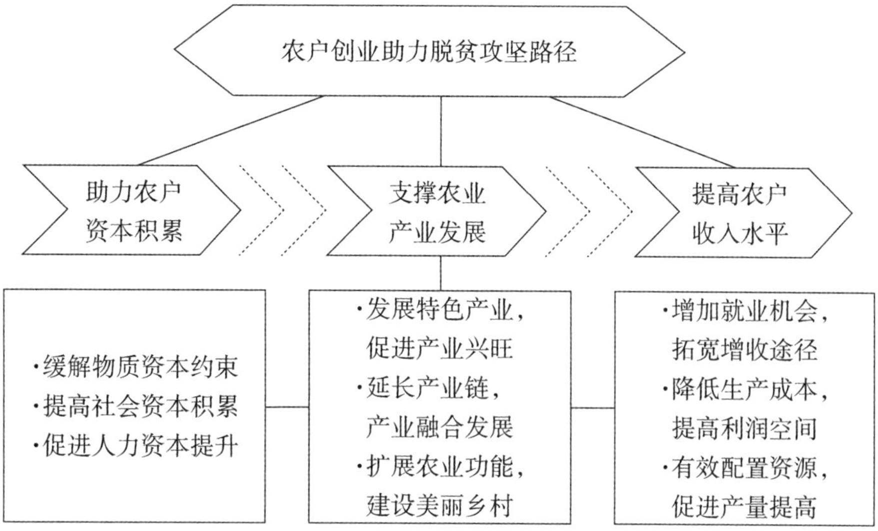

图 1　农户创业助力脱贫攻坚路径图

(一)助力农户资本积累

农户创业有助于缓解物质资本约束。首先，农户创业有利于为农户创造更多的就业机会和增收渠道，增加农户的经营收入和工资收入，能够实现贫困农户的物质资本积累；其次，农户创业通过联合贫困农户将更有能力去获得信用贷款、信用合作以及政府给予的农业补贴和专项扶贫资金，能够有效缓解农户在生产经营过程中面临的资金约束。

农户创业有助于提高社会资本积累。农户创业自身经营需要和多方进行联结，本身就是社会资本的重要构成，而农户创业的内部，成员们之间的互动也能够拓宽成员的社会网络；并且农户创业作为农村扶贫的重要角色，是政府和贫困农户之间的中介和桥梁，能够代表贫困农户的意愿，表达他们自身的政治诉求。

农户创业有助于促进人力资本提升。贫困地区通过鼓励农户创业带动贫困农户获得持续收入，还能够赋予贫困农户一定的自我发展能力。农户自主创业或加入农户创业能够发挥贫困农户的主体性，提升农户的自我管理水平和参与现代化建设的能力，实现农户人力资本的积累。此外，农户创业能为贫困农户提供就业和增加收入，使其能够有更多的收入用于下一代的教育和培养，缓解贫困的代际传递。

(二)支撑农业产业发展

农户创业有助于发展特色产业，促进农业产业兴旺。通过“农户创业＋扶贫”模式让贫困农户与市场紧密对接，由以往的盲目生产转向以销定产，并带动加工、储藏、物流以及服务业的发展，实现脱贫。依托贫困地区独特的历史文化、气候、资源和景观，建设粮食、水果和中药材等特色产业基地，推进特色休闲农业与乡村旅游的开发和管理。

农户创业有助于延长产业链，促进一二三产业融合发展。农户创业的产业化经营模式涵盖农业生产的产前、产中、产后的各个环节，可进一步延长农业产业链，助推一二三产业融合发展，带动贫困农户从传统农业中解放出来，从事特色农产品、旅游商品的制作和销售，让农户能够分享全产业链的增值收益。

农户创业有助于扩展农业功能，促进美丽乡村建设。农户创业不仅能够联合贫困农户使其获得农业多功能和乡村价值的综合收入，还能够发现和利用农业特殊功能，认识农业和农村的生活、社会和文化传承价值，为休闲、度假、教育等新型融合产业业态发展提供了空间；农户创业可以为人们提供农业景观、休闲与体验等功能，实现农业和乡村功能的扩展，体现乡村综合价值，建设美丽乡村。

（三）提高农户收入水平

农户创业有助于增加就业机会，拓宽增收途径。首先，利用农户创业扶贫，能够为贫困农户提供更多就业机会，增加工资收入。在创业农户的带动下，贫困农户能够准确地根据市场需求开展生产，实现增收脱贫。其次，农户还能够通过土地、房屋、小额信贷、文化遗产等入股农户创业，或者与创业农户合作经营，每年获得固定股金，利润分成，增加经济收入。

农户创业有助于降低生产成本，提高利润空间。农户创业有利于单位生产成本的降低，土地经营规模的扩大，使得农户在农用生产资料的购置上可以享受相当幅度的价格优惠；农户创业或者加入农户创业，贫困农户能够节约由不完全和非对称信息以及资产专用性的存在而产生的交易费用；联合分散贫困农户，增强市场谈判力，进而争取更具有竞争性的投入品和产出品价格，获得增值利润，获得更多的利润返还。

农户创业有助于有效配置资源，促进产量提高。农户创业能够为农业科技成果的推广创造有利的条件。愿意创业的农户一般在思想上都具有一定前瞻性，敢于接受农业科技创新成果，农户创业的规模有利于农业科技成果的推广；农户创业还能够充分利用小面积荒芜的土地，以及留守的弱势劳动力，实现劳动力、土地资源和农业技术的优化配置，提高生产效率，进而提高产量带来增收。

三、鼓励农户创业助力脱贫攻坚的政策建议

如图 2 所示，由于当前农户创业助力脱贫攻坚过程中面临以上的困境，本文基于农户创业助力脱贫攻坚的路径针对性提出了相应的治理措施。

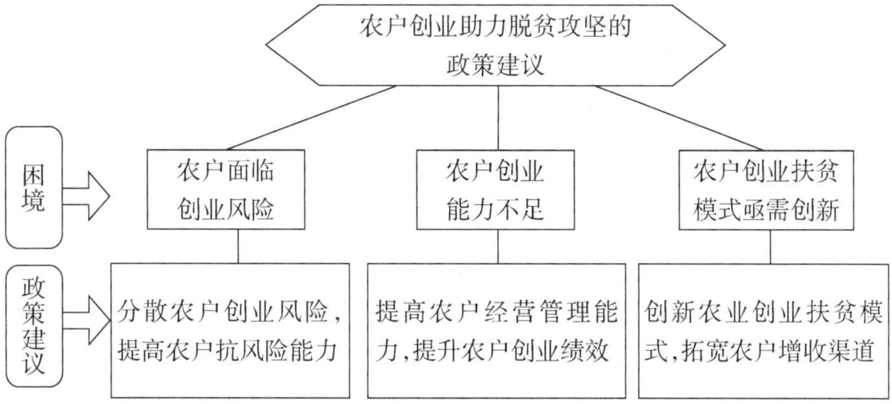

图 2　农户创业助力脱贫攻坚的政策建议

(一)分散农户创业风险,提高农户抗风险能力

让农业保险和农业贷款惠及更多农户。农业经营往往会受到天气等多方面因素的影响,需要拉大农业保险和农业贷款覆盖面,加强技术力度,减少农产品的损失程度;通过对农户创业提供金融贷款服务支持其发展壮大,从而能够吸引更多贫困农户就业、增收,以实现脱贫致富。

建立农户创业信息发布制度。各级政府可以成立农户创业发展综合服务中心,为农户创业提供政策咨询、项目申报、贷款融资、品牌创建、市场信息等一体化综合服务;及时提供法律、政策和各类市场信息,减少农户面临的市场风险,提高农户抵御风险能力,从而提高农户创业倾向。

进一步完善农村社会保障制度。继续完善农村养老保险、农村合作医疗、农业补贴等社会保障制度,发挥其风险分担作用,提高创业农户的抗风险能力。建立健全与农村经济发展水平相适应的农村社会保障制度,改善农村贫困农户的生活,增加农户福利,降低农户的社会风险。

(二)提高农户经营管理能力,提升农户创业绩效

为农户提供创业培训,鼓励贫困农户参与创业。通过有计划地对农户进行现代管理与市场营销等相关知识的培训,使其间接积累创业所需的有关知识和经验,从而改善相对贫困农户的资源禀赋结构、提高农户的创业倾向和创业能力;鼓励相对贫困农户组建或加入合作社、协会等组织,成立多方参与的农户创业协会,通过组织形式获取资金、技术等要素,提升农户的社会网络水平,提高农户创业绩效,从而脱离贫困。

推进特色产业发展,提高产业增值收益。以当地特色产业为载体,建立农户创业基地。结合实际制定贫困地区特色产业发展规划,建设贫困农户参与度高、收益高的特色农户创业基地。优化产业结构,鼓励贫困农户合理开发当地资源,积极融合新兴产业开展有地方特色和市场前景的农户创业活动,让贫困农户更多地分享农业全产业链和价值链增值收益。

注重农业技术创新,提高创新创业绩效。加强对农产品的技术开发与研究,针对目

前主打的几项农产品，组织当地农户外出学习先进的种植经验和种植理论，打造特殊品牌农产品，并定期评估，促进当地农户培育优质农产品；结合农户创业进行开发式扶贫，既要支持农户创业经营又要实现贫困农户的发展目标，将服务范围扩展到产品线上线下销售、劳动人员技术能力培训和新产品开发上，满足贫困农户参与产业发展需要进而提高创新创业绩效。

（三）创新农户创业扶贫模式，拓宽农户增收渠道

鼓励家庭农场（合作社）带动模式。通过组建合作社或扩大规模生产，将分散种养的农户捆绑在一起，解决农户进入市场困难的问题。通过“合作社＋贫困农户”“家庭农场＋贫困户”的模式，把贫困农户与合作社或家庭农场联结起来，形成利益共同体，使用同一标准进行生产。家庭农场、合作社为农户提供种植苗、养殖苗、技术等，同时对农产品进行保底收购，降低贫困农户生产风险，提高贫困农户的组织化程度。

推动电商扶贫带动模式。该模式可分为“互联网＋公司＋合作社＋贫困农户”“互联网＋租地＋就业＋分红”“互联网＋公司＋基地＋养殖大户”三种模式。通过建立电商服务体系，充分发挥电子商务优势，突破物流、信息的瓶颈，解决农村市场供销问题，真正实现农产品走出农村，用全新的方式促进农村发展，带动农户脱贫增收。

创新旅游扶贫带动模式。该模式可分为“旅游专业合作社＋贫困农户”“休闲旅游农场＋贫困农户”“特色种植采摘大户＋贫困户”三种模式。依托贫困地区独特的历史文化、适宜的避暑气候、优美的乡村景观，发展休闲农业与乡村旅游，进行整村推进和挖掘、包装和改造，使贫困农户成为旅游从业者，农产品变成旅游商品直接带动贫困农户增加收入。

总之，农户创业为实现脱贫攻坚总目标提供了一个好的契机。但农户创业过程中仍然面临困境，本文基于农户创业助力脱贫攻坚的路径分析，提出一系列的政策建议。而如何持续激发农户创业的新动能，建立长效机制避免返贫现象的发生是未来需要重点关注的问题。

本文为国家社会科学基金青年项目“农村新型合作组织的扶贫效应及相关政策研究”（项目批准号：16CGL036）、重庆市教委人文社会科学研究重点项目“重庆市实施乡村振兴战略的路径和策略研究”（项目批准号：18SKSJ003）、西南大学人文社会科学重大项目培育经费资助“乡村振兴与精准扶贫双重视阈下新型农业经营主体培育与规制研究”（项目批准号：SWU1809009）的阶段性研究成果。作者杨丹为西南大学经济管理学院教授、博士生导师，管理学博士，研究领域为农业经济学；曾巧为西南大学经济管理学院硕士研究生。

增强农村贫困人口内生动力的政策建议

向从武

内容摘要：在脱贫攻坚收官阶段，增强农村贫困人口内生动力显得更加紧迫和重要。本文从生产力的角度剖析内生动力的本质，认为内生动力包含对科学知识的认知能力、运用能力及其延伸能力三个部分，强调内生动力不足是生产力水平低下的重要表现，直接影响贫困人口"真脱贫""脱真贫"。本文从改善制约内生动力形成的外部环境、加强激励、激发脱贫动机、催生内生动力等方面提出系列对策和建议，以破解不想脱贫、不敢脱贫、不能脱贫、不会脱贫、不望脱贫等系列难题。

党的十八大以来，在精准扶贫政策的指引下，我国的减贫事业取得了举世瞩目的成绩。据国家统计局全国农村贫困监测调查数据，按现行国家农村贫困标准测算，2018 年末，全国农村只剩下贫困人口 1660 万，贫困发生率已经下降到 1.7%。伴随着精准脱贫的深度推进，贫困人口内生动力问题日益凸显，内生动力既关系到脱贫攻坚的全面收官，更关系到稳定脱贫和农户的可持续生计。习总书记也多次讲到，没有脱贫志向，再多的扶贫资金也只能管一时，不能管长久。内生动力不足的问题日益受到理论界关注，也是脱贫实践的重点和难点。在理论界，多有学者从精神贫困、心理健康、认知科学角度阐释内生动力不足的成因与影响，在实践层面多从扶贫与扶志、扶智相结合来增强内生动力。笔者参加的国家社科基金重大项目"民族地区深度贫困大调查与贫困陷阱跨越策略"课题组在云南省红河州的社会调查中，高度关注贫困地区和贫困人口的内生动力问题，发现一些干部和群众对什么是内生动力，如何激发群众内生动力等问题还有一些模糊和偏差，本文在科学辨析贫困人口内生动力问题的基础上，提出增强贫困农户内生动力的政策和建议。

一、科学准确认识贫困人口内生动力问题

联合国开发计划署 2006 年的报告认为内生动力是指系统内部生成的驱动力。系统主体包含个人、组织、地区等，系统主体不同，内生动力的来源、影响因素及作用方式也会不同。本文是将农村贫困人口个体作为系统主体来考察。

(一)从生产力的角度科学认识贫困人口内生动力的本质

生产力与生产关系、经济基础与上层建筑的矛盾是人类社会发展的基本矛盾关系。

生产力范畴的核心是人，以及由人而直接延伸出来的人的实践活动的能力。既包括人对自然规律的认识能力（自然科学知识），以及将这种认识能力在物质生产中的运用能力（生产技术和劳动技能的知识），也包括与这些认识能力和运用能力直接相关的延伸性质的能力（组织、管理知识）。其内生动力的本质规定性表现为具有代际可累积性和横向可传递性的知识，并通过以人为中心的生产组织形式（分工与协调）而得以实现。贫困人口内生动力不足，根本上是实践活动的落后以及生产组织形式和分工与协调的落后，是生产力水平低下的重要表现。

（二）贫困人口内生动力不足是多种因素作用的结果

事物变化和发展要受到内因和外因的共同作用。贫困人口内生动力不足是个体内部因素和外界环境因素共同作用的结果。一般来讲，内部因素包括：家庭因素、个人体能和文化水平等。家庭因素主要指父母受教育的情况、消费投入偏好等；个人体能主要指个人的身体素质和健康状况；文化水平主要指个人接受教育的状况。外部因素包括：村庄自然环境、落后文化与风俗、扶贫方式等。村庄自然环境主要指村庄的自然资源和道路通达情况等；文化与风俗主要指当地长期形成的风尚、礼节、习惯等；扶贫方式主要指在长期的扶贫实践中，是否尊重贫困群众的主体性，是“输血型”扶贫还是“造血型”扶贫。这些内外部因素交织在一起共同作用导致贫困人口内生动力不足。

（三）贫困人口内生动力不足的突出表现

贫困人口内生动力不足的表现多种多样，在精神上集中体现为“等、靠、要”的思想突出，“靠着墙根晒太阳，等着别人送小康”，自主脱贫和主动脱贫的意愿不足。“穷占便宜富吃亏”“扶贫就是给钱”“国家的不拿白不拿”等错误思想还有一定市场，精神上萎靡不振，对脱贫无信心、无目标。在行动上主要表现为“看客”行为，不主动、不积极、不参与。一些地方“干部干，群众看”的主体错位现象突出。一些贫困人口作为脱贫的主体，却是“事不关己高高挂起”，不支持脱贫政策落地、不主动参与技能培训、不主动调整产业结构。

二、加强外力推动，改善内生动力产生的外部环境

马克思在《德意志意识形态》中为因交往关系的扩展而达致世界历史的精辟见解提供了一个后进民族生产力发展可跨越性的视角，即生产力横向传递性的重要体现。外部环境的改变是催生贫困人口内生动力产生的重要条件。在贫困地区，要积极出台政策，动员外部力量改变贫困人口生活的外部环境，激发其内生动力。

（一）强化组织带动

中国反贫困取得举世瞩目的成就归根于中国共产党的正确领导。中外反贫困的正反实践经验都毫无例外地证明把贫困群众组织起来是最根本的路径。通过组织载体的

带动，帮助贫困人口跳出“越穷越懒、越懒越散、越散越穷”的怪圈。一是加强党的基层组织建设，各级书记抓扶贫是成功的经验，“帮钱帮物，不如帮助建个好支部”，把夯实农村基层党组织和脱贫攻坚有机结合，选准、配好第一书记，配齐配强基层干部。充分发挥支部的战斗堡垒作用以及干部的先锋模范作用。二是改进产业组织形式。选准产业项目，以“集体经济＋贫困户”或“合作社＋贫困户”的模式，把贫困农户组织起来，改变贫困户个体散兵游勇、单个发展的懒散行为。学习借鉴其他地区的先进生产技术、管理经验，优化配置生产要素，发挥组织对贫困人口的带动帮扶作用。三是建立群众间的帮扶组织。可以是“先富带后富”“能人带动”“亲戚帮扶”“邻里互助”等多种方式，将精准识别的贫困人口纳入精准扶贫的各种网格中，齐心协力奔小康，不使一人落下。

（二）改变生活环境

不管是全国14个集中连片特困地区，还是深度贫困的“三区三州”，无不是生活环境极其恶劣和困难的地方。主要表现在：恶劣的自然气候条件、恶劣的交通通达条件、稀缺的自然资源、落后的文化和风俗习惯。正是这些封闭落后的因素禁锢了贫困人口的思维和眼界，消磨了贫困人口的斗志，使其失去了摆脱贫困的信心。各地应该因势利导、因地制宜，通过异地扶贫搬迁、加强基础设施建设、完善公共服务设施，移风易俗，改变自然环境和人文环境，砸开禁锢贫困人口内生动力的“枷锁”。在对云南省红河州蒙自市的调研中，当地提出的“牛羊牵出房，儿女进学堂”新风尚，破除陈规陋习，反对大操大办，反对好吃懒做，反对酗酒赌博，反对等、靠、要，反对脏乱差，反对封建迷信，反对薄养厚葬；提倡勤俭节约，提倡勤劳致富，提倡健康生活，提倡自力更生，提倡整洁卫生，提倡文明新风，提倡孝老敬老；成立红白理事会，制定红白理事会章程等举措，很好地改变了贫困人口生活的微观环境和文化环境，移风易俗，极大地改变了贫困人口的生产方式和生活方式。西北勒乡“石头缝里刨穷根”的脱贫攻坚精神带领大家发展产业，改善生产生活条件，实现乡镇整体脱贫，树立了很好的“宁愿苦干，不愿苦熬”的脱贫典型。

（三）增强技能培训

能力贫困是多维贫困中重要的因素，也是内生动力不足的关键要素。贫困人口自我发展技能的提升是摆脱贫困的根本，也是防止返贫、实现可持续生计的重要保障。这些技能通常包括心理素能、身体素能、智力素能、技术素能和发展素能等。有关各方应该根据地区产业发展状况和贫困个体就业需求，组织有针对性和实效性的培训，注意整合政府、企业和农村基层组织的力量，充分利用现代信息技术、电商网络平台，使技能培训同就业一体化发展，形成人力资源产业生态链，实现培训一人，就业一人，脱贫一户。云南红河州尼农门人力资源服务有限公司在此方面做出了有益的探索。该公司成立于2012年，之后在红河州6个县成立分公司，建有6个驻外服务站，搭建云联招聘人力资源电商平台，与农村基层组织共建实体劳务合作社，在职业院校建立技能培训基地，专注于物业管理、家政服务、建筑等领域蓝领人才的挖掘、培训、输送就业。几年来，该公司有序组织转移就业37000多人，其中建档立卡贫困人口6700多人，安置贫困地区学生就业6600多人。

三、强化激励，激发贫困人口脱贫的内生动力

激励是管理过程中不可或缺的重要环节，在贫困治理中发挥重要的作用。根据人性假设理论，不管是“经济人”“社会人”“自我实现人”还是“复杂人”，都会基于个体不同需求，产生有差异的内生动力，并外化于人的行为。从管理学的一般意义上来讲，激励主要包括物质激励和精神激励、正激励和负激励，坚持目标性、引导性、明确性、合理性、时效性等原则。对贫困人口的激励更要讲究方法和艺术。从激励实施的主体上来讲，主要包括政府部门和社会组织，其激励功能体现在三方面：一是帮助贫困户找准自身定位，认清自身价值，提高自信心和自我发展能力，唤醒其主体意识；二是鼓励贫困户参与社会活动和团体活动，帮助其自我判断、自我管理、自我决策，以培养自立品格；三是以群体的形式为贫困户提供整体性帮助和服务，勉励贫困户积极投身社会生产生活，实现贫困户与社会和时代的同向同行。在具体实施过程中还应该坚持如下原则：

（一）坚持以奖代补的原则

扶贫并不意味着就是给钱，坚决抛弃“等、靠、要”的消极行为。对在脱贫进程中有主观努力、有自我发展行动的贫困人口要给予奖励，改变过去的“一视同仁”，以及无条件地给物、给钱的情形。各地在实践探索中出现了很多典型的做法。红河州元阳县牛角寨镇在党委、政府的直接领导下，通过建立“爱心公益超市”，集中统管各级组织和社会各界捐助的各类资金和物质，贫困人口通过产业发展、爱心公益、政策明白、移风易俗、学用科技、收家治家、良好家风、诚实守信、模范守法等方面获取积分，每月评定记载一次，贫困人口可以随时到“爱心公益超市”凭积分兑换生活用品。这种“以表现换积分，积分唤醒动力，勤劳改变生活，脱贫致富奔小康”的模式，切实解决了部分群众的“等、靠、要”思想，培养了群众自力更生、勤劳致富、崇德向善、感恩奋进的社会风尚。

（二）坚持公开公平的原则

扶贫政策要得到群众的认可，扶贫行动要吸引群众参与，就必须要相信群众、依靠群众，坚持公开公平，在阳光下实施。一是要主动公开宣传扶贫的各项方针政策。充分利用各种传统的、现代的宣传手段，让扶贫的各项政策深入人心、家喻户晓。如传统的“坝坝会”“张贴公示栏”“墙壁张贴画”，现代的“QQ 群”“微信群”“朋友圈”，以及乡村广播、电视宣讲等。二是切实尊重贫困人口的主体作用。主动邀请贫困群体参与到产业项目选择、贫困人口识别、贫困退出、积分评定等各项事务中，增强参与感和主体感；切实尊重群众的意见表达，防止出现“干部包办”、越俎代庖的现象。

（三）坚持正激励与负激励相结合的原则

要破解不想脱贫、不敢脱贫、不能脱贫、不会脱贫、不望脱贫五大难题，需要从正反两方面加以激励。一是要建立各种评选表彰机制。根据影响贫困人口内生动力的各种

因素，通过村民委员会，建立多种表彰类型，如致富能手、文明家庭、卫生评级等。坚持定期评选，能进能出；标识突出，悬挂流动红旗，授予星级标牌等。二是要树立脱贫致富好典型。利用身边人物，定期评选脱贫典型个人，传颂脱贫事迹，讲述脱贫故事；上电视、上报纸、上墙壁、上新媒体，多渠道宣传典型人物和事迹；利用民族传统节日和集会的机会，让脱贫典型上台子、戴红花、领奖牌。采取种种措施，让脱贫的贫困人口有自豪感，让还在脱贫路上的贫困人口有信心，看到希望。三是设立"曝光台"。定期曝光好吃懒做、酗酒赌博、弄虚作假、不遵纪守法、不敬老养老等不良行为，弘扬正气，打击歪风邪气。

本文为国家社科基金重大项目"民族地区深度贫困大调查与贫困陷阱跨越策略"（项目批准号：18ZDA121）的阶段性研究成果。作者为西南大学经济管理学院博士研究生，长江师范学院管理学院院长、副教授，武陵山特色资源开发与利用研究中心研究员。

教育精准扶贫运行机制的建构

张家军

内容摘要：现阶段我国扶贫开发工作中存在同时具备“扶贫”和“扶智”两大功能的教育精准扶贫，它是以教育为着力点，旨在为目标对象提供多元的受教育机会，以积累更多的发展资本，从而实现脱贫致富的重要路径。要实现教育的精准扶贫，达到“真扶贫”和“扶真贫”的目的，必须建构精准的识别机制、帮扶机制、管理机制、考核机制以及退出机制。只有建构系统化的教育精准扶贫运行机制，才能推动教育扶贫工作取得实实在在的成效。

贫困地区之所以贫困，除了受地理环境的限制和经济社会发展较为滞后外，很大程度上在于贫困地区的教育较为落后。推进教育精准扶贫，可缩小区域间教育差距，帮助贫困人口积累更多的发展资本以便争取早日脱贫。在教育精准扶贫的过程中，如何建立有效的精准识别、帮扶、管理、考核和退出机制，是教育精准扶贫必须要思考的问题。

一、教育精准扶贫的识别机制

学历在一定程度上反映的是一个人已经达到的知识、技能水平，以及将来不断获取知识和技能的能力。教育精准扶贫即以教育为着力点，对贫困人口进行智力帮扶和学历提升的扶贫。政府层面可采用建档立卡的方式，对贫困人口进行有效摸底。在建档立卡的过程中，需核实贫困家庭中有无在校生，是否存在因贫辍学、失学情况，是否有“两后生”（初、高中毕业未能继续升学的学生），家中有无失业或低水平就业的青年等，并对他们的学习能力与意愿进行调查，精准化地识别出目标对象。同时，贫困人口也可根据家中的贫困现状和教育情况进行主动申报，经评议核实，确认无误后将其纳入教育精准扶贫的目标对象群体。通过这种上下联动的识别机制，可减少因信息筛查的遗漏而造成应扶未扶情况的发生。

在对目标对象的教育情况进行有效摸底筛查的同时，还需进一步识别出具有“造血”能力的目标群体，以确保教育资源的合理利用和帮扶活动的有效开展。如图 1 所示，首先，可将初步锁定的目标对象以其参与教育的能力和意愿为维度对其可扶性进行划分，将参与能力作为 X 轴，将参与意愿画作 Y 轴，并对其程度进行划分和赋值。其次，将参与意愿划分并分别赋值为非常愿意参加（1）、愿意参加（2）、不确定（0）、不愿意参加（－1）和完全不愿意参加（－2）；参与能力划分并分别赋值为非常有能力参加（1）、有能力参加(2)、不确定(0)、无能力参加(-1)和完全无能力参加(-2)。最后，综合目标对象的参与能力和参与意愿情况，将目标对象精准的定位于四个象限的四大区域，即Ⅰ、Ⅱ、Ⅲ、Ⅳ区域中。

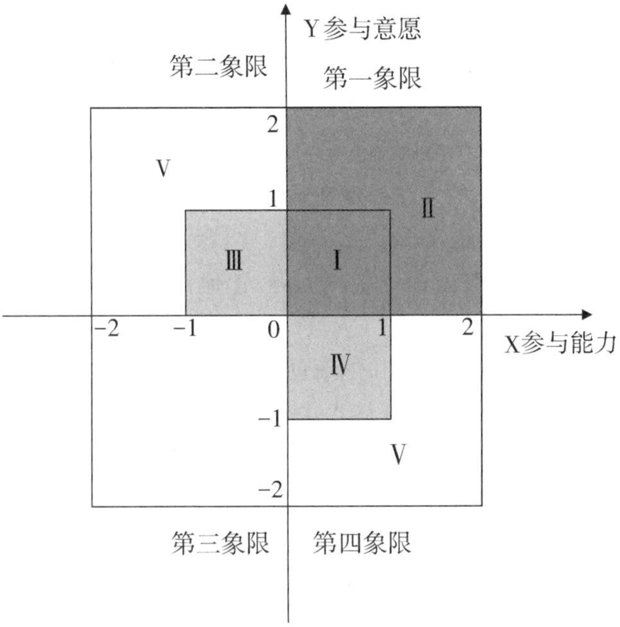

图1　教育精准扶贫目标对象的可扶性划归

教育精准扶贫目标对象中的在校贫困生或刚离校贫困生(辍学、失学、因贫无法升学学生)，他们学习意愿和学习能力相对较强，应是教育精准扶贫重点关注的对象，可划归到第一象限中。由于学生学历层次和成绩的不同，又可将对象分别定位在Ⅰ、Ⅱ两个区域中，精准的识别与定位可使后续的帮扶工作事半功倍。

教育精准扶贫目标对象中的"两后生"和失业或就业情况较差的青年群体，他们受学历或经验限制，难以一己之力脱贫。但相对来讲，他们的学习潜力较大，可对他们开展相关的职业技术培训，"授之以渔"。此类群体可根据实际意愿和不同的能力程度划归到第二象限的区域Ⅲ和第四象限的区域Ⅳ中。

教育精准扶贫除上述两类通过教育情况和年龄阶段直接划归的目标对象外，还应主动争取和挖掘一批贫困农民，即位于第二象限和第四象限区域Ⅴ中的目标对象。他们在思想观念上稍显落后，受教育时间较短，但可以通过一定的农机具使用技能的培训，以及相关产业(如农、林、牧、副、渔等)发展技能的培训，实现产业化发展。也可充分利用当地特殊的地理位置或独特的资源条件，拓展第二产业，盘活第三产业，走出一条农、工、商、旅多维交互的脱贫之路。

二、教育精准扶贫的帮扶机制

定位在第一象限Ⅰ、Ⅱ两个区域中的目标对象是既有学习意愿又有学习能力的适龄贫困生，正值教育和学习的黄金时期，是教育精准扶贫开发工作中的"可造之才"。

定位在区域Ⅰ中的目标对象是各学段的在校贫困生，这部分群体是教育精准扶贫需重点关注的目标对象。对在校贫困生的教育精准帮扶，应以目标对象为中心、学校为支点、教师为抓手，对他们的学习、生活、心理状况等方面进行全方位的关心与帮助。国家和地方各级政府应出台相应的政策，减免他们的各种与学习相关的费用，如学费、住宿费、交通费等费用，同时补助生活费。在帮助他们解除经济方面后顾之忧的同时，应帮助他们树立起积极向上的生活态度和人生观念。学校及教师应在正常教学活动之余，以合适的方式对贫困生的学习、思想与生活展开有效的帮扶。

位于Ⅱ区域的目标对象，多为在校学业成绩偏弱的贫困生和刚离校（辍学、失学、因贫无法升学）的贫困生。对于这部分扶贫对象，有较强学习能力和继续深造意愿的，应帮助他们解决学习以及生活等方面的费用问题，让他们重回学校接受教育，并在学业上帮助他们，使他们能升入高一级学校；对于学习能力较弱、想早点就业的学生，可帮助他们进入职业技术学校，进行技能技术和创新创业等方面的教育。

对第二象限区域Ⅲ和第四象限区域Ⅳ中意愿和能力略占优势的贫困青壮年的帮扶策略，应结合他们的劳动情况和实际需要提供"点菜式"的专业服务。可采取宜农则农、宜工则工、宜商则商的多元化教育帮扶，通过教育来影响其就业方向和就业渠道，如可以根据青壮年的个人意愿以及其自身特点，为贫困青年群体开展多样化的教育培训，如财务管理、经营管理、养殖技术、种植技术、农机具维修、汽车维修、特色农业等，并为他们解决培训费、住宿费、伙食费、资格鉴定费等，让他们有机会习得一技之长，走上社会之后能有较为稳定的收入。

位于第二象限和第四象限区域Ⅴ中的农民，种植业收入是他们唯一的收入来源，可通过补贴购买农机具费用并培训其使用技能，帮助他们扩大生产面，提高农业生产率；还可通过推广农业生产技术，实施一体化的农田耕作标准，改变农民异质化的农业技术使用状况，进行农业科技扶贫，促进农民增收。此外，还可根据当地资源配置的实际情况，培训部分农民学习农、林、牧、副、渔业的相关知识经验，发展第一产业，建立农业产业合作社，如农业产业化项目（水产养殖、禽畜饲养、农产品加工等）和农业科技创新项目等。依托合作社赋予农民在合作社中的股权份额，增强农民参与合作组织的积极性和自治力，推动农业产业扶贫。

三、教育精准扶贫的管理机制

首先，明确管理的目的。通过加强对教育精准扶贫的管理，及时地掌握相关信息，以便对目标对象采取切实有效的教育帮扶措施，提高帮扶的针对性和指向性，达到磨昏抉聩的功效。

其次，厘清管理的主体。教育精准扶贫工作所涉及的层面包括政府机关、基层帮扶责任人、帮扶项目主体和社会公众。政府机关是推动整个工作开展的中坚力量，是教育精准扶贫政策的制定者和实施者，是协调各参与主体行为和关系的纽带。基层帮扶责任人既了解目标对象的真实情况，又掌握着一定的教育资源的配置权，因此在整个扶贫管理工作中拥有较大的话语权。教育精准扶贫中的项目参与主体，是资源的投入和供给者，他们拥有对教育精准扶贫资源使用和配置情况的知情、监督与管理权。而代表和保护社会公共利益的社会公众，他们在舆论导向、宣传教育、监督评价等方面有着极大的影响力，是教育精准扶贫工作的重要“监视器”，因而其对管理工作的监督作用亦不可忽视。要将教育精准扶贫项目管理好，真正实现精准扶贫，达到预期的扶贫效果，必须充分发挥上述几大管理主体在管理过程中的综合作用。

最后，明晰管理的内容。教育精准扶贫的管理范畴包括以下方面：一是对教育精准扶贫的识别、帮扶、管理、考核和退出等整个过程进行全面管理。二是对教育精准扶贫目标对象的信息化管理。通过建立信息化的管理系统，及时录入和更新目标对象的动态发展信息，以便对帮扶效果和过程进行动态监管，确保教育扶贫工作有的放矢、进退有度，为扶贫攻坚战留下翔实且可追踪的材料。三是对扶贫责任人和资源的精准管理。对教育帮扶主体的管理可以避免在帮扶过程中，由于责任人的道德风险导致教育扶贫资源被挤占、挪用、套取等情况，实现资源的合理有效配置。四是对教育精准扶贫的效果管理。要了解教育帮扶的效果，就必须对教育精准扶贫的阶段性结果进行及时的分析和效果反馈，并适时调整目标对象及其教育帮扶措施，还可以将反馈的经验形成系统的文件和规范，加以推广交流。

四、教育精准扶贫的考核机制

要了解教育精准扶贫的效果到底如何，是否达到了预期的目标，还必须建立教育精准扶贫的考核机制。

首先，理清绩效生成逻辑，瞄准考核关键。考核的关键是要在绩效生成的过程中，充分考虑教育的特性，处理好结果与效果的关系，以确保考核指标体系建构的科学化和多元化。如前所述，教育精准扶贫在精准识别和划归基础上采取差异化的帮扶机制，针对目标对象的不同而因人施策，投入不同的时间、人力、物力和财力，可为不同教育层次的目标对象带来各具特色的发展机会。如图 2 所示，从教育精准扶贫投入—产出的生成路径来看，其囊括了目标对象的需求、帮扶投入、生产、结果和效果五个环节。其中结果只是各种活动的直接输出，最终是否有效果，满足目标对象的期待才是扶贫项目的意义所在，它强调的是项目取得的结果为人们带来的最终影响（如“满足自我实现的需要”“社会责任感增强”“生活幸福感增加”“国家满意度提高”等），而并非各类数据的累加，因而对扶贫效果的考核是考核机制建构的关键所在。教育精准扶贫绩效的生成是以目标对象的教育需求为起点，通过精准的教育帮扶投入，产出不同的教育帮扶结果，最终满足目标对象的不同教育需求，改善其学习与就业、创业环境，增强他们的责任感、幸福感和满意度等，进而实现经济发展、社会和谐、国富民强的目的。

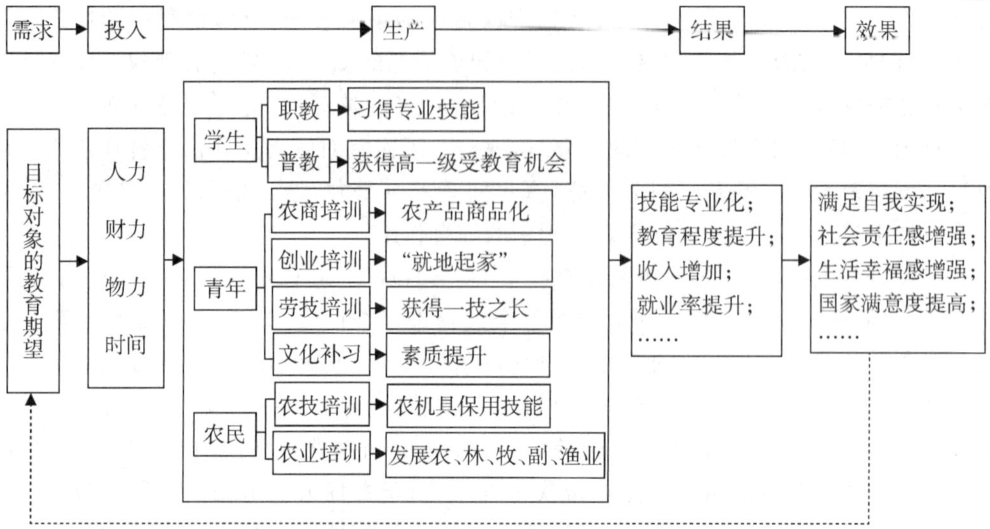

图 2　教育精准扶贫绩效生成逻辑示意图

其次，注重绩效生成，建构目标管理考评机制。兼顾教育精准扶贫可持续性总目标的同时，还要注重扶贫的效率性和效益性。从教育精准扶贫的实际出发，依据其绩效的生成逻辑，可建构五大差异化的考核指标体系：一是对目标设定的考核，主要考核教育帮扶责任人是否从目标对象的实际需求出发，与之共同协商订立专项帮扶目标。二是对教育扶贫中预算投入的考核，主要考核教育资源配置与目标结构是否匹配，对必要的时间、人力、物力、财力预算的审核，确保教育扶贫目标的效益性。三是对教育扶贫过程自主性的考核，主要考核教育帮扶责任人和目标对象在目标执行过程中，是否自觉遵守目标设定中的权利与责任，适时调控教育扶贫过程中的行为和活动，主动改变工作方式，解决问题，确保扶贫结果。四是对教育扶贫结果的生成与反馈的考核，主要考核教育扶贫结果的生成与反馈在目标管理中是否居于重要地位，考核帮扶成果、排查目标对象是否在教育精准扶贫中积累了必要的发展资本。五是对教育扶贫效果检验与奖惩落实的考核，主要指在完成相关的目标后，应对教育帮扶效果作进一步的追踪考核。基于激励原则，根据帮扶的效果，对教育精准扶贫中的帮扶责任人和目标对象设计奖惩系统，夯实教育帮扶绩效。

五、教育精准扶贫的退出机制

根据退出的动机和发展资本积累情况的不同，可将退出机制划分为主动退出、审查退出和强制退出三种形式。

其一，以正向激励的方式引导目标对象主动退出。教育精准扶贫退出机制的建构首先应考虑采用正向激励机制，引导学有所成或成功脱贫的目标对象主动申请退出。通过高等教育、职业技术教育和文化补习等，贫困生、“两后生”和贫困青壮年中实现高标准就业或脱贫的可主动申请退出精准扶贫行列。对此，相关部门可给予一定奖励或优惠政策，让主动退贫成为大趋势，脱贫成为“荣誉”。

其二，以常态考核的方式将目标对象审查退出。除目标对象主动申请退出的方式外，政府管理部门还可通过对帮扶结果的考核认定，筛查出在经济上脱贫的家庭，以此为基础解除对贫富对象的教育帮扶，或调整帮扶办法。对贫困青壮年而言，可通过对他们的就业情况、收入情况及家庭条件改善情况的调查与了解，作为其退出教育扶贫的依据。对在校的贫困生来说，可从学业成绩、升学情况、社会实践能力等方面加以考核，若目标对象取得优异的成绩，升入高等学校继续学习，则是最佳的帮扶效果；若能进入职业技术院校习得一技之长也是大有裨益。对"两后生"及贫困青壮年群体来说，可对他们的农、工、商实际培训情况、技能获得情况、技能转化为经济收入的情况等进行考核审查。而农业生产者则可根据其农业培训情况，考核其农业产业化发展状况和农商结合转化为经济增收的能力等。只有当目标对象有能力和机会将知识和技能转化为财富之时，才是核定他们退出的最佳时机。

其三，以严厉谨慎的方式勒令目标对象强制退出。教育帮扶固然用意良善，但在教育帮扶的过程中，对教育资源的挪用、占用、浪费等现象也屡见不鲜。因此，退出机制的建构还要与教育精准扶贫的识别、帮扶、管理和考核机制形成循环监督的系统，防止有人假借"扶贫"与"贫困"的名义，挤占、挪用教育扶贫资源。对此类现象，一经发现，必须勒令其退出，同时需对其加以惩戒，以警示目标对象及其帮扶责任人，增强其扶贫责任感和使命感。

教育精准扶贫作为既有"扶贫"功能，又有"教育"意义的特殊扶贫路径，其识别、帮扶、管理、考核和退出机制之于教育精准扶贫体系是部分与整体的关系。只有建立系统、健全的教育精准扶贫机制，才能真正充分发挥教育的扶贫功能，做到"真扶贫，扶真贫"，最终达到脱贫的目的，实现共同富裕。

本文作者为西南大学教育学部教授、博士生导师，教育学博士，研究方向为课程与教学论、教育社会学。

成都市实施“蜀绣扶贫”项目的障碍分析与对策建议
——基于成都市 G 村的调研①

蔡操　吴江

内容摘要：产业扶贫是促进贫困地区可持续发展的根本举措，“非遗”扶贫是产业扶贫的重要组成部分，通过对“非遗”扶贫案例的深入剖析，提炼其一般规律，对于全面深化“非遗”扶贫问题的认识、构建脱贫的长效机制具有重要的理论和现实意义。本文基于对成都市 G 村的实地调研，对“蜀绣扶贫”项目进行了系统分析，发现“蜀绣扶贫”项目实施中出现了诸如学员流失、培训环境与条件落后、政府支持力度不足等问题，因此提出应以以下三点为抓手：构建“益贫性”机制，激发贫困群众参与项目的积极性，保证项目的可持续性；打造良好环境和条件，提升学员培训的效果；加大政策和财政支持力度，增强项目内生动力。

产业扶贫作为“造血式扶贫”，被贫困地区普遍接受与推广，对于贫困地区发展特色优势产业，增加农民家庭经营性收入具有重要意义。2016 年，成都市 G 村脱贫摘帽任务虽已完成，但该村集体经济薄弱、二三产业发展滞后，为了巩固脱贫攻坚成果、持续增加农民收入、防止贫困户返贫、实现乡村振兴，必须改政府“输血”为自身“造血”。2018 年 8 月，在《四川省百名工艺美术大师扶贫三年行动计划》号召下，由成都市经信委牵线，成都市 G 村与四川一蜀绣创意文化传播有限公司取得联系，双方决定在 G 村建立长期扶贫培训生产点，共建“蜀绣扶贫”项目，巩固脱贫成果，实现乡村振兴。

一、“蜀绣扶贫”项目概述

“蜀绣扶贫”项目是成都市经信委的示范项目。项目旨在深入贯彻落实习近平总书记关于扶贫工作的重要论述，主动发掘经信部门职能优势，以深化产业扶贫为抓手，激发贫困群众参与动力，帮助村民提升就业能力，并积极协调相关企业采取订单式培训，回购包销产品，防止返贫，确保如期实现脱贫目标。

---

① 调研组由天津商业大学公共管理学院“古针新线”社会实践小队组成，于 2019 年 7 月 8 日至 2019 年 7 月 10 日在成都市 G 村展开调研，对“蜀绣扶贫”项目负责人及村干部、工作室下派的绣师、培训班学员进行了访谈。调研组正式成员 6 人，协助成员 1 人。

（一）“蜀绣扶贫”项目的形成动因

“蜀绣扶贫”项目的目的在于为G村巩固脱贫成果，帮助农民持续增收。G村属省定建档立卡贫困村，2016年完成贫困户145户435人全部脱贫和整村摘帽，2017年进入巩固提升阶段。按照要求，为了让贫困群众彻底脱贫，防止脱贫后返贫的现象出现，“蜀绣扶贫”项目落地G村。G村刚脱贫，条件依然较为艰苦，根据成都近郊农村“家家女红、户户针工”的特点，蜀绣在该区域能获得较好的发展，对有务工需求的农村留守妇女和部分残疾困难群众而言，该项目有工作地点灵活、收入稳定的优势，能切实增加农户收入。因此，G村被选为“蜀绣扶贫”项目的示范点，如项目进展顺利，可视条件逐步推广至其他地区。

（二）“蜀绣扶贫”项目的主要做法

G村“两委”和驻村工作队主动与“蜀绣扶贫”项目发起单位成都市经信委对接，并以省级工艺美术大师陈德兵工作室为培训主体，最终确定“蜀绣扶贫”项目落地该村，这一项目以培训为核心，实施到2020年。主要做法如下：第一，教学工具由工作室提供并运送至G村，村内准备教学场地，工作室派遣一名高级绣工作为老师常驻G村，陈德兵大师则定期到村讲课。第二，在村内进行分期招生，每期20人左右，通过3个月（日培训至少5小时）的免费培训，使村民初步掌握刺绣技能。第三，已结业的学员可在村内集中工作或居家工作，工作室统一回收产品，给予市场化劳务报酬。

（三）“蜀绣扶贫”项目取得的成效

“蜀绣扶贫”项目的实施使全体村民都可在免费学习技艺后灵活就业，村民可以免费使用生产工具和原材料，并由合作公司包销其产品，村民既能免费学习蜀绣技艺，又能获取一定的劳务报酬。2018年10月至2019年6月，“蜀绣扶贫”项目已开办两期培训班，培训学员50余人，包括已结业和正在进行第三期培训的学员，其中近10人已经开始生产蜀绣产品，每人月平均增收1000元以上，后期随着技艺的提高，其收入还将继续提升。蜀绣大师陈德兵等也将在优秀学员中择优收徒，为传承蜀绣“非遗”技艺储备更多的人才资源。“蜀绣扶贫”项目的实施巩固了脱贫成果，帮助了农民增收，在成都市甚至四川省的扶贫工作中乃首创，在“非遗”扶贫领域也极具代表性，既丰富了产业扶贫的形式，又为其他借鉴其扶贫模式的贫困村提供了经验。

二、实施“蜀绣扶贫”项目存在的主要障碍

（一）学员流失严重，项目可持续性不强

2018年10月至2019年6月，“蜀绣扶贫”项目培训班已开办两期，入学学员50余人。但两期培训结束时分别只剩3名和2名学员，结业率仅12%和8%，呈下行趋

势。对比同期的成都市郫都区安靖街道的安靖蜀绣学院，每期入学学员同样为20人，结业学员分别为14名和17名，结业率为70%和85%，呈上行趋势[①]，由此可见，学员逐渐流失是G村“蜀绣扶贫”项目可持续实施面临的重大挑战，其主要原因有以下三点：

一是培训时间长造成学员积极性减退。培训时间是影响学员参与项目积极性的重要因素，由于培训从开始到结业需较长时间，学员参与培训的积极性受到了严重影响，没有对蜀绣产生特别的兴趣很难坚持下来。同时，培训班要求每天学习5小时以上，只有每天5小时以上的练习强度，才能保证产品的出货质量。日培训时间下限这个门槛，再加上部分学员还需务农，使大多数人难以坚持，耐心不足的学员坐不住“冷板凳”，时间一长，便失去了学习积极性。

二是技术要求高而学员收益低。蜀绣市场对技艺的高水平要求和学员期望的高收益需求的矛盾较为明显。例如，学员针法技巧的娴熟度和学习时间的长短造成了成品的差异性，工作室定期回收产品，出货周期为4～5天，学员每幅作品报酬为80～120元不等，这与学员期望的收益相差甚远。此外，政府财政支持力度不够，学员每月的劳务收入与外出打工的收入相比差距较大，学员学习的动力较小。例如，学员经过三个月的培训，通过相应机构的认证后获得结业证书，每人仅奖励1500元；若学员出货的劳务收入每月达600元以上，政府仅补贴劳务收入的50%，相较于学员期望的补贴较少，学员的获得感不强。

三是村民受传统观念影响，学习驱动力不强。由于农村群众思想保守，认为绣师大部分为女性，导致男性学员偏少，男女学员比例严重失衡，但实际上我国蜀绣传承的主体大部分是男绣师。加之成都处于盆地地区，生活节奏慢，在成都农村即使生活水平不太高，村民生活也很闲适，各种需求相对发达地区较少，部分村民宁愿参加各种休闲活动，也不愿意接受培训。

（二）培训环境与条件落后，学员培训效果不佳

培训环境与学习条件是“蜀绣扶贫”项目实施的硬件保证，即使有好的软件，硬件问题也会成为项目突出的“硬伤”。

一是培训设施不够，学习体验效果不好。经济发展以良好的基础设施为基础，工作效率以完备的工作设施为保障，G村在村内仅设置一个培训点，且培训点室内面积不大，只有不到10个工作台，难以满足培训需求，而且村内缺少公共交通设施，路程问题也不利于调动村民积极性。例如，培训初期有20名左右的学员，由于工作台数量不足，部分学员无法现场操作，缺乏体验感，学习效果达不到预期。

二是工作环境艰苦，出货效率不高。工作环境是影响学员积极性的重要因素，村内培训点是由之前文化服务中心的文化活动室重新装修而成，一系列工作环境问题导致学员的工作效率不高，产品出货周期长。例如，教室存在电路老化、没有空调以及厕所距教室较远且环境较差等问题。

---

① 数据来源：“蜀绣之乡”微信公众号。企业全称：成都蜀都绣娘刺绣专业合作社。企业类型：农民专业合作经济组织。

三是教学条件不足，培训效果不佳。在培训过程中，由于教学设施的硬件跟不上，学员的理解能力、学习能力有限，导致培训效果难以达到预期，学员的积极性受到打击。例如，教室里缺乏计算机、投影仪等现代化教学设施，甚至连黑板都没有，对比安靖蜀绣学院较完备的现代化教学设备差距较大。

（三）政府支持力度不够，合作公司动力不足

政府的支持是项目运行的“底气”，“底气”不足是“蜀绣扶贫”项目合作伙伴动力不足的重要因素。

一是缺乏相关政策支持。虽然有政策对参加“蜀绣扶贫”项目的贫困户补贴，但对参加扶贫项目的四川一蜀绣创意文化传播有限公司没有明确的政策支持。在“蜀绣扶贫”项目实施中，合作公司付出较多，项目基本处于亏损状态，运行主要靠公司对非物质文化遗产的传承责任和助力脱贫攻坚的信念驱动，缺乏现实动力。例如，工作室下派的绣师来自成都市主城区，往返G村需要两小时，虽然可从G村扶贫经费中获得一定的报酬，但相对于绣师的付出、合作公司的奉献来说，这几乎是微乎其微的。

二是财政资金供给不足。政府扶贫的专项资金缺位，没有形成完善的资金供给模式，资金基本上是以“打报告”的申请形式供给，缺少对合作公司持续的财政支持。例如四川一蜀绣创意文化传播有限公司2018年在成都市G村“蜀绣扶贫”项目中，投入资金8万元，帮扶群众50人。从企业运营的角度来说，政府并没有给予亏本经营的合作公司足够的资金支持。

三、破解“蜀绣扶贫”项目实施障碍的对策建议

（一）改善项目运行机制，保证项目的可持续性

学员收益是引导村民参与“蜀绣扶贫”项目的关键，也是巩固扶贫成果的核心。建立健全科学的培训体系，设置符合实际的培训安排，合理增加学员补贴，让“蜀绣扶贫”项目不但能“留下来”现有学员，还能“引进来”更多学员。一是建立健全培训体系。除了加强宣传，招收更多学员外，最主要的是合理安排培训时间，合理分配学习设备，增强培训效果。例如，统计每位学员的学习时间需求，利用有限的培训设备，分时间段进行培训，既要保证每位学员都能在实践中学习操作，又能让每位学员在自己合适的时间段进行培训。二是加大学员的补贴力度。合理协调扶贫资金和乡村振兴资金的分配使用，树立先扶贫再振兴的观念，提高学员的结业补贴；在劳务报酬的基础上，增强激励力度，提高劳务补贴比例；发展农村电商，拓宽产品销售渠道，提高产品销售收入，提振学员积极性。三是增加学员心理疏导课程。除了在宣传过程中鼓励男学员报名外，在开设培训班的同时，需定期对学员进行心理疏导，使学员眼光放长远，在学习中认识到项目的意义；加强“蜀绣扶贫”项目中已结业学员的培育，使其带头参加心理疏导课程，用以老带新、相互交流的方式参与学习。

(二)改变培训工作条件,增强学员学习效果

缺乏现代化硬件设施不仅不利于绣师教学,还会使项目的培训效果大打折扣。加强培训硬件设施建设,使项目软件发挥最大效用,增强培训效果,让学员学有所获为项目运行效率的提升提供重要保障。一是加大培训设施的投入。规划和建设新的蜀绣培训点,并增加培训设备,使报名的学员人人可操作,人人有机会在实践中学习,提升培训实效性。同时改善村内基础设施,投入资金打造G村蜀绣培训基地,让已结业的学员统一就业,培育壮大本地绣工队伍,成立绣工合作社,联合蜀绣企业、设计单位等,发展本村集体经济,把蜀绣产业做成本村的名片。二是改善培训环境。新的培训点应本着简洁节约和实用的原则进行合理的布局,增加培训教室基础设施,如增设空调、饮水机、微波炉等基本电器,营造舒适的培训环境。学习模仿安靖蜀绣学院教学环境的打造,在建设培训信息化,学习信息技术,发展丰富多彩的培训环境和线上、线下学习工具等方面下功夫,促使教学方法更加灵活多样,引导学员更加积极主动地投入到现实的、探索性的学习中去,增强学员的学习效果。

(三)加大政策和财政支持力度,激发合作公司动力

政府的政策和财政支持是提升"蜀绣扶贫"项目"底气"的关键,"底气"充足才能调动各方积极性,共同打造"蜀绣扶贫"项目,使"蜀绣扶贫"项目品牌化、名片化。一是制定相关政策支撑项目实施,采取政策激励的举措,激励合作公司持续参与扶贫工作。制定政策一方面能加大培训力度,将更多普通村民转化为蜀绣产业工人;另一方面依托政府力量,指导村集体早日建成G村蜀绣扶贫基地,对废弃乡村小学校舍进行装修,改建为培训室、生产工坊、大师工作室、销售展厅等,以旅游景点标准打造蜀绣传承创新载体。项目中远期,以蜀绣产业为切入点,通过政策宣传,把蜀绣这一传统产业与脱贫攻坚和乡村振兴结合起来,推动G村农、商、文、旅全面融合发展,力争探索出一条致富新路。二是加大政府财政支持。健全与"蜀绣扶贫"项目相适应的投入保障机制,把与"蜀绣扶贫"项目合作的单位作为财政投入保障的重点。并以"蜀绣扶贫"基地的房屋等硬件出资,与四川一蜀绣创意文化传播有限公司组建新公司,进一步发展蜀绣和旅游产业,让合作公司有期盼、有信心,与此同时,逐步提高村集体经济收入,巩固脱贫攻坚成果,实现乡村振兴的目的。

本文作者蔡操为西南大学政治与公共管理学院硕士研究生;吴江为西南大学政治与公共管理学院院长、教授,管理学博士,研究方向为地方政府治理。

以文化扶贫助力民族深度贫困地区可持续发展
——基于云南省 M 自治州的调研

孙晗霖

内容摘要：深度贫困地区集革命老区、边疆地区、民族地区为一体，地理位置偏远，生态环境脆弱，基础设施和公共事业发展滞后，贫困发生率畸高，社会发育及文明程度较低，受助主体自我发展能力不足、内生动力匮乏、贫困文化根深蒂固，这些都极大地增加了脱贫难度和成本。本文基于实地调研访谈，认为民族地区贫困文化对于受助主体贫困恶性循环和代际传递具有明显推动作用，应发挥好文化扶贫在深度贫困地区"去穷根"的核心驱动力，将文化扶贫与传统帮扶高度融合，并在民族文化的传承过程中取其精华、去其糟粕，从贫困家庭内部展开"思维革命"和"文化动力"，将落后文化逐渐与现代文化相接轨，通过扶志和扶智先行，为可持续发展筑牢基础。

党的十九大报告做出了贫困群众和贫困地区与全国一道进入小康社会的庄严承诺。脱贫攻坚已进入最后的"拔寨"冲刺期，在经济新常态背景下，为如期实现全面小康宏伟目标，保障受助主体真脱贫、可持续脱贫，需发挥好文化扶贫在民族地区扶贫开发工作中的基础性作用。在现代社会中，由于居住环境、生计状况、风俗习惯、生活方式等方面的特性而产生的独特文化观念促进了贫困人口之间的互动，最终形成了脱离社会主流文化的"贫困亚文化"。贫穷文化的经济特征包括长期操劳温饱、失业或不充分就业、劳动报酬偏低、从事低技术含量的职业、无存款、经常性现金短缺等。文化作为一种特殊的生活结构，具有代际延续性，在贫困环境中成长起来的下一代会从父母和周边亲友那里自然而然地习得贫困文化，并基于此塑造基本人格特性和思想观念，由此极易形成负面的自我评价和消极的人生态度。加之生产性技能的相对匮乏，进而造成缺少参与社会活动的机会，内生动力不足，最终导致被社会边缘化，即使将来获得脱离贫困的重要机会，也会因为根深蒂固的贫困文化而无法加以充分利用，只能被动或心甘情愿地适应底层生活，故而"贫困亚文化"通过"圈内"交往得到强化和积淀，是困难群众摆脱贫困陷阱的重要障碍之一。文化的传承使得贫困及产生贫困的因素形成代际延续，造成贫困群体的后代重复其父母的贫困境遇。由此可得出，内生动力的根源在于文化，惰性文化家庭先天内生动力不足，即使通过政府的扶志工作树立了自我发展信心，一旦遭遇外界风险冲击或挫折极易产生动摇和退缩，进而造成贫困反复。若将"内生动力不足"这一现实表象作为"问题"，可能无法从根本上真正解决问题。为贯彻中共中央办公厅、国务院办公厅《关于支持深度贫困地区脱贫攻坚的实施意见》和中共中央、国务院《关于坚持农业农村优先发展做好“三农”工作的若干意见》，2019年7月21日至28日，国家社科基金重大项目“民族地区深度贫困大调查与跨越贫困陷阱策略研究”课题组深入国家深度贫困地区之一的云南省M自治州进行为期一周的田野调查，发现涉边涉藏、多民族聚居的深度贫困地区文化扶贫对于提高精准脱贫成效具有深远影响。

一、贫困文化对贫困者落入贫困陷阱的影响

（一）易扭曲和腐蚀正确的生存发展观

与追求个体利益最大化的“经济理性”和寻求自我满足的“社会理性”行为逻辑不同，“生存理性”遵循“以生存为中心”的基本原则，人们在决策前不以获取最大利益为行为动机，而是先看它是否违背其传统的以生存为中心的道德习俗。在传统农业社会中，底层农民以利己、家庭本位、排斥集体合作为表象的“非道德性家庭主义”生存理性往往超越了“经济理性”和“社会理性”并成为其行为主导，也是贫穷文化在乡村社会中的集中体现。结构因素引发了落后区域的“非道德性家庭主义”思想基础，即区域性贫困文化，而作为整个区域本质的“非道德性家庭主义”又反过来以其自主性的表现，进一步影响贫困区域的发展，制造或加深了贫困。马克斯·韦伯在《新教伦理与资本主义精神》一书中指出文化对个体思想意识、行为方式等具有巨大且深远的影响。文化作为一种特殊的生活结构，具有代际延续性，而深度贫困地区“贫困文化”作为一种脱离社会主流文化的异质性文化，具有鲜明的亚文化形态，其所负载的不合理甚至错误的世界观、人生观、价值观会对贫困者的生存发展观形成的初期造成相当大程度的误导。在生存发展观形成过程中，纵使贫困个体通过教育培训和日常交往而受到社会主流文化观念的滋养与浸染，但由于贫困亚文化环境的影响使得其在自身正确的生存价值观形成过程中无法摆脱消极落后的贫困思想和价值观念的腐蚀、干扰与冲击，这往往会扭曲贫困者的生存发展观，进而使得贫困者难以形成正确的生存发展观。

（二）易削弱、阻碍与迟滞贫困者人力资本积累

“人力资本”即劳动者的受教育程度、技能、健康、劳动熟练程度等综合素质，对其他形式的资本具有支配和推动作用，物质资本、金融资本、自然资本等价值量的实现和创造必须通过人力资本的运作，可以认为人力资本（知识和劳动力或支配劳动力的能力）是充分利用其他四种资本创造经济价值的前提条件。首先，个体知识储备量和技能水平的提高，可提升自身职场竞争力和发展潜力，从而获取较好的生计来源，为自身带来更高的报酬回报，是增加金融资本存量的直接办法。其次，人力资本作为经济增长的核心引擎，能够通过自身的增值流动转化为社会资本，以实现资本的帕累托最优。此外，人力资本能够有效克服物质资本的边际报酬递减，从而实现二者共同增值。最后，个体之间的人力资本差异化对自然资本利用率影响显著。农户作为农业生产经营的基本单位，承担着接受和使用农业科技的任务，人力资本存量较高的农民对新兴事物的接纳能

力较强，能够更快掌握现代化生产工具，有效增加农业产出，提高土地利用率。大量研究表明，人力资本积累对贫困人口脱贫至关重要，提高贫困家庭后代社会竞争力的核心途径之一是发展农村基础教育事业。然而，落后文化所蕴含的扭曲的“教育观”“育人观”和惰性思想，一方面对贫困家庭核心劳动力人力资本积累具有迟滞作用，降低了参与收益分配的能力，无法依靠自身实现可持续发展；另一方面对家庭潜在劳动力（未成年子女）的培育力度和重视程度不够，将直接或间接剥夺子女接受基础教育的权利，使得贫困家庭子女无法平等地获得通过接受教育提升自身人力资本的机会，会极大地削弱或阻碍子女的学习积极性，进而造成贫困累积效应、疤痕效应和代际传递，个体脱贫效果严重依赖国家扶贫政策的进退。

（三）可能抑制贫困阶层的上升性社会流动

已有研究表明，贫困个体之间因其家庭构造的差异化而并不属同质性极强的群体，该群体行为和观念的一致性是经济社会地位的集体性反映。贫困个体社会地位的边缘化决定了贫困阶层要想改变自己的生存环境与命运，就必须使得自己的社会阶层发生上升性流动。然而在贫困文化的影响与浸染下，贫困者的宿命观和消极落后的价值观、事业观无异于一条无形的锁链，将贫困者自身及其后代紧紧地束缚于社会的最底层，由此形成“天花板效应”。在精准脱贫过程中，贫困文化作为一种“乐天安命”“安于现状”的精神旨趣与价值取向的柔性精神力，反映于贫困者身上则表现为思维视野的狭窄与内生动力的缺乏，介于帮扶政策的稀缺性和福利性而滋生“不想脱贫、不愿脱贫”的狭隘意识，进而形成“等、要、靠”的惰性思想和“贫困光荣”的病态心理，对于帮扶项目消极应对，扶智工作收效甚微，脱贫工作的边际效益递减，造成扶贫资源的极大浪费。

（四）易助推贫困者落入贫困陷阱风险

落后和不发达不仅是能勾勒出社会经济走向的统计指数，更是一种心理状态。道格拉斯·诺斯的路径依赖理论认为，人类社会中的技术演进或制度变迁均有类似于物理学中的惯性，即一旦进入某一路径，无论好坏均会对这一路径产生“惯性”依赖。而人的思维方式、行为方式等同样具有“路径依赖性”，其表现为人的思维与行为习惯是难以改变或摒弃的。贫困者由于自身长期浸淫于“贫困亚文化”之中，这种消极落后的文化体系无时无刻不对其思想、行为、生存方式等产生日益深化的负面影响，由此便会形成“听天由命”的消极性心态、一成不变的生活方式、狭隘的世界观与甘于贫困的价值观，缺乏主动变革的勇气与能力，在共识性维度上则表现为物质贫困与精神贫困并存。由于前期经济积累较少且未来基本生活改善性支出释放较为集中，受助主体通常在较长时期内处于贫困线边缘区域，任何外部风险冲击都有可能对其产生心理波动和情绪反复，在应对能力不足的情况下造成自我损耗并做出不利决策，进而引致收入的负向波动及支出的突发性增长，从而导致返贫现象的发生。

（五）可能加剧与激化贫困群体的心态失衡和报复性反道德行为

查尔斯·K.威尔伯在其所著的《发达与不发达问题的政治经济学》一书中指出“贫

困对人的尊严和人性的堕落所造成的后果是无法衡量的”。一方面，在精准识别实际操作中由于甄别手段单一、名额有限、资金缺口等，存在贫困村覆盖不完全、贫困人口底数不清、针对性不强、帮扶资源指向不准、信息不对称、规模排斥、区域排斥、识别排斥、卡户与非卡户生计状况趋同等问题，以收入为标准的建卡立档存在精准扶贫的“脱靶”，这可能引致贫困个体“争贫闹访”；另一方面，贫困个体作为社会底层和边缘化群体，贫富差距、城乡发展的剪刀差、社会排斥及服务非均等化等现实问题极易导致其心理落差和心理失衡，甚至导致不满、怨愤、报复等扭曲心态，不利于社会稳定和民族团结。

二、民族地区贫困文化的形成原因分析

（一）基础设施薄弱，公共服务滞后

基础设施的完善和人居环境的改善是贫困地区彻底脱贫的基础性条件，是关系到人的生存生活质量和发展质量的关键性要素，也是使贫困地区稳定脱贫、不再返贫的重要保障。而 M 自治州位于滇西北，西接缅甸，北连西藏，东临迪庆与大理，南毗保山，是中缅滇藏的结合部，自然环境严酷，全州 98％以上的面积是高山峡谷，州内山高谷深、崎岖不平，最高海拔 5128 米，最低海拔 738 米，山多、山大、山陡，农村公路多临崖、临水，路窄、弯多、坡陡，道路等级低、路况差、路网小、里程长、通行能力差，路基承载能力不足，由于农村道路养护和基础设施建设造价高、改造难度大、周期长、资金缺口大，全州呈现无高速路、无机场、无铁路、无航运、无管道运输的“五不通”尴尬局面，截至调研时仍有 621 个自然村没有实现通公路。调研组从昆明火车站驱车前往州府所在地 LS 市共花费 12 小时。由于基础设施建设的严重滞后，公共服务设施存在缺口面大、程度深、人员配置不足、专业化水平低等突出问题，对基本公共服务供给能力和供给水平形成严重制约。

（二）多民族聚居，文化精华与糟粕并存

鲍尔斯的邻里效应强调群体内部不同成员之间的相互作用，认为群体中某个体的决策会影响或扭曲其他人的决策，这种扭曲相互作用最终可能会影响到整个群体的决策，例如同龄人效应与角色榜样效应。这种效应可进一步划分为正向效应和负向效应两类，即某一个体的勤奋努力会对更多同龄人产生激励作用，而好逸恶劳的惰性思想亦会在同龄人或同社区人群中传播强化。邻里之间长时间反复的负效应作用所导致的集体效能的下降以及犬儒主义的增加会导致邻里贫困的恶化，在这种相互作用机制下，负面激励最终将导致一个群体的持续性贫困和集中性贫困，区域性贫困陷阱由此产生。M 自治州是傈僳族、怒族、普米族、独龙族等多民族聚居区，少数民族人口占总人口的 93.60％，且中缅通婚现象十分普遍，多样化、差异化的民族文化在日常生产生活过程中相互影响、碰撞、渗透，优良传统文化的正向激励效应和封建落后文化的负向激励效应并存，且后者的辐射面更广，带动能力更强。

(三)自然资源丰富,产业发展薄弱

发展产业是实现永续脱贫和可持续发展的根本之策。M自治州境内有极其丰富的水能资源、矿产资源、生物资源及旅游文化资源,水资源总量达956亿立方米;水能资源蕴藏量达2000多万千瓦,可开发装机容量1800万千瓦;拥有亚洲最大的铅锌矿床,铅、锌、铜、大理石等矿产种类多、储量大、品质高。此外,该地区是全球三大生物多样性中心之一,是“三江并流”世界自然遗产腹地,是绚丽多姿的原生态民族文化汇聚之地,在自然资源、农业资源、人文自然景观等方面具备产业发展的条件。但由于山高坡陡、生产成本高、比较效益低、市场流通滞后、基础薄弱、信息阻隔、物流不畅、人流不通、区位劣势等,比较优势未能转化为产业优势,产业发展方式简单粗放、产业链短、招商引资难,全州龙头企业、合作社、种植养殖大户等新型经营主体存在“散、小、弱”情况。目前M自治州未建立起支撑全州经济发展的支柱产业,自身发展处于“捧着金饭碗要饭”的尴尬局面,与产业扶贫相关的企业市场存活率较低,对于大批集中安置的帮扶群众后续就业问题思路不明、办法不多,容易滋生受助主体“不愿脱贫”的观望心态和“争贫闹访”的贫困文化。

(四)地理位置偏远,生态环境脆弱

M自治州是我国西南山地农牧交错的生态脆弱区,也是我国重要的生态功能区,境内森林覆盖率75.31%,61%的面积被纳入各种保护区范围,生态环境保护任务艰巨,受限于生态保护的刚性制约,“在保护中发展”难度较大。全州几乎没有一块平整的土地,地形起伏大,坡度大于25°的坡地占土地总面积的80.64%,地质结构复杂,水热条件垂直变化明显;土壤贫瘠,由于受地形条件的影响,耕地沿山坡垂直方向分布,76.60%的耕地坡度在25°以上,可耕地面积少,垦殖系数小(不足4%),可耕地中高山地占28.90%,山区半山区地占63.50%,河谷地占7.60%,人口承载力较低,人地矛盾十分突出;暴雨雪灾、山体崩塌、泥石流、洪涝、滑坡、干旱等自然灾害十分频繁,一方水土养不活一方人,极易引致贫困陷阱的恶性循环式固化。此外,山高谷深的天然屏障在环境上极大地制约了当地群众与外界的物质、信息交流互换,这种封闭状态使得落后的生产方式、文化习惯、社会形态得以保留。

(五)贫困程度深重,社会发育程度低

M自治州集边疆、民族、贫困于一体,是全国典型的深度贫困地区,也是脱贫攻坚最难啃的“硬骨头”;拥有长达450千米的国境线,占中缅边境线总长度的22.30%;4县(市)中3个县(市)属边境县(市),2个县属涉藏工作县,M自治州是云南省唯一既沿边又涉藏的自治州。2018年,M自治州贫困发生率高达32.52%,全州4个县(市)均为深度贫困县,255个行政村中有249个贫困村(其中深度贫困村218个)。截至调研时,还有206个贫困村、14.29万建档立卡贫困人口,贫困发生率为32.52%(其中最低为20.73%,最高为40.77%),在全国“三区三州”中贫困发生率最高,占全国平均水平的20倍以上,

是全省的近6倍。M自治州属于典型的“民族直过区”，全州29个乡(镇)中，26个属直过区。虽然在社会形态上从原始社会直接过渡到社会主义社会，实现了“一步跨千年”的社会历史形态飞跃，但是由于生产力发展水平、社会发育程度、历史环境等因素限制，“直过区”群众与其他地区相比，生产力、思想意识和社会行为等方面都存在着较大差距，思想保守，“听天由命”“好逸恶劳”“得过且过”等小农意识和“等、靠、要”思想严重，自我发展内生动力不足，传统生计很难转化为现代生计体系，农户难以逃脱社会排斥，跳出贫困陷阱。

三、民族地区以文化扶贫助力可持续发展的对策建议

(一)重视文化对于“内生动力”的塑造作用

深度贫困地区“去文化环境”和“空文化环境”所形成的“贫困亚文化”怪圈，一方面使得处于该地区的低收入群体不能从思想上树立自我发展意识，自我改变命运的主动性不够，思想意识保守，自信心不足，对于扶贫项目的参与积极度不够，属于风险厌恶型小农，遵循“安全第一”“生存伦理”行动逻辑；另一方面，这种有悖于道德伦理的“贫困亚文化”使得他们将贫困看作光荣的事，被认定为贫困户就意味着在子女教育、医疗、住房、就业等方面能够获取更多的优惠和福利，而脱贫反而意味着家庭受益减少，于是就导致了“等、靠、要”的惰性思想和伦理偏差，其本质上是由狭隘文化观念引起的社会次生问题。在该情况下，任何的外界努力所取得的成效都会被消极的内因所抵消，反贫困由此会陷入停滞和低效率状态，造成资源的极大浪费。因此，当前我国深度贫困地区的扶贫开发和乡村振兴不能仅关注经济发展和收入增加，社会发展的复杂性还要求我们去关注农村社会更深层次的文化问题，发挥文化驱动作用，促使精准脱贫事半功倍。

(二)有选择地继承弘扬民族文化

文化的传承不是一成不变的，取其精华、去其糟粕是精准脱贫有效实施的前提保障。首先，宣传引导“送文化”，应将新媒体与广播、文化墙等传统方式相结合，将农民夜校、道德课堂、农民讲习所等线下平台与远程教育线上平台相结合。用贫困群众能听懂的语言，以快板、评书等文艺节目为载体，让党的精神入脑入心，立足于当前实际情况和自我发展认识，积极引导革除“等、靠、要”思想观念，剔除糟粕，树立“穷则思变”的进取精神和现代意识，提高民族地区群众文化素质和文化自信，促进农村社会主义精神文明建设。其次，标杆典型“树文化”，特别是树立身边勤劳致富的正能量典型，让身边人讲身边事，用身边事教育身边人，让贫困群众学有榜样、赶有方向，激发他们脱贫致富的信心。再次，激励机制“学文化”，多采用生产奖补、劳务补助、以工代赈等形式，让群众体会到付出劳动才有收获，发挥好文化的模范带动效应。最后，学校教育“种文化”。义务教育是提升综合素质的基础和实现社会公平的起点。一方面，加大“控辍保学”力度，结合贫困地区实际情况开设品德教育课程，注入更多自尊、自立、自强、自信等人文素养元

素，增强教育内容与当地传统优秀文化的融合度，提升文化品位，传播新思想、新观念，从源头培育优秀文化观念和道德修养，斩断贫困文化代际传递。另一方面，应改善薄弱的教学设施，提高贫困地区教师工资待遇，加大乡村教师公费培养力度，扩大对乡村教师生活补助的覆盖面，切实解决师资短缺和教学水平不高的问题，打好脱贫攻坚战，凝聚强大精神动力。

（三）将文化扶贫与传统帮扶有机衔接

精准帮扶，始于文化，不止于文化。文化扶贫是改造贫困文化、遏制返贫现象、阻隔贫困代际传递、提高自身综合素质、增强自我发展能力的根本举措，对于深度贫困地区打赢脱贫攻坚战意义重大。但深度贫困地区贫困文化根深蒂固，思想观念保守消极，绝非一朝一夕可以改变。为此，一方面，在帮扶过程中，基层干部应将文化扶贫放在突出位置，加大农村基础设施和公共文化设施建设，积极推进各类文化惠农工程，努力培育农村青壮年劳动力的文化意识和社会主义核心价值观，在传承并发扬民族特色传统文化的基础上，将中华优秀传统文化、现代观念融入精准帮扶过程，使得文化扶贫与物质扶贫相互衔接、共同发力，以激发广大农村劳动力的自我发展意识，变"要我脱贫"为"我要脱贫"，树立改善民族地区贫困群众的精神面貌和脱贫致富的决心信心，逐步推进民族地区人文素养的整体性提升。另一方面，在民族地区实际帮扶过程中，应充分考虑不同民族之间、不同群体之间文化需求的差异性，高度重视受助群体的"体验感"和"获得感"，防止部分个体被"边缘化"。此外，应大力提高基层公共文化机构专职人员综合素质和服务水平，着力打造一支稳定的基层文化人才队伍，着力提高文化扶贫的精度和深度。

本文为国家社科基金重大项目"民族地区深度贫困大调查与跨越贫困陷阱策略研究"（项目批准号：18ZDA121）、国家社科基金一般项目"农村土地流转中三权分置权利关系及实现研究"（项目批准号：15BJY085）的阶段性研究成果。作者为西南大学政治与公共管理学院博士后，管理学博士，研究方向为农村反贫困与可持续发展、公共政策。

云南红河少数民族文化创意产业扶贫的问题与建议

赵雨　周凤

内容摘要:云南红河州是我国典型的多民族聚居的脱贫攻坚战场。当地的少数民族文化相关产业,依托特有的民族文化优势,在各项政策的扶持下取得了较大的发展。民族文化创意产业作为创新驱动发展的重要受力产业,通过知识产权的开发和运用,产生高附加值产品,形成一系列相关产业链,进而拉升红河州整体经济增长,有力地实现多角度高效扶贫。在产业开发过程中,产业的各种实际发展问题对扶贫力度和辐射范围都有较大影响,笔者将从多个角度提出相应的建议,为少数民族地区的扶贫事业做出贡献。

云南省红河州地处云南省东南部,具有边境线长、山区多的特征,山区面积占全州面积的85%,是全国哈尼族、彝族的主要聚居区之一,有10个世居的少数民族,占全州总人口的58%,其中贫困人口占比较大。截至2018年,红河州脱贫攻坚进展中,99个贫困村脱贫退出、18.22万贫困人口脱贫,贫困发生率由13.06%下降到7.70%。这样可观的成绩意味着2019年是红河州打赢脱贫攻坚战的关键一年。根据原农业部、国家发展改革委、财政部等九部门联合印发的《贫困地区发展特色产业促进精准脱贫指导意见》指示,发展特色产业是有效提升贫困地区自我发展能力的重要途径。红河州的多个少数民族具有得天独厚的文化特色,是发展文化相关产业的有力支撑。近几年,随着文化相关产业逐渐成为红河州经济增长的新亮点,进一步寻求文化产业的持续推动力成为重点问题。云南省人民政府在关于推进文化创意和设计服务与相关产业融合发展的实施建议中明确指出,文化创意和设计服务与相关产业融合,是发展创新性经济、促进产业转型升级、培育国民经济新增长点的必然选择。文化创意作为经济社会发展必然要突破的关键点,在扶贫开发的性质上也可以起到根本性的变革,即由输血变为造血,将短暂帮扶变为长久的支持。文化创意产业通过知识产权的开发和运用,可产生高附加值产品,进而形成以创造力为核心的新兴产业,因此可称为拉升红河州经济增长的新动力。

一、云南红河少数民族文化创意产业扶贫现状

(一)文化相关产业:发展起步早

云南省早在1996年就提出建设民族文化大省的目标,并确定其为跨世纪发展三大

战略目标之一，随后便开始探索一条特色创新的文化发展之路，经过多年的发展，文化相关产业开始崛起。近年来，云南红河州因其独特的地理位置和丰富的民族文化，文化创意产业发展态势良好。如紫陶产业园、阿细文化产业园、锡文化创意产业园、哈尼梯田文化旅游小镇等各种形式文化创意产业园的兴起，推动了文化创意产业发展，带动了生产力发展，创造了就业岗位，在一定程度上促进了扶贫。

(二)民族文化资源丰富:文化创意产业发展潜能巨大

云南红河州有滇南政治、军事、文化中心蒙自，有著名的锡都个旧，有国家历史文化名城建水。作为云南经济社会和人文自然的缩影，红河州蕴藏着丰富的文化资源，有闻名遐迩的锡文化、陶瓷文化、梯田文化、医药文化等。红河州的历史文化分物质和非物质文化两类，非物质文化资源包括各民族口头传承的大量神话、史诗、传说、故事、诗歌、歌谣、谚语等；物质文化资源包括文化遗址、建筑遗存、民族古籍等方面，各民族都有相当丰富的文化材料。由此可见，云南红河州在文化产业方面有广阔的发展空间与发展潜力，若能有效发挥其特色之处，将对扶贫攻坚贡献巨大。

(三)相应政策扶持:发展前景较好

在当下主流文化的影响和教育体制的局限下，为鼓励少数民族进行文化传承，国家采取了积极的扶持政策，鼓励各种形式的文化传承和企业合作。如颁布的《云南省民族民间传统文化保护条例》和根据国务院《关于推进文化创意和设计服务与相关产业融合发展的若干意见》而推行的云南省人民政府《关于推进文化创意和设计服务与相关产业融合发展的实施意见》，在文化传承的过程中推进文化创意产业的发展，传播文化创意产业的发展精神，运用政府政策的影响力，扩宽文化创意产业的发展之路，在一定程度上转化为对扶贫力度的长期性把控。

(四)民族文化创意产业:扶贫的重要举措

世居山区的红河州少数民族拥有得天独厚的特色自然风景和独特的人文资源。近年来，自然景区的开发带动了一系列扶贫项目，但这些开发受组织资源、开发管理、地质构造、自然气候等多方面局限，开发层次相对较低，扶贫力度有限；人文资源开发力度相对较小，近几年虽不断加强，但文化创意产业仍旧处在开发的初始阶段，具有较大的发展前景。随着旅游业的快速发展，民族文化表现较突出的文化产品受到越来越多的关注，成为游客重游的重要原因。文化创意产业是开拓发展此类极具特色文化产品的有力助推，促进扶贫项目深化推进，增强其再生的生命力。

二、云南红河少数民族文化创意产业扶贫存在的问题

(一)文化资源开发不到位，创新性人才匮乏

红河州少数民族文化多彩丰富，传承较完善，但人民群众对民族文化的保护利用意

识不足。在文创产品生产方面，多局限于家庭产业化或小规模集体化发展，主要包括服装服饰刺绣、装饰性旅游工艺品、民族特色纪念品开发等，缺少大规模开放式的对外发展产业及供应体系。在文化旅游、民族特色展现方面，项目的创新性不够、娱乐性较低，只注重对游客的吸引而忽略本民族文化特点，进而导致了同质化现象的产生。民族节庆是少数民族对外推广民族文化产品的契机，但是红河州少数民族较多、分散广，山区条件的限制，拥有严密策划能力、强大对外宣传能力的统筹性人才的缺乏，导致其缺少与旅游市场的对接，如旅游景区内容缺乏创新性，各个民族的表演常常是千篇一律。从民族文化创意产品的创作和生产角度来讲，创新性人才的缺失，导致各民族文化创意产品的创新方式相似，销售形式相同，在留住客源和吸收外来投资上存在不同程度的局限性，缺乏对“少数民族文化是文化创意产业市场一个强大源动力”的认识。创新性人才的缺失在一定程度上拖住了脱贫攻坚的发展步伐。

（二）文化创意产品市场局限，集中度较低

民族地区的文化创意产品多以手工制作、材料天然、民族特色为营销口号，过度依赖农业资源，普遍是小规模、低层次的家庭产业，世居山区的红河少数民族，表现尤为突出。营销对象多局限于流动游客，各产业营销收入受限于旅游的季节性变化，严重影响脱贫攻坚进程。尽管近几年线上营销势头正盛，但由于红河州文化创意产品具有强烈的地域色彩，多以装饰性功能为主，更依赖于特定条件下的情绪化消费，所以也有一定局限性。

（三）文化创意产业活力不足，开发内涵不够

红河州各民族文化的传承年代都较为久远，具有深厚的文化底蕴和极强的历史代表性，相关的文化创意产业发展问题是文化产物的传承媒介与物质表现相对单一。常见的传统载体有图腾、刺绣、雕刻、器皿、特殊服饰、手工技艺等，都与民族文化有一定历史渊源，形成了天然关联的历史沉淀感。而当今人们并未深刻领悟文化产物关联的历史内涵，意义提取不完整，更有生搬硬套式地拆分后与当前时代发展产物结合应用的现象，这导致文化创意产业常因不能保留更多的民族文化气息而逐渐丧失市场吸引力，进而失去产业活力，削弱文化创意产业扶贫的力度。例如，不考虑图腾特有的民族含义，以 Logo 形式直接应用，这是对文化产物承载的历史背景和展现的民族精神的漠视，直接导致了产品文化底蕴的匮乏，很容易将产业自身发展推进“死胡同”。

（四）文化创意产业链不完善，缺乏资金投入

文化创意产业基于特点鲜明的民族文化，目前，红河州存在部分民族文化资源项目特色不够鲜明，包装档次低，文化资源要素得不到市场认可的现象，不够完善的产业发展条件直接导致文化创意产业发展的延伸性受限。另外，大多数具有发展前景的民族文化创意产业在资金投入上过于分散，无法有效集中调配，稳定性较差，不利于进行大规模、衔接性产业化发展，限制了民族文化创意产业的发展进程。

（五）文化创新产业扶贫的精准度不足

在实际帮扶工作中，文化创新产业扶贫很少考虑不同农户之间，存在家族性产业、工艺的传承差异，不能将文化创新产业的最大化成果深入每家每户。对于极其贫困且没有家族传承技术的家庭，最好的出路是通过学习来改变现有状况，这需要一定的时间跨度。红河州的多民族聚居特点形成了民族文化的多样性，进而产生了生产方式略有不同、文化需求不尽相同等问题。在文化创意产业方面大多采用公司＋农户模式，只考虑了市场主体作用，缺乏对公司和合作社负责人的约束及利益捆绑，相当一部分贫困户在其中获得感少，有的还被边缘化。

三、云南红河少数民族文化创意产业扶贫的建议

（一）立足文化特色及资源优势，加强各民族经验交流

为特色文化产业资源制定规划，解决好合理布局、突出特色、差异发展的问题，具体到每一个民族，以及每一个民族内不同形式文化产物的特点区分；精心进行专业指导，鼓励采取家庭集中制或相同产业小规模集体化、分工式配合作业的形式，尽可能避免由于地理因素导致同一民族不同地区的文化产业发展方向不同的问题，加强民族文化产业的内在联系，整合文化发展资源，提高发展能力，优化发展水平。对各地文化特色资源进行梳理并谋划项目，寻求更多民族文化产业发展的机会。定期邀请各民族相关产业专家、民族技艺传承人进行统一交流学习，解决项目顶层设计问题，做好带动整体经济有效扶贫的前期工作。

（二）提倡文化创意产业规模化，广开销路

将文化创意产业扶贫深入根本，提倡创新型线下销售模式，力争带动更多贫困人口参与，并运用合理的考察方式留住人才，在提升文化创意产业市场竞争力的同时加大扶贫力度。对于线上文化创意产品的销售，倡导规模整合，打造一体化有序运营模式，形成整体的区域发展理念，在此理念框架下，各民族再进行特色发展，提升总体对外市场竞争力。各民族文化创意产业线下要以合作伙伴的角度互相学习，着重对本民族的特色进行产业发展，使其具备市场竞争力的同时，带动其他发展态势较弱的民族产业共同进步，在交流中互相学习发展的亮点，提升可持续性发展能力。注意在发展中对本民族文化核心竞争力的提炼，在文化与市场需求的对接中明确本民族的优势，并大力推进该优势的创新性发展，使其成为提升经济增长的强劲拉力。关注产业要素的聚集，结合资金扶持引导市场主体，结合时代发展特点以及消费者的普遍消费倾向，打造一批特色民族品牌，提升文化创意产业市场知名度，广开销路。

（三）建立完备的文化创意产业开发体系及人才储备

完善文化创意产业从产品开发到营销的整个体系，能够提供一批就业岗位，解决部分贫困状况。实时关注市场导向结合市场发展规律推进产业化进程，在发展中发现问

题、解决问题，不断完善产业开发体系。定期举行大规模征集优秀民族特色产品现代化设计作品的活动，集思广益，探索开发新角度。针对开发应用潜能较大的设计作品，考虑延续其创新理念，构建具有鉴赏和设计能力的本民族文化创意产品研发团队，并定期对产业进行评估、指导。在少数民族旅游景区，积极应用创新发展方式，针对不同的旅游形式推出适销对路的产品和服务，进行精准营销。针对互联网线上营销，坚持先做市场调研和评估再进行项目发展。

（四）建立多元投资机制，鼓励参与民族文化创意产业开发建设

贫困地区发展产业主要依靠小规模的民间投资，但这些投资力度小，抵御风险能力差，因此在建立民族文化创意产业时，建议寻求经营业绩好、规模大、市场开拓能力强的大公司参与文化市场的开发，共同推进红河州民族文化大发展，提高文化创意产业的抗风险能力，解决市场推广问题。依托大公司在市场的有利地位谋求自身的发展定位，形成长期的发展优势，逐步在市场中产生一定影响力，从而带动其他相关产业共同发展；同时也扩展了文化创意产业扶贫的眼界，不论是在扶贫的力度、扶贫的延续性，还是在扶贫的时代发展性上都有创新性开拓。结合时代发展特征进行民族产业文化的推广，改变的是推广方法、推广形式以及推广内容的创新性。

（五）建立良好的文化传承体系，最大限度辐射扶贫范围

引导组织贫困户参与扶贫全过程，了解扶贫形式，深化对扶贫项目的认识，使其明确在扶贫项目中如何取得自身更好的发展，实现最终脱离贫困状态的目标。努力实现在增加贫困人口普遍收入的情况下，提升其文化自信，从深层次上实现物质和精神脱贫。组织有意愿的贫困户进行统一的产业工艺学习、产业经营培训，加强其就业竞争力，增强其文化创意产业的参与感。对符合发展需求的人才，为其提供相应的就业岗位，使文化创新产业的最大化成果深入每个贫困家庭。

（六）打造民族特征鲜明的文化创意产业，延伸产业链

少数民族的社会文化发展历史中，通常情况下会有一个核心的标志性存在，可能是某个图腾、某个节日，或者某种服饰等，对整个民族具有代表性的展示。以特色的民族历史产物为核心，进行具有针对性的民族文化创意产业开发，在进行有效的民族文化传承的同时，将具有突出代表性的民族文化产业打造成一个能够延伸、扩展的产业资源，将其附属产业的经营市场打开，推进其附属产业链的发展，结合时代发展特征，将民族文化的生命在民族文化创意产业中进行延伸，促使扶贫工作持续有效并最大限度地展开。

本文为重庆市社会科学基金项目“人工智能技术驱动下的情感化服装设计策略研究”（项目批准号：2018QNYS72）的阶段性研究成果。作者赵雨为西南大学纺织服装学院副教授，工学博士，研究方向为服装社会学、文化创意等；周凤为西南大学纺织服装学院本科学生。

“一带一路”倡议下中国减贫经验对外出版的对策建议

李泽梓　朱竟榕

内容摘要：讲好中国减贫故事是对外出版的重要内容。中国改革开放40余年来积累了很多宝贵的减贫经验，做好这些经验的对外出版工作，对促进“一带一路”沿线国家发展、增进人民幸福具有重要意义，也是讲好中国故事、彰显大国担当的重要实践路径。为此，在中国减贫经验对外出版方面，应该高度重视对外出版的内容、精准把握阅读对象减贫需求、精心布局对外出版海外机构、把握市场规律、兼顾社会效益，为构建人类命运共同体汇智聚力。

“一带一路”倡议是中国对外开放和对外合作的总纲领。“一带一路”为出版业的“走出去”带来了新的机遇，提供了全新的对外出版格局。要使对外出版获得更大的社会和经济效益，就必须实现对外出版供给与出版需求精准对接。位于东南亚、西亚、非洲的一些“一带一路”沿线国家贫困程度深、贫困面积广，贫困治理任重道远。而中国从1987年“扶贫攻坚”开始，到即将实现全面建成小康社会，开展了大量扶贫脱贫工作，积累了大量的先进经验，这些经验是对外出版最重要的素材。已有的文献对对外出版物的翻译、出版物的内容(包括主题、童书、学术、民文、教材、体育图书，科技期刊，中央文献外译，研究报告，民族传统文化等)、出版物的发行和海外传播、图书版权贸易、国家版权法律制度、出版国际竞争与合作、出版社走出去等进行了研究，但关于中国减贫经验的对外出版尚无专门论述。因此，本文深入分析中国减贫经验对外出版的重要意义与出版策略，以期实现中国对外出版的效益最大化。

一、中国减贫经验对外出版的重要意义

党的十九大报告指出，要讲好中国故事，展现真实、立体、全面的中国，提高国家文化软实力。“一带一路”背景下的中国出版业被赋予共享中国价值、传播中国理论和分享中国经验的历史使命。减贫事业是需要全世界共同克服的难题，中国在长期反贫困实践中积累的大量经验，对世界减贫和发展具有重要的借鉴意义。

(一)中国减贫经验是最好的中国故事之一

讲好中国故事、传播中国声音是出版业的使命。中国减贫事业为实现全球减贫目标做出的重大贡献、取得的巨大成就，是中国故事的重要内容。贫困是人类长期面临的

社会现象，消除贫困是人类的共同使命，也是落实联合国《2030年可持续发展议程》的主要内容。改革开放40余年来，我国7亿多人摆脱了贫困，扶贫开发成就显著，形成了贫困治理的中国经验、中国力量和中国智慧，赢得了国际社会的广泛赞誉。牛津大学人类与发展研究中心主任萨宾娜·阿尔克教授认为："中国的精准扶贫方略在精准识别、精准帮扶、精准管理、精准退出等方面对其他发展中国家有重要的借鉴意义"。中国在历经输血式扶贫、开发式扶贫、以人为本的扶贫、精准扶贫四个阶段后，不断形成了一条具有中国特色的减贫之路，积累了具有地区特色的减贫经验。中国减贫实践成功的奥秘包括：党和政府的坚强领导；开展政府、市场、社会、贫困者自身等多元主体的参与式扶贫；培育、增强贫困地区应对和解决贫困问题的能力；从制度、体制、机制上协调不同主体和资源，合力解决贫困问题；精准施策，实施"五个一批"工程；构筑社会安全兜底网；有效借力国际减贫资源；等等。中国减贫经验是中国故事最好的内容展示，为对外出版提供了大量素材。

（二）中国减贫经验对外出版凸显世界意义

我国减贫经验的对外出版对"一带一路"沿线国家减贫和发展具有很大的意义。"一带一路"倡议是中国提供给世界最重要的公共产品，更是中国同有关国家开展合作的重要平台。中国的减贫成效赢得了世界广泛而高度的赞誉，开始显现全球溢出效应。帮助沿线国家的人民摆脱贫困，是"一带一路"倡议向前推进过程中的重要内容。"一带一路"沿线国家涵盖了全球65%的人口、全世界1/3的GDP、全世界1/4的商品流动。从我国减贫的历史演进出发，梳理我国减贫的实践模式，可为"一带一路"沿线国家提供减贫经验借鉴。"一带一路"沿线贫困发生率较高的国家主要分布在亚洲，如菲律宾、老挝、印度尼西亚等东南亚国家，印度、巴基斯坦、孟加拉国等南亚国家，吉尔吉斯斯坦、塔吉克斯坦、乌兹别克斯坦等中亚国家。由于各发展中国家贫困问题的症结不同，所处的经济发展阶段、贫困形成机理以及限制条件不同，扶贫、脱贫、减贫中的中国经验和中国智慧对发展中国家具有重要的参考价值，能够让各国在结合本国国情与贫困特征的前提下，更好地找准"病根"，对症下药。

（三）中国减贫经验对外出版彰显大国担当

减贫已成为中国与包括东南亚、中亚、南亚国家在内的广大发展中国家进行合作的重要领域。联合国《2030年可持续发展议程》涵盖了17个目标，第一目标就是消除贫困。中国作为负责任的大国，现已成为最早实现联合国"千年发展目标"减贫要求的发展中国家，减贫工作取得瞩目成就。中国政府不断构建中国与"一带一路"沿线国家的合作减贫机制，对外出版中国的减贫经验，并不断以实际行动支持沿线国家实施"幸福家园""爱心助困"和"康复助医"等减贫援助项目，改善贫困人口基本生活状况。联合国开发计划署非洲首席经济学家奥都索拉认为，中国的精准扶贫是全面而创新的扶贫方法，非洲在扶贫上要向中国学习，全世界亦是如此。中国在多维贫困领域做了许多研究，为世界树立了榜样，中国宝贵的扶贫经验值得和全世界分享。在"一带一路"框架下做好顶层设计，广泛宣传中国减贫经验，为构建人类命运共同体贡献智慧。通过定期开展减贫研修班、合作论坛或研讨会共享中国扶贫模式经验。广泛出版推介中国扶贫成绩，邀请“一带一路”沿线国家扶贫专家、基层管理人员到中国贫困地区实地考察扶贫经验，全面了解中国扶贫具体做法。积极出版扶贫合作已取得成功的案例，使普通民众直接感受到来自中国的扶贫经验。在未来的国际减贫合作中将减贫经验分享纳入合作框架，因地制宜、取长补短，在经验分享中探索减贫合作的范式，不断彰显大国担当。

二、中国减贫经验对外出版的对策建议

伴随“一带一路”倡议的提出，“一带一路”沿线及周边国家和地区已然成为我国出版业版权贸易的重点方向。中国减贫经验的对外出版需要出版界在优势互补、互利共赢的“一带一路”价值引领之下，遵循对外出版规律，讲好中国减贫故事、传播中国减贫声音、阐释中国减贫特色，不断扩大中国减贫影响，为构建人类命运共同体汇智聚力。

（一）高度重视“中国减贫”对外出版

让“中国减贫”成为对外出版的重点选题之一。出版界应该在思想上高度重视中国减贫经验和故事的总结与翻译出版，把传播中国减贫故事、减贫方案作为“一带一路”对外出版的重要内容。目前来看，“一带一路”“中国文化”“中国共产党”“中国文史”等关键词是“一带一路”对外出版的选题重点，出版界应该逐渐把“中国减贫”作为对外出版的亮点选题，加强对外出版。首先，对中国特色减贫理论产生、发展、成熟的过程进行总结与提炼，对外出版；其次，收集整理好新中国成立以来我国减贫的相关政策，做专门的对外出版；再次，对中国在减贫过程中取得的成就进行总结，从经济、政治、社会、人民生活、生态改善等方面进行全方位的详细描述，系统对外出版；最后，对中国减贫经验进行总结与提炼，并依据“一带一路”沿线国家的减贫需求进行有针对性的反思，以期为他们提供有针对性的借鉴与建议。

充分利用国家当前对外出版政策，不断争取更多资金支持。自 1953 年委托英国劳伦斯公司翻译出版《毛泽东选集》开始，我国对外出版经历了不断发展的过程。1981 年，原国家出版局制定了《加强对外合作出版管理的暂行规定》，2014 年国务院出台《关于加快发展对外文化贸易的意见》、中宣部批准立项“丝路书香出版工程”等，这些是中国减贫经验对外出版的政策依据。在现有政策的支持下，不断争取“经典中国国际出版工程”等各项专项资金支持，为“中国减贫”的对外出版提供更加充裕的资源。

（二）精准把握阅读对象减贫需求

把握对外出版受众的减贫需求，聚焦减贫出版主题，讲述中国减贫故事。要深入了解“一带一路”沿线不同国家、不同民族的减贫需求，把“走出去”与“走进去”结合，以地区减贫需求为出发点，充分考虑受众的诉求。坚持作品内涵神合，坚持把内容建设放在第一位，严把质量关，坚持出好书，让作品能够真正为“一带一路”沿线国家的受众所接

受或认可，为满足各种减贫需求而策划选题，提供图书产品。把中国的产业扶贫、易地搬迁、生态补偿、教育扶贫、兜底扶贫等分类施策的经验分类对外出版。加强重大减贫需求分析，开发专门用途的减贫教材，加强适时修订，推动减贫教材更新与时俱进，建设“中国减贫”网络辅助资源，推出电子、网络、多媒体教材等，把线上线下的教材与学习资源无缝对接，打造立体化的“中国减贫”学习资源网络。对“一带一路”沿线国家采取定制化路线，准确把握细分市场，对每一个目标市场利用海外相关组织与机构，通过问卷调查、深度访谈等手段了解其具体减贫需求，了解当地的出版政策、外资政策与法律法规，熟悉当地读者的个性化需求。做好翻译工作，精心挑选翻译作品，严控翻译质量，不仅应该语言准确，而且需要契合当地文化，明确减贫出版的最终功能和目的。

(三)精心布局对外出版海外机构

在“一带一路”沿线国家充分利用已有或创建的海外出版、发行等机构资源，或与“一带一路”沿线国家出版机构合作，共同开发选题、翻译出版图书，为中国减贫经验对外出版发行提供依托。主要可以通过以下途径:依托孔子学院、大学等设立海外分社或减贫出版合作中心、减贫图书策划中心，比如浙江大学出版社通过与学校“一带一路”合作与发展协同创新中心等机构的合作，把出版社的“中国减贫”策划与出版业务放在海外，能够更好地出版符合当地需求的减贫图书。通过建立“一带一路”沿线减贫出版联盟平台，深化与“一带一路”沿线国家的“中国减贫”出版合作关系，加大减贫版权贸易，设立减贫出版发行机构，常态化地举办“一带一路”减贫书展途径，有效推进减贫出版交流与合作。创新和强化与世界一流出版公司的减贫出版合作，充分利用政策保障，引进与输出并举“双向出版”。建立具有针对性选题资源、拓展交流和推广渠道的海外编辑部，及时把握当地减贫政策变化与特殊减贫节点，适时推出中国减贫经验的相关图书。

(四)把握市场规律兼顾社会效益

坚持多元市场开发，兼顾中国减贫经验对外出版的社会效益与经济效益。遵守市场营销的法则，让产品、版权和实体走出去，提升中国减贫出版作品的共鸣度，拓展中国减贫经验的传播力与影响力。做好专项规划和引导，借助数字出版，加强“互联网＋”出版，畅通“一带一路”沿线国家与我国的减贫经验交流。充分配合国际或所在国重大纪念活动、高层领导人互访等时事热点，开展营销宣传活动。比如中国人民大学出版社紧跟时事动态，于中国和黎巴嫩建交 45 周年之际，在黎巴嫩首都贝鲁特承办了相关出版物展览会，取得了很好的效果。加强对目标市场宣传资源的利用，利用好当地的广播、电视、报纸、新媒体等传播路径，扩大中国减贫经验在当地的知晓度与影响力，逐渐让相关出版物得到读者的认可。通过活动营销，强化节展平台和国际营销渠道建设，为中国减贫相关出版物“走出去”不断开拓市场，比如，2018 年国务院扶贫办与菲律宾国家减贫委员会联合主办第十二届“中国—东盟社会发展与减贫”论坛，通过论坛分享中国减贫经验，并展出相关出版物。在出版内容方面，中国减贫理论的出版应重点关注当地的减贫政策制定者和相关减贫研究学者的需求；对于中国减贫手段、技术的介绍应该更多地针对贫困人群和贫困地区。

中国在减贫领域取得的巨大成就，让中国减贫经验成为中国故事、中国声音、中国特色的重要内容。在“一带一路”背景下，对外分享出版中国减贫经验是中国出版界服务国家大局的责任，也是顺应时代潮流的具体体现。高度重视中国经验的对外出版，遵守对外出版的市场规律，是当前中国减贫经验对外出版的重要工作。

本文作者李泽榉为重庆医科大学教师，毕业于武汉大学社会学院，研究方向为社会政策与贫困问题；朱竟榕为西南大学政治与公共管理学院硕士研究生。

民族地区非贫困县脱贫攻坚战的现实困境与解决对策
——基于云南省红河州建水县的调研

黄明珠

内容摘要：消除贫困、改善民生、逐步实现共同富裕，是社会主义的本质要求，是中国共产党的重要使命，是全人类的共同愿景。非贫困县的全面脱贫对打赢打好脱贫攻坚战至关重要，是2020年我国全面建成小康社会的重要组成部分。目前面临农业产业发展滞后、住房环境改善任务重、社会陋习残存、发展后劲匮乏等现实困境，要解决这些困境必须夯实基础设施建设，加快发展农业产业；保障农民住房安全，建设美丽乡村；消除乡村陋习，解决精神贫困问题；借力乡村振兴战略，实现可持续发展。

改革开放40多年来，我国反贫困事业取得举世瞩目的成就。截至2018年底，在我国确定的832个国家级贫困县中，除2016年至2018年累计超过430个贫困县宣布脱贫摘帽外，还有约400个县需要退出，脱贫任务异常艰巨。当前，无论是从国家层面还是从地方层面都把主要人力、物力、财力聚焦在国家确定的"三区三州"深度贫困地区的脱贫攻坚战上，并已经取得决定性胜利。但一些民族地区非贫困县的脱贫任务也异常艰巨，在国家和省级财政支持力度有限的情况下，能否依靠自身实力如期打赢脱贫攻坚战值得关注。为此，笔者就民族地区非贫困县的脱贫攻坚情况对云南省红河哈尼族彝族自治州建水县进行了专题调研，了解到非贫困县脱贫攻坚面临的困境不容忽视。

一、建水县打赢脱贫攻坚战面临的主要问题

（一）农业发展基础薄弱，产业发展比较单一

建水县属于农业大县，自2015年以来，尽管全县投资9.03亿元硬化乡村道路1159千米，农业生产发展条件有了改善，但由于长期严重失修、欠账太多，农业基础设施不能满足现代农业发展的需要。渍涝、山洪、泥石流、滑坡等自然灾害频发。高原特色现代农业发展单一，主要以传统种植养殖为主，规模化经营程度不高，"一县一业、一镇一品"的格局尚未形成，农民增收渠道不宽。另外，农产品加工企业普遍规模小，多为初加工和粗加工，产品附加值低。农业龙头企业发展缓慢，2018年全县共有农业龙头企业52家，其中省级重点龙头企业8家、州级20家、县级24家，农业产业化联合体发展举步维艰，缺少区域性的全产业链农业集团企业引领。农业专业合作社发展滞后，截至2018年10月，

农业大县建水县仅有农民专业合作社282个、专业协会13个、县级认定家庭农场40个,农民专业合作组织成员占全县人口的21%,新型经营组织普遍存在融资难、生产经营规模小、技术低下,无品牌、无市场,抗风险能力差的状况,很多专业合作组织名存实亡。

(二)农村危房改造任务重,人居环境整治难度大

调研发现,建水县农村住房安全问题较为严重,普遍存在墙体多处裂缝、墙体根部明显碱蚀(硝化)、外墙酥松剥落、私自加层等问题,改造任务重,资金短缺,建筑材料质量无保障,修缮不到位,时间滞后,易地扶贫搬迁新增任务建设进展不平衡,搬迁户旧房拆旧率低,新房入住率不高。另外,集镇和村庄垃圾、污水收运及处理设施严重不足,公厕、户厕布局不科学,不少村民环保意识淡薄,难以改掉长期养成的不良习惯,人畜混居、垃圾乱倒、柴草乱堆、畜禽散养等现象依然普遍,环境整治难度大,生态宜居前路漫漫。

(三)社会陋习蔓延,"等、靠、要"思想严重

民族地区普遍存在人情世故多、礼金重、婚嫁彩礼高等陋习,全年1/3的收入用于人情往来,不少要靠贷款来交婚娶彩礼,沉重的人情费、婚俗礼金致使贫困家庭雪上加霜。调研还发现,农村存在未成年人辍学偷偷"结婚"生子现象,且大多家庭生育较多,生而无力抚养,加大了代际贫困传递的风险;国家提供的现金支持、就业扶持、临时救助等政策保障了建档立卡贫困户的基本生活,不少贫困人口养成了"饭来张口、衣来伸手"的"等、靠、要"依赖思想。另外,调查发现,有60%~70%的贫困人口即使满足脱贫退出条件也不愿摘帽,担心脱贫后生活无着落,还有少数人把国家扶贫政策视为一种"福利",心安理得,错误地认为党和国家就是应该帮助我们贫困人口,毫无感恩之心。

(四)非贫困村缺乏发展后劲

调研发现建水县在实现可持续发展方面存在以下问题:一是对非建档立卡"特殊边缘群众"以及脱贫户的关注度不够,帮扶缺位,返贫或落入贫困陷阱的风险较高。二是扶贫项目动态调整机制精准度不高,扶贫项目由乡镇工作组负责,村干部参与度低,项目与实际情况契合度不紧。三是扶贫资金缺口较大,2019年,中央及省级下达建水县财政专项扶贫资金仅有6702万元,在地方财力极为有限的情况下要实现高质量脱贫可谓杯水车薪,致使很多规划好的项目难以落地,不少脱贫干部对如期脱贫存在畏难情绪。

二、非贫困县打赢脱贫攻坚战的建议

2020年我国全面建成小康社会,但民族地区非贫困县脱贫攻坚面临的问题亟须解决,为此,提出如下建议:

（一）夯实产业扶贫基础，筑牢脱贫致富之根基

一是提前做好规划。要在对民族地区非贫困县农业基础设施全面摸底的基础上，按照发展现代农业的现实要求，结合本土实际，即刻着手研究非贫困县"十四五"农业基础设施建设整体规划，并纳入国家和地方国民经济发展规划纲要，精准施策，稳步推进，为构建农业发展的产业体系、生产体系、经营体系夯实基础。二是增加基础设施投入。中央和省级财政要把民族地区非贫困县农业基础设施建设作为脱贫攻坚最后一年和两年缓冲期建设的主要任务，加大投入力度，在县级财政极为有限的情况下，降低配套要求，确保三年内建成农田水利设施、高效节水灌溉、防洪除涝等完整的体系，推动农业现代化健康可持续发展，为产业兴旺奠定基础，为巩固脱贫成果提供强力保障。三是优化高原特色产业整体布局。借助农业高等院校和科研院所对口指导，精心选育品质高、具有市场竞争潜力的新品种，改良升级现有品种，建立以驻村干部为主的产业发展指导员制度，科学发展优势产业；适当调整现有村级空间范围，以村为单位，按照自愿的原则，通过"三变"改制将现有新型农业经营主体整合成股份合作总社，实行村级组织统一规划布局、统一对外招商、统一规范经营，做强做大主导产业，不断壮大集体经济，完善贫困户帮扶利益联结机制，激发贫困群体脱贫后的内生动力。四是完善非贫困县产业扶贫信息服务体系。充分利用"互联网＋大数据平台"的模式，由政府牵头，龙头企业、农业合作社、贫困户、技术公司共同参与，搭建能提供气候变化、农产品市场供求、价格走势、农业技术等方面信息的综合产业扶贫信息服务平台，为产业发展提供服务保障。五是加强对产业扶贫项目的风险评估。针对拟大规模推进的产业扶贫项目，要由上一级政府组织专业力量进行全面的风险评估，并严格资质审查，重点筛选出社会责任感强、抗风险能力强的企业，加强培育监管，充分发挥对贫困户脱贫增收的帮扶带动作用，杜绝合作主体失信风险。六是完善农业产业发展的保险机制。建立农业支持保护制度，调整现有农业补贴方式，增强农业补贴的指向性和精准性，提高农业补贴效能；通过政策激励、科普下乡、微信公众号等传播农业产业知识，增强农民的保险意识，引导农民做好对干旱、洪水、虫灾等自然灾害的防范举措，主动购买农业保险，确保发生灾情后能及时得到补偿，迅速恢复生产，为农业产业规模发展提供保障。

（二）守好"住房安全有保障"脱贫底线，助力生态宜居乡村建设

一是严格执行"一户一方案"，建立健全农村危房改造农户档案管理制度，组织县级危房改造建设技术专家组、乡镇抽调相关技术人员和施工方一起逐户调查鉴定，为农户制定合理的施工改造方案。同时，对符合标准的重点对象房屋做好动态调整，动态入库，动态消除。二是建立严格的现场巡查监督管理机制，从县级政府职能科室抽调人员组成检查组，对正在实施改造的危房实施定期巡查。对已改造完毕的房屋，严格按照验收标准开展入户排查，凡不符合基本建设要求的限期整改，严把质量关、进度关、安全关。聘请第三方机构独立开展督导，客观评估和检查对象认定、申请程序、施工过程等各个环节，消除"建新不拆旧"、私自加层、新房质量不过关等问题。强化信息公示，对辖

区内所有农村危旧房挂牌，实施工程进度一周一报。三是定期组织开展美化农村、绿化农村环境活动。通过互联网、广播、宣传栏等，大力宣传、普及生态环保知识，大讲“绿水青山就是金山银山”基本道理；通过《村规民约》制度建设、树立身边乡风文明典型，讲好道德守纪故事等，引导村民规范日常行为，摈弃陋习，养成绿色健康的生产生活方式，营造良好的生态宜居环境。四是强化农村环境监管力度。建立以村党支部书记、村主任为环境整治第一责任人制度，设置环境监督公益岗，落实专人负责，建立村、社区、农户村级环境监控网，确保环境整治无盲点、无死角，调动广大村民参与环保的积极性，用美丽的生态宜居环境提升乡村的吸引力。

(三)着力解决精神贫困问题，助贫困人口转变“等、靠、要”思想

一是加大扶志教育，发挥扶志在脱贫攻坚中的先导性作用。在扶志的教育主题上，各级共青团、妇联、志愿者组织等要充分发挥自身优势，通过讲好“人穷志不短”“穷则思变”“当贫困户不光彩”等简而易懂的道理，开展技能培训、一对一的辅导等增强贫困人口自力更生意识，弘扬脱贫光荣的社会风气。在教育的方式上，除办好村夜校、院坝会、议事会、乡村课堂外，还要鼓励支持高等学校在民族地区设立实习基地，支持本科生、硕士研究生、博士研究生利用暑期深入民族地区开展支教帮扶，并计入学分，活跃乡村文化生活，形成乡风文明氛围，弘扬传统美德，提振贫困人口积极向上的精气神。二是树立脱贫典型，发挥示范引领作用。以民族地区县级为单位，遴选一批知党恩、报党情的脱贫带头人、能人大户等组成巡讲团，定期深入全县乡镇、村组，讲述致富经和创业路，发挥榜样的示范效应。三是强化文化扶贫，丰富农村精神生活。财政列出专项经费支持各级各类艺术团、文化馆、图书馆等结对民族地区各县，通过群众喜闻乐见的艺术形式传播党和国家方针政策，定期深入基层弘扬脱贫致富先进人物；按农事节气活动常态化地开展送戏、送书、送电影等文化下乡活动，不断丰富贫困群众的文化生活，满足人民群众日益增长的精神文化需求；各出版社要与地方文化、新闻出版等机构合作，挖掘、整理、编辑出版本土古今乡贤事迹通俗本，将乡贤精神融入贫困群众的精神生活，帮助他们培养积极向上、奋发图强的价值观，激发他们追求美好生活的内生动力。

(四)借力乡村振兴战略，调整非贫困县脱贫攻坚策略

一是秉持乡村振兴巩固脱贫攻坚成果的指导思想，确保非贫困县如期高质量脱贫。紧紧围绕产业、人才、文化、生态、组织五个振兴要求，支持非贫困县抢抓乡村振兴战略机遇，结合贯彻落实中共中央、国务院《关于打赢脱贫攻坚战三年行动的指导意见》和国务院《关于促进乡村产业振兴的指导意见》精神，整合政策资源，优化要素配置，立足当前，着眼未来，做好脱贫攻坚与本地制定《国民经济和社会发展第十四个五年规划纲要》的有机衔接，在确保如期打赢脱贫攻坚战、稳步实施乡村振兴的同时，为未来五年发展奠定良好基础。二是着力发展地方主导产业，不断壮大集体经济。要树立“一盘棋”的思想，根据本县环境和条件，统筹谋划具有前瞻性、能够规模化的主导产业；通过体制改革和制度创新，打破村组、乡镇空间边界，依托“三变”改革重组新型合作社股份，实行规模化经营，在实践中建立和完善符合本地实际的产业体系、生产体系和经营体系，以统一的品牌和商标赢得市场的核心竞争地位，真正形成多主导产业的县域经济新格局。三是加大对非贫困县的财政保障投入力度。调整非贫困县中央和省级财政专项扶贫资金贫困人口权重占比，帮助缓解脱贫攻坚压力；加大财政转移支付安排力度，支持人均财政预算支出低于全省平均水平的非贫困县，解决“插花贫困”问题。脱贫攻坚期内非贫困县可参照贫困县做法，根据实际需要，统筹整合部分省级及以下财政涉农资金用于脱贫攻坚，确保脱贫后劲充足。四是加大对“特殊边缘群众”、脱贫户的关注度，确保实现可持续减贫。针对“特殊边缘群众”，非贫困县应加大资金支持，扩大特惠型政策辐射范围；针对脱贫户，严格落实“四不摘”政策，因户制订后续帮扶计划，使脱贫成果得到巩固提升，杜绝其陷入贫困或返贫的风险，实现可持续减贫。

本文为国家社科基金重大项目“民族地区深度贫困大调查与跨越贫困陷阱策略研究”（项目批准号 18ZDA121）的阶段性研究成果；作者为西南大学经济管理学院博士研究生。

职业教育阻断贫困代际传递的路径与策略

陈亮　王志章

内容摘要：贫困代际传递是我国扶贫工作中遇到的重大现实问题，是新时代决胜全面小康目标的重大障碍。我国通过生产扶贫、异地搬迁扶贫、生态补偿扶贫、社会保障兜底解决了即时贫困问题，而要解决贫困代际传递问题，则需要加强教育扶贫，尤其是要办好职业教育。目前，职业教育发展面临诸多困难，要重点解决以下几个问题：农民的思想观念问题、职业教育的资金投入问题、职业教育的管理问题和师资队伍建设问题。

"授人以鱼不如授人以渔"，职业教育是阻断贫困代际传递最有效的途径，职业教育直接面向最低端的农村贫困人口，最能直接促进就业，提高收入。习近平总书记在甘肃考察山丹培黎学校时强调，我国经济要靠实体经济支撑，这就需要大量专业技术人才，需要大批大国工匠，职业教育大有可为。但是，从全国来看，职业教育在城乡的发展中极不平衡，优质的职业教育资源主要集中在发达地区和大城市，而农村地区的职业教育规模小、课程内容单一、设施陈旧。要让职业教育在精准脱贫中更好地发挥作用，必须使广大贫困地区主动创造接受职业教育的机会，为贫困家庭的劳动力提供实用的技能培训，为更多的农村劳动者提供职业培训服务。

一、充分认识职业教育的价值定位

（一）职业教育在贫困代际传递中的逻辑

从社会学角度来看，贫困代际传递是代际继承效应的一种具体表现形式，是指前后两代人中前一代人物质资源匮乏、文化教育不足，导致后一代人很难脱离贫困，使得贫困在代与代间不断继承和传递。因此，教育是阻断代际贫困的重要一环，而职业教育作为与经济发展和创业、就业联系最为紧密的教育类型，能从根本上解决贫困代际传递的问题。一方面，职业教育为贫困家庭的子女或成绩不佳的学生创建继续学习的渠道，他们可以通过职业教育完成自己的学业，实现就业；另一方面，职业教育为那些对某个领域感兴趣的农民提供了一个学习的机会，他们通过接受各种独特的职业培训，获得各项服务技能。职业教育一头是教育、一头是产业，通过职业教育，将贫困家庭学生培养成德技兼修的技术技能人才，增强了贫困人口的自我发展能力、"造血能力"和内生动力，阻断贫困代际传递，真正做到"职教一人、就业一个、脱贫一家"。

(二)职业教育阻断代际贫困的社会价值

我国处于脱贫的决胜期,大力发展职业教育,对于推动社会进步,增加就业机会,提升人生价值等具有重要意义。我们必须坚持党的领导,提高劳动者素质,培育高素质、技术型人才,为打赢脱贫攻坚战提供强有力的人才支撑。

1.促进社会发展

职业教育是现代教育体系中不可或缺的部分,职业教育最基本的职能是培育技术技能型人才,它是与经济社会和生产关系密切相关的教育类型,可以直接阻断代际贫困,打破阶层固化,推动户籍改革,是推动社会发展的主力军。职业教育面向基层,面向生产,面向服务第一线,能培育出一批高素质、高水平、高质量、高技术的专业人才,并使他们深入有需要的岗位,为社会贡献力量。技术和人才的竞争是国际经济竞争的核心,而提高国家综合竞争力正需要一批高素质、适应性强的技能型人才。加快职业教育的发展,是推动社会发展的重要手段。

2.增加就业机会

职业教育发展关乎国计民生,李克强总理在政府工作报告中提出:“加快发展现代职业教育,既有利于缓解当前就业压力,也是解决高技能人才短缺的战略之举。”职业院校通过加强学风建设、教学监控,提高了教学质量;职业教育更加注重实践性,除了理论教学以外,更加突出实践教学,将就业与实习紧密结合;职业教育的发展,使人们的思想实现由“升学导向”向“就业导向”的转变,帮助学生认清形势,转变就业观念。大力发展职业教育是促进就业和解决“三农”问题的重要途径,加强职业教育,开展培训课,使农村贫困家庭掌握一门独特的技能,提高学生的就业能力、创新能力、创业能力,增加家庭的收入,让更多的人获得就业机会。

3.提升人生价值

职业教育是培育高科技人才的奠基石。随着产业结构的发展,许多行业更需要专业性技术人才,选择职业教育,不仅顺应时代发展的要求,也能实现自身的价值。通过为贫困劳动力提供特色的职业培训,提升自我发展的能力,增强劳动获得感。通过职业教育,改变农民的思想观念,提高他们的竞争力,使劳动力能充分发挥作用,进而实现自我价值。

二、职业教育阻断代际贫困中的现状分析

随着国家政策的落实以及政府的支持,脱贫取得了良好的成绩。据国家统计局全国农村贫困监测调查,2018 年末,全国农村贫困人口 1660 万人,比上年末减少 1386 万人;贫困发生率为 1.70%,比上年下降 1.4 个百分点。西部地区农村贫困人口为 916 万人,比上年减少 718 万人。但成绩的背后,我国脱贫攻坚任务依然艰巨,在脱贫攻坚的“决胜之年”,如何打赢硬仗,决定了脱贫的成效和质量。

教育是阻断代际贫困的重要一环,职业教育可以从根本上解决农村农民问题,通过营造良好的环境,让大家接受良好的教育,解决人的素质与思想问题,同时使人得到一

种技能，服务于自我工作。西南地区少数民族集中，地理环境复杂、交通不便、发展成本高，同时农民教育观念落后、经济基础差、抗风险能力弱、生产技能短缺，多重因素的影响导致西南地区区域发展能力弱、扶贫实施难度系数高、返贫率可能性大。究其根本，除经济落后、产业不优、旅游不发达等原因外，教育水平也是导致农民贫困的关键性因素。由于农村教育水平普遍较为低下，农民缺乏脱贫的意识，忽视了脱贫的重要性和效益，也缺少相关的技能，因此他们很难真正地走出贫困，在国家的资金扶持下，一段时间内显示他们已脱贫，但久而久之他们会再次返贫。1978 年以来，我国职业教育逐步发展，但是面向农村的职业教育仍然存在着一些问题：广大农村地区农民思想意识保守僵化、职业教育扶贫资金投入不足、职业教育管理机制不完善、农村职业教育教师队伍素质不高。

（一）农民思想意识保守僵化，参与扶贫的积极性不高

一方面，农村人口素质程度低、受教育程度低、思想观念落后是农民难以脱贫主要原因之一。农民的劳动素质要从根本上得到提高，只能依靠教育，尤其是职业教育。2015 年 9 月中下旬四川省统计局开展的进城务工人员市民化现状问卷调查显示：仅有 10.90％的受访者表示接受过基本职业技能培训，70％的受访者表示没有接受过，19.10％的受访者表示从未听说过。这既说明了政府在职业教育培训工作中的不足，也反映出农民思想意识保守，积极性不足。另一方面，大多数农民居住较为分散，不利于集中接受职业培训，而且大多数教育基地设立在城镇，加上一些农民的思想较为保守固化，即使有职业教育培训的机会，他们也不愿意去参加。因为教育资源有限，而参加职业教育的工作者也相对较少，进而导致职业教育工作发展缓慢。

（二）职业教育扶贫资金投入不足，教育资源配置匮乏

职业院校的硬件设施为阻断代际贫困起到了保障作用。我国城乡职业教育差距极大，广大农村地区经济发展水平低，农村经济发展缓慢，实力弱，投入职业教育的资金也相对较少，出现了“供不应求”的局面，投入的资金不能满足农村发展的需要，使农村资源配置匮乏，同时制约了教师个人的发展。资金的不足，直接导致学校数量不足，质量不高，学校内教学设备较为落后，多媒体教学设备屈指可数，学习环境不佳也间接影响着在校学生的数量，同时校内培训机会少，形式单一，名额有限，资源分布不合理。与教育事业总体发展规模相比，职业教育经费投入仍然不足。调查数据表明，2009 年全国教育经费共投入 14756.70 亿元，而职业教育经费仅为 1052.40 亿元，低于总经费 13704.30 亿元，占比 7.13％，差距相当之大。2008 年，普通高中生均教育经费投入为 6470.30 元，而中等职业教育生均教育经费为 5027.30 元，普通高中生均国家财政性教育经费为 3881.70 元，中等职业教育生均国家财政性教育经费为 3269.00 元。投入经费的不足，将进一步影响职业教育的可持续性。

（三）职业教育管理机制不完善，扶贫效果的长效性难以保证

阻断代际贫困重要的一点是促进“救济性扶贫”向“开发性扶贫”的转变，让贫困人

口学习更多的知识获得技能，通过自己的智慧创造财富，这需要更多学习的机会。而职业教育是一个很好的学习机会，但是近年来职业教育的发展十分缓慢，职业教育的课程质量不高，缺乏严谨性，课程开设杂，实用性不高，管理制度较为僵化，缺少特色课程，极大地影响了扶贫人员和贫困者参与教育的积极性。在教育的过程中，理论性的学习较多，实践性不高，对提升农民技能的作用不大。数据表明，云南某地级市职业院校共29所，其中中职院校9所，2010—2012年中职招生人数减少了5346人；2013年，职业院校减少了11所；2014年部分中等职业院校新生入学报到率不到50%。这说明，职业院校招生问题越来越突出，职业院校也将面临巨大的挑战。这种现象的产生，一是院校内部的管理模式已经不适应现代化的发展，发展模式趋同，就业率不高，不能吸引更多的学生前来学习。二是院校的教学质量有待提升，教学理念和教学方法不够创新。三是各地资源整合不够，奖惩不明确，校内秩序混乱，影响了职业院校的形象。

（四）农村职业教育教师队伍素质不高，相关培训活动少

贫困地区存在着职业教师数量不足和结构性失调等问题，因农村地区编制缺乏、环境条件不佳以及对职业教育的不重视，导致农村职业教师数量少，四川、云南、贵州等西部地区的农村职业院校师生比普遍低于1∶20，部分贫困地区甚至低于1∶30。教师队伍中年教师偏多，青年教师少，人才匮乏，职业院校的教育模式也尚未形成规模，对职业教师的投入力度不足，相关培训活动少。

三、职业教育阻断代际贫困的策略

目前我国教育资源分布呈现出城多乡少、东多西少的趋势，这需要对口帮扶初高中毕业进入社会的学生，加强职业教育，促进农村青年加快转化为城市人口、产业工人，从根源上阻断新生贫困，阻断代际贫困。

（一）转变农民思想观念，提高劳动者自我发展的能力

精准扶贫，教育先行，通过职业教育等人力资本投资，提高农民的工作技能和职业素养。习总书记说过，扶贫必扶智，抓教育是扶贫开发的重要任务，这不仅可以让贫困地区的孩子接受良好的教育，也可以阻断代际贫困的传递。部分学生初中就辍学，失去了继续学习的机会，而加强职业教育，是促进他们学习、增长知识的重要途径。农村贫困是代际贫困的重要影响因素，农村职业教育在阻断代际贫困中又发挥着重要的作用，阻断代际贫困的关键，首先在于解决农民自我发展的问题。一方面要创新人才培养模式，通过优质的职业教育，可培养一批以市场为导向的高素质专业人才，扩大就业。另一方面要从思想上逐步改变人才观念，引导人们从“升学导向”向“就业导向”转变，利用电视、报刊、广播和新媒体等方式，进行职业教育的宣传，使人们认识到职业教育的好处，更加了解职业教育，建立技能培训体系，培养更多优秀的人才，激发社会活力。

(二)加大职业教育扶贫资金投入,完善各项资源配置

一是加大对各级各类职业院校、培训机构等的资金投入,加强各项经费统筹安排,购买教学设备和图书,优化校园设施,营造一个良好的校园环境。加强监督管理,合理使用经费,定期或随机对学习经费的使用进行检查,防止浪费和挪用资金,建立效益评价指标体系,监督经费使用效益,并将监督结果作为经费拨发的指标之一。二是完善硬件设施,引入计算机、投影仪等设施,高效、便捷地开展教育学习,提高现代化教育水平,设立图书室或图书馆,提供学习的场地。三是建立多元化的投入体制,整合多渠道培训资金,鼓励政府、企业、个人等多渠道投入职业学校的发展,加强校企合作,利用资金开展职业教育培训基地,让更多的失业者和待业者有学习的机会。

(三)深化管理体制改革,建立健全职业教育扶贫机制

一是开发一套先进的教学管理模式,采用先进的理念和教学方法,对学生进行一对一、一对多的个性化培养,一个个性化的、新颖的教学模式是留住学生的关键。二是建立统一的运行管理模式,统一领导,各司其职,加强跨区域、跨院校的深度合作,建立健全协调机制、评估机制、保障机制,促使职业教育更加正规化,让人民愿意接受并且愿意选择职业教育。三是优化专业设置,提高办学的质量和水平,瞄准就业市场,强化实践教学,开展具有特色且实用的专业,更好地满足社会对技术人才的需求。以"可持续性"为人才培养的方向,根据区域特色和就业需求,开设特色农产品、民族工艺、休闲旅游等特色专业课程。合理设置课程的时长和训练强度,满足贫困人员的需求。

(四)提高教师队伍整体素质,加强乡村教师精准扶贫式混合培训

《乡村教师支持计划(2015—2020年)》中明确指出:"采取切实措施加强老少边穷岛等边远贫困地区乡村教师队伍建设,明显缩小城乡师资水平差距,让每个乡村孩子都能接受公平、有质量的教育。"要落实乡村教师支持计划,积极响应国家的号召,就要加强人才引进工作,制定优惠政策,吸引更多的毕业生回到贫困地区工作,提高贫困地区教师队伍的整体素质水平,促进教育公平,推动城乡一体化。开展职业院校教师队伍培训工作,提高职业教师专业化水平,加强各级各类成人技能培训,构建终身职业教育体系,按实际需求进行针对性的培训,采取顶岗置换、网络培训、送教下乡等多种形式,增加教师队伍的知识储备,让贫困地区享受公平的、高质量的教育资源。

本文作者陈亮为西南大学政治与公共管理学院硕士研究生;王志章为西南大学经济管理学院教授、博士生导师,西南大学"一带一路"反贫困研究中心主任,贵州财经大学特聘教授,长江师范学院武陵山片区绿色发展协同创新中心、武陵山区特色资源开发与利用研究中心兼职教授,研究方向为区域经济发展与反贫困。

云南省个旧市蔓耗镇产业扶贫的做法、困境与对策研究

陈苗　王志章

内容摘要：实施乡村振兴战略是实现“两个一百年”奋斗目标的重要举措，更是促进农业增效、农村稳定、农民增收的战略要求。当前，蔓耗镇正处于巩固提升脱贫成果与全面建设小康社会的交汇期和融合期，进一步做大做强现代农业就成了巩固提升产业扶贫的重要支撑。如何在蔓耗镇原有产业基础上推进农业产业转型升级成为一项重要的课题。调研发现，只有走出一条具有蔓耗特色的乡村振兴之路才能切实有效地破解农业农村经济高质量发展难题，才能为全面建设生态文明幸福新蔓耗奠定坚实基础。

蔓耗镇位于云南省个旧市东南部，由原蔓耗镇与原黄草坝乡在2003年下半年合并成立。蔓耗镇辖区总面积约为103平方千米，下辖6个村委会、21个村民小组，2017年全镇农村人口总数6598人，主要包括彝族、壮族、傣族、苗族、哈尼族等13个民族。蔓耗镇所处地区为亚热带气候和热带气候，年均气温在18℃左右。2017年全年最高气温41℃，最低气温15℃，年降雨量丰沛。蔓耗镇降雨、温度和日照条件优越，适宜香蕉、木薯、芒果、甘蔗、小米辣等热带作物的种植，是发展热带经济作物的一块宝地。蔓耗镇拥有国家级热带雨林保护区和省级董棕林保护区，森林覆盖率23%以上，森林面积1500公顷左右。

一、蔓耗镇产业扶贫取得的主要成绩

（一）基础设施配置的提升

蔓耗镇政府致力于水利基础设施的修建，积极争取项目和资金，利用贷款建设了蔓耗和黄草坪两个自来水厂，基本解决了人民群众饮水困难和不卫生这两大问题。但是由于蒙新高速公路的修建，造成蔓耗自来水厂的水质受到污染，水源产生堵塞，导致蔓耗镇中心地区人民群众生产、生活用水不能得到保障。镇政府针对这一情况，在原投资基础上再投资6万余元对自来水厂的供水管道进行维修检查，镇政府通过筹资，投资170余万元在净水基础设备上，彻底解决了蔓耗镇中心地区居民饮水不卫生问题。镇政府为保证农业生产灌溉用水，筹措资金，积极组织投入8000余台灌溉用水设备，积极修复了10条灌溉沟渠，清理堵塞渠道的水沟土石方15000余方，积极疏通饮用水管道达

5000 余米，这极大地保证了农作物的种植生长需要。全镇建设了蔓耗和黄草坝两个农贸市场以及马堵山和黄树木的香蕉交易市场，解决了镇上和周边的农民群众农产品交易困难的问题。镇政府通过认真规划，先后拨款 10 万余元，用于扶持搬迁户、修建水池解决人畜饮水等；先后投资 5 万余元架设高压输电线路，实施村村通电工程；在上级部门的关心和支持下投资 10 万元，完成了三个村民小组的有线电视工程，实现了村村通广播电视节目，保障了人民群众业余文化生活。

（二）旅游小镇规划的实现

以古镇古貌为载体，以古码头恢复重建为主线，以历史文化为内涵，以生活居住、休闲娱乐、商业服务、文化经营、科学考察等为主要支撑，按照市委“两线一区”和蔓耗镇“两区一园”的总体规划，深度挖掘历史传承、民族多元文化，提高蔓耗旅游景区知名度，使蔓耗成为具有一定市场影响力的文化旅游集散地，辐射带动红河谷一线旅游产业的发展，实现“一年出重点、三年见全貌、五年立口碑”的建设计划，逐步将蔓耗打造成为闻名遐迩的文化名镇。蔓耗镇周边地区有许多负有盛名的自然旅游观光地，比如申遗成功的元阳梯田以及关注度颇高的金平蝴蝶谷，而蔓耗镇地处这两个景点的必经之路上，具有天然的区位优势。让游客吃在蔓耗、住在蔓耗，带动“个旧红河谷”旅游品牌发展战略的实施，对全市旅游产品的丰富和旅游品牌的提升具有重要意义。

（三）新的发展理念助力产业扶贫

1.“生活、生产、生态”三生融合

一是“三生”资源共通。农民生活资源、农业生产资源、农村生态资源在乡村旅游中起着举足轻重的作用，是吸引游客、为村级创造收益的重要资源。“三生”资源的共通和融合发展能带给游客对乡村深层次的感受。二是“三生”景观共存。想要乡村在被开发和利用的状态下维持原汁原味，必须让“三生”景观互相融合、共同存在，因此需要给自然生态景观、农业生产景观、乡村生活景观同框的机会，保证乡村的原汁原味和乡村的生态可持续发展。三是“三生”空间共融。进行“三生”共融型乡村旅游规划时，要确保生活、生产、生态空间上既联系畅通又互不干扰，即乡村产业的发展基于对村民的正常生活不产生干扰的原则。

2.“前世、今世、来世”三世相连

一是“三世”的文化之间相连，文化具有传承性和阶段性，蔓耗镇的文化底蕴深厚，是今世、来世的文化宝藏，也是源远流长的一条文化河流。二是“三世”的产业之间相互联系，前世为今世的产业发展提供保障、奠定基础，今世为来世的产业发展提供基石，来世为今世的产业发展制定计划和发展方向。三是“三世”的资源相互传承，今世和来世必须对前世的生态资源进行保护。四是“三世”的生活空间都是同一个，今世需要在前世空间的基础上进行合理空间规划，才能保证来世的美好生活。

二、蔓耗镇产业扶贫的主要做法

(一)重视农业、智慧新科技、旅游业“三大产业”的融合发展

农业是产业发展的根本,智慧新科技和旅游业助力产业扶贫。一是完善农业产业链,建设农贸物流交易中心和农业加工基地,保证农产品达到市场的及时性要求和农产品的多样性要求。二是设立智慧新科技中心,将农业和旅游业与高新科技融合,提高农业和旅游业的效率和质量。三是利用当地民俗文化(妈祖文化等)和当地已有的历史文化纪念馆大力发展旅游业,开展“旅游+体育”的新兴旅游活动,同时鼓励游客进行自驾游,从而达到旅游增收的目的。

(二)强化库外治理、生态修复和生态资源管理

随着生产力水平的提升,人类对生态环境的影响日益增大,生态环境质量逐渐下降,蔓耗镇是旅游小镇,维持、保护和恢复良好的生态环境是需要付出成本的。这些成本首先是良好生态环境的保护成本,它是指为了减少自然力和人为因素对生态环境的破坏,维护生态环境质量达到一定水平,采取的各种保护措施所形成的成本。其次是良好生态环境的复原成本,即为了恢复和治理被污染、毁坏的生态环境而发生的成本用度的总和。最后是维护生态环境的机会成本,它是指为了维护良好的环境质量,对某些资源进行限制性或禁止性开发利用,并对相关产业进行压缩、调整、关闭形成的资产闲置所产生的直接损失和机会损失。蔓耗镇将库外治理、生态修复作为农业和旅游业两大产业的基石,保护生态环境,特别是珍稀物种,对旅游业发展起着决定性的作用。

(三)联手区县相互协调发展

因对区域资源的需求不同、功能不同,故而在不同的区域有不同的管理政策需求;同一主体功能区没有差异功能目标,因此对区域内各区县的资源管理与分配提出了新的要求,即统筹主体功能区资源,并促进各区县共同实现共同主体功能目标成为新的管理区域的任务。区域发展、区域分工与协作、区域一体化是产业发展的保障,区县之间的合作成为产业发展的交流渠道,同时区县之间也能完善产业链之间的互补,区县之间相互协调发展是实现产业对接、产业互补的重要手段。

三、蔓耗镇产业扶贫存在的主要问题分析

(一)贫困人口的利益预期受损

一是其他相关的产业开发与产业之间的竞争导致贫困农户利益受损。比如,旅游业关联带动性强的特点并不意味着它与其他产业都能协同发展,有时还起到限制作用。

一方面，随着旅游区的发展，物价也会上涨，此时如果贫困人口的收入不能同步上涨，其贫困状态就会加剧，不仅不受益反而使其生活成本上升，利益受损。另一方面，旅游区内居民要消费资源，就会污染环境，而景区的环境要受到保护，贫困居民要发展其他与旅游产业不匹配的自己能参与的脱贫产业，二者必然产生冲突。二是利益受损削弱扶贫效益，贫困户受益不均的现象严重。贫困地区的受益排挤了贫困人口的受益，地区经济的增长不等于贫困人口的受益。不少地方误将地区的发展作为发展产业的首要目标，忽视当地居民参与开发、共同受益的目标设计，这在一定程度上把贫困人口排挤在受益群体之外。加上外来投资者参与贫困地区的产业开发，他们本身拥有资本优势和市场竞争优势，这也有可能导致贫困人口在市场中不具有竞争力。

(二)贫困地区的产业经营举步艰难

一是贫困地区的产业经营，过分注重企业的经济效益。比如，一些贫困地区旅游景点设置的项目当地贫困户无法参与，只有简单的输血式收益，无造血式参与收益。经营过程中，过分注重旅游业的经济效益，导致旅游扶贫出现停滞，缺乏让当地贫困户参与开发的理念。二是产业管理部门缺乏专业技术人才，应付日常管理，疏于专业指导。另外贫困人口在进行产业扶贫工作时，因自身素质不够，加上缺乏专业培训，严重影响扶贫的效益。三是在主导开发过程中将产业扶贫简单等同于产业开发，急于求成，缺乏资源梳理和资源评价，缺失区域整体规划，特别是缺少策划，产品无特色、市场竞争力不强。忽视将贫困户参与旅游产业脱贫的可能性作为旅游扶贫资源的主体进行细化分析，导致投入大，出不了特色旅游产品，提供的旅游产品同质化、无市场竞争能力，贫困户参与没有经济收益，既浪费了资源，又耽误了发展时机。

(三)扶贫产业抵御风险能力不足

蔓耗主打旅游业，其次是水果等农产品的生产。首先，旅游业淡旺季明显，收益可持续性较低。大部分水果产业销售的是简单的初级产品，缺乏精深加工，收益能力相对较弱。其次，贫困地区自有科技力量薄弱，拥有农业专业技术的科技人员少，不能满足农村扶贫工作的需要。同时，农技大专院校、农业科研机构对农村扶贫工作的专业技术指导力度不够，还有待加强；科技投入不足、运用程度低等原因导致科学技术应用推广难度大，乡村新农业技术、新农产品品种的引进和转化速度慢，科技难以到村入户，贫困地区依靠科技实现自我发展的能力尚需加强。

四、做好产业扶贫的对策建议

(一)精准把握产业扶贫的内在要求

在实践过程中决不能把产业扶贫简单地等同于“贫困地区的产业项目开发”。重视旅游项目开发，不一定就能达成扶贫成功的目标。产业扶贫的内在要求必须立足在贫困地区进行旅游精准扶贫时务必处理好扶贫与单纯旅游开发之间的矛盾，把贫困地区的贫困人口真正纳入旅游开发的总体设计。扶贫要动员全社会的力量参与，形成合力，持续跟进，才不会后续乏力，甚至返贫。可以通过加强与高等院校、科研院所、旅游规划设计机构、旅游行业协会等沟通交流，按村组建民族村寨旅游扶贫“智库”，为精准旅游扶贫产业的可持续发展出谋划策。旅游精准扶贫还要通过教育培训，提高贫困人口用旅游发展促进精准扶贫的能力。

（二）精准构建旅游扶贫的协同机制

公共旅游资源的公益性特点决定了旅游资源开发不能单纯地追求经济效益，而应积极追求社会价值的实现。旅游扶贫市场运作机制与纯旅游的市场机制不能完全等同，如果仅仅依靠市场机制运行，是不能切实保证扶贫目标的达成。旅游扶贫市场化一定要保障贫困户的相关利益，以避免市场机制失控。如将扶贫的内容和行动纳入旅游开发、规划和实施；通过契约和行政手段，监督扶贫目标的实施等。

（三）重点打造经济效益佳的特色产业链条

产业特色是保障其长久经营的基本要素，蔓耗镇虽地处两大著名旅游景点之间，占据着天然的优势，但如若蔓耗镇没有自身的特色产业，难以吸引游客驻足，区位优势没有被充分利用，经济效益仍无法提高。动物园的修建是一个契机，围绕休闲旅游，蔓耗镇可以推出精品旅游路线，将热带水果采摘与动物观赏、特色美食品鉴结合起来，搭建电商旅游销售平台，实现产品线上线下融合发展，拓展多元供给方式。在条件适宜区重点推行旅游扶贫，加强乡村基础设施建设，利用自然环境打造度假村、农家乐，挖掘本地文化特色，以神话人物等“名人效应”吸引游客，并伴随推出一系列特色纪念品创收。

（四）以提升质量为导向打造新的农业品牌

着力推进重点产业区域规模化生产基地建设，解决优质农产品数量不多、产品不优等问题。加强农产品质量安全体系建设，加强农产品质量的安全监督。通过多种途径，采用多种形式，进一步完善农业品牌战略，大力开展树品牌、创名牌活动，在“云南红河”农特产品公共品牌的基础上，培育一批具有地方特色的名牌农产品，提高农产品的知名度和市场竞争力。此外，在品牌创立之后，需要对农产品的现有品牌进行维护和升级，进一步扩大农产品的品牌知名度，不断拓展农产品市场。与此同时，要注重发挥消费者在农产品品牌升级过程中的作用，切实打造农产品的品牌知名度和消费者的忠诚度、满意度。

（五）创新多种产业扶贫路径提升抵御风险的能力

创新多种产业扶贫路径能大大提升抵御风险的能力，旅游业和农业的收益都具有一定的不稳定性，只有在蔓耗镇的产业扶贫路径中创新并增加其他产业扶贫路径才能稳妥提升蔓耗镇的产业竞争力。定制农业是产业创新扶贫路径之一，是当前市场对高品质农产品需求的客观反映，定制农业代表着农产品的个性化需求和高质量要求，在当前农村扶贫的产业扶贫项目中，利用定制服务型农业的思维，以市场为导向的农业开发方式，借助扶贫政策和扶贫机遇，强化定制化服务思维，增强定制化农业产品供给及相关服务供给，有针对性地推动相对贫困村产业发展。定期对产业发展的过去进行回溯反思，制定适合产业发展的现在、未来的政策和措施，也是产业创新扶贫路径之一。

本文作者为西南大学经济管理学院硕士研究生；王志章为西南大学经济管理学院教授、博士生导师，西南大学“一带一路”反贫困研究中心主任，贵州财经大学特聘教授，长江师范学院武陵山片区绿色发展协同创新中心、武陵山区特色资源开发与利用研究中心兼职教授，研究方向为区域经济发展与反贫困。

乡村振兴研究

XIANGCUN ZHENXING YANJIU

怒江州脱贫攻坚与乡村振兴面临的现实困境与解决对策

王志章　刘芮伶

内容摘要：现阶段我国正处于精准脱贫与乡村振兴战略实施并存交汇的关键时期，高质量打赢打好脱贫攻坚战，着力夯实乡村振兴基础对于实现“两个一百年”奋斗目标具有举足轻重的现实意义，在此背景下，民族地区、边疆地区等深度贫困地区脱贫任务尤为紧迫。本文基于怒江州的调研情况，了解到怒江州在推进脱贫攻坚与乡村振兴过程中普遍存在产业规划定位不准、农村人力资源严重短缺、易地搬迁人群后续发展受限等困境。针对以上问题，本文从优化产业发展路径、深度开发农村人力资本、巩固搬迁后续发展三个方面提出对策建议。

习近平总书记多次强调，确保到2020年贫困地区和贫困群众同全国一道进入全面小康社会，为实施乡村振兴战略打好基础，脱贫攻坚和乡村振兴皆是确保乡村可持续发展的重大战略举措，脱贫攻坚是乡村振兴的重要组成部分，发挥为乡村振兴补齐短板的重要作用；高质量打赢脱贫攻坚战是实现全面小康社会的基石，是乡村振兴的前提；脱贫攻坚的成效为实施乡村振兴战略奠定了良好的物质和社会基础。统筹推进脱贫攻坚与乡村振兴，对继续推动摘帽后的贫困县经济社会发展和群众生活改善具有重大意义。

一、怒江傈僳族自治州脱贫攻坚与乡村振兴的现实困境

怒江傈僳族自治州辖4个县(市)、29个乡(镇)、255个村委会、17个社区，总人口55.30万人，集“边疆、民族、贫困”于一体，是全国典型的深度贫困地区。2019年7月，西南大学缙云论坛组织专家学者深入怒江州，通过调查访问，对全州可持续减贫工作开展情况与贫困陷阱现状进行实地调研。通过调研得知，目前怒江州脱贫攻坚已取得阶段性成果，全州贫困人口和贫困发生率大幅下降，村级基础设施不断完善，农村人畜饮水困难问题基本解决，村级党群活动场所建设实现全覆盖，贫困群众转移就业力度加强，脱贫攻坚内生动力不断激发，但依旧存在一些困境。

(一)产业规划定位不准，新型经营主体培育不够

调研发现，怒江州整体产业规划不准，新型经营主体培育不够。第一，某些部门进行产业发展规划布局时，仅局限于自己所管辖的范围，产业布局呈现出碎片化、零星化

的特点，与整体规划相脱节。第二，集体经济基础薄弱，多为"散户"经营，小农生产模式突出且产业链短，农业生产市场竞争力弱，抵御外界风险能力差，未能达到"区域化布局、规模化推动、组织化引领、产业化发展"的总体要求。就草果业而言，当前怒江草果多以原材料进行外销，产品附加值低，价格受市场影响波动较大。以核桃为例，全州核桃种植总面积为 208 万亩，但年产量只能达到 1 万吨左右，不足以支撑稍具规模的核桃深加工企业；同时核桃价格波动极易影响农户的生产决策，当核桃价格高涨时，农户大规模种植，价格低迷时则疏于管理，导致产业收益不稳定，农户面临较大市场风险。第三，新型经营主体起步较晚，全州缺乏有实力的龙头企业、专业合作社和种养业大户，产业组织化程度低，难以与市场形成有效连接，新型经营主体带动贫困农户稳定增收全覆盖存在一定困难。当前，全州已清理专业合作社 1646 家，接收市场监管部门转来的列入经营异常的合作社数 760 家，无实质性生产经营活动的合作社 630 家，因经营不善停止运行的合作社 130 家，自愿注销的合作社 126 家。

（二）教育扶贫压力较大，农村人力资源严重短缺

无论是打赢脱贫攻坚战还是实施好乡村振兴战略，人才是关键所在。人力资本是精准脱贫的关键，也是促进发展的第一动力。笔者在调研过程中了解到，首先，人才短缺是制约怒江州农村脱贫和振兴的重要因素。怒江州地理位置特殊，高山峡谷众多，交通不便，建筑材料运输成本极高（部分存在二次搬运），校舍建设投入大（护坡、挡墙等附属工程量大），导致工程造价高，项目推进缓慢，陈旧的教育设施未能得到及时更新。其次，师资力量的缺失是影响和制约怒江州教育质量提高的重要因素。城乡资源配置不平衡导致乡村教师一直处于短缺状态，虽有政策支持，但缺口依然较大。经费严重不足、教育设施陈旧和师资队伍力量薄弱，成为怒江州教育发展的难点。再次，由于我国城乡二元经济结构长期存在，越来越多的青壮年劳动力向城市转移，农村剩余人口多为缺乏劳动力的儿童和老人，难以为当地乡村振兴提供动力支持，而接受过高等教育、拥有专业技能的高质量人才更是严重匮乏。在农村脱贫和振兴的过程中，人才是实现稳定脱贫的引领力量，能够充分聚集资源并使之有效发挥作用，把人才参与脱贫攻坚战产生的"能人效应"放大，是打好脱贫攻坚战的有效办法之一。调研发现，怒江州乡村发展缺少强有力的创业致富带头人和激发群众内生动力的领导者，"能人效应"得不到充分释放。

（三）易地搬迁配套设施滞后，搬迁人群后续发展受限

怒江州将 95859 人纳入国家易地扶贫搬迁规划，占全州总人口的 17.30％、占全州贫困人口的 60％，人口城镇化安置比例达 92％，但在完成庞大易地扶贫搬迁工程的同时，也存在配套设施覆盖率相对较低，配套服务有待完善等问题。截至调研时，搬迁安置点已建成幼儿园 6 所，卫生室 15 所，村史馆 6 所，文化活动场所 37 个，公共卫生厕所 51 个，污水处理、垃圾清运设施设备 47 个，社区便民服务中心 14 个，物流中心 14 个，仓储设施 14 个，但这远不能满足群众需求。此外，搬迁人群后续发展也面临严峻挑战，新

的安置点不能提供给贫困户足够的生产生活资源，土地的缺失使得农户不能进行农业生产，而非农就业岗位准入门槛较高，大量搬迁户面临失业风险，搬迁后农村贫困人口处于陌生的社会文化环境中，往往难以适应城镇生活场域，缺乏安全感和归属感；同时，调研也发现，搬迁到城镇地区的贫困户，在教育、医疗、就业、社会保障等领域无法享有与城镇居民平等的权利和机会，在遭遇外界风险时更脆弱，加剧返贫风险。

二、进一步统筹推进怒江州脱贫攻坚与乡村振兴的对策

脱贫攻坚和乡村振兴，是解决我国发展不平衡不充分的重要举措。怒江州作为我国深度贫困地区之一，要打赢脱贫攻坚战，有效落实乡村振兴战略，必须抓好产业发展主线、人才动力机制和组织保障机制的衔接。

（一）优化产业发展路径，促进产业兴旺发展

持续的经济增长是贫困地区实现根本性减贫的重要举措。要解决怒江州深度贫困问题，仅仅依靠农业生产，其减贫效果是有限的，需要在超越传统工业发展道路的基础上，探索跨越式发展新路，推动产业振兴贯穿于扶贫攻坚全过程，构建贫困群众稳定脱贫和逐步致富的全产业链。

第一，因地制宜，明确农村产业发展方向。一方面，怒江州地貌多以高山峡谷为主，境内山高谷深、气候立体、生态优势突出、种质资源丰富，适宜发展山地特色农业和生态农业。另一方面，怒江州为少数民族聚居地，境内居住着傈僳族、怒族、普米族、独龙族等民族，少数民族人口占总人口的93.60%，拥有丰富而独特的少数民族文化资源。因此，各乡镇在进行产业布局、培育主导产业时，要立足当地资源优势探索产业发展新模式，不能脱离实际。对于特色气候生态资源禀赋丰裕的乡镇，应当以新发展理念为指导，推动农村产业结构优化升级，深度挖掘特色气候生态优势，加快推进绿色农作物产业园建设，大力推进“峡谷蜂蜜、草果、特色生态畜禽产品”等生态食品和品牌生产基地建设，努力将怒江州打造成全国草果种植的核心区，进一步构建组织化、规模化的农产品产业集群，增强产业对贫困人口吸纳能力，借助农村电商等网商平台，创新“互联网＋”产品的经营模式，搭建产销衔接网络平台，实现产品产供销一体化。对于文化资源丰富的乡镇，要深度挖掘民族文化，将其与产业发展充分融合，加大信贷投入支持乡村特色旅游产业发展，打造具有地方特色的旅游产品，推动乡村旅游走品牌营销之路。同时注重坚持开发旅游与生态保护相结合，推动“绿水青山”变成“金山银山”，提高乡村旅游在脱贫中的带头牵引作用。

第二，重视发挥村集体经济“造血”功能，立足当地资源优势探索发展集体经济新路径。笔者在调研过程中了解到，全州大多数农户小农经济意识较强，对集体经济、专业合作社了解不够。鉴于此，当地政府首先应充分借助大众传媒、乡村广播等形式，做好产业扶贫、乡村振兴等政策举措的解读工作，将其转化为通俗易懂的语言，提高政策的可接受性和可理解性，消除群众的后顾之忧。其次，大力发展农民专业合作社，创新“集体资金＋资源＋新型经营主体”发展模式，加强信息化建设，使农户能够第一时间了解

市场行情，降低由于信息滞后所带来的市场风险，加大对农产品的科研投入，延长产业链，提升产品的内在价值进而实现产品增值，最终实现全体农户共同致富；完善“龙头企业＋合作社＋养殖大户＋贫困户”的产业扶贫模式，以贫困户自身的生产资料为载体，积极引导龙头企业、农民合作社、养殖大户等新型农业经营主体，主动吸纳贫困人口参与合作经营，通过生产合作、股份合作、劳务合作等多种形式发展养殖业，提高农民收入，积极发展特色生态养殖，推广普及科学养殖技术，大力推行标准化生产和组织化管理，增加贫困人口的资产性收入。

（二）开发农村人力资源，充分释放能人效应

教育是贫困地区消除绝对贫困、斩断贫困代际传递的根本途径，而人才则是促进脱贫攻坚与乡村振兴耦合发展的催化剂。切实解决怒江州农村人才流失严重，人力资源短缺的现实问题，需要做到以下几点。

一是需要政府整体有序推进县乡公路、通村入户公路建设，打造快速便捷的交通网，改善建筑材料运输条件；财政拨款向农村基础教育倾斜，保障教育扶贫资金使用的精准性，提高经费的使用效率，全面推进项目建设，确保工程早竣工、早投入，加快教育基础设施建设进度，积极推进学校标准化建设，尤其注意饮用水供应、厕所的卫生条件、操场画室图书室等学生活动场所的建设，改善农村学校办学条件，补齐短板缩小城乡差距，全面推进各县市农村义务教育均衡发展。此外，还要充分利用社会资源，广泛动员社会力量参与学校建设，尤其是爱心企业、公益组织的参与。

二是促进教师有序流动，补强农村基础教育师资力量，这是促进城乡教育均衡发展的重要举措。加强政策导向，推动优质教育资源向贫困地区流动，缓解城乡教育资源供需失衡矛盾，建立并完善城乡优秀教师资源双向流动机制，注重培养基层教师定期流动意识，定期开展城乡教师教学经验交流座谈会和教师培训活动，提升乡村教师的个人素质和教学水平，进一步促进农村基层教育均衡向上发展。此外，要完善农村教师补助制度，增强农村教师的职业吸引力，稳定教师队伍，针对教学质量高、表现优异的教师，除了及时发放工资之外，额外向其提供深造、专业培训、提高福利待遇等奖励，提高农村教师的社会地位和职业认同感。与周边高等院校合作，开展“山村小学计划”寒暑假优秀研究生支教项目，给当地基础教育注入新鲜力量。

三是要拓宽人才引入渠道，补齐农村人才短板，充分发挥能人引领作用。一方面当地政府要深度挖掘本地人力资源，结合当地产业发展实际，构建囊括基础教育、高等教育、职业教育等多元立体化教育培训体系，采取技术培训、产教结合等多种教学方式，加强职业教育、技术指导、就业培训，打破脱贫攻坚与乡村振兴统筹发展的人才壁垒，从而为农村脱贫与振兴提供足够的内生动力。另一方面要构建本土人才激励和回流机制，破除优质人力资源向贫困落后地区流动的机制障碍，积极引导人才智力向本地贫困农村、扶贫产业集聚。还要充分发挥当地有能力的基层干部、返乡创业大学生在乡村治理和产业扶贫中的积极带头作用，使有知识、有资本、懂管理、懂经营的优秀人才参与到集体经济、扶贫产业项目中，在农村脱贫攻坚与乡村振兴中充分激活能人效应。

(三)完善基础设施建设,巩固搬迁后续发展

易地扶贫搬迁是一项复杂的工程,具体来说,怒江州异地搬迁工作是帮助生态环境脆弱和资源禀赋不足的贫困地区减少对生态环境的依赖性,提高群众可持续生计能力,最终实现整体脱贫。由于搬迁后所在地农业可利用资源相对减少,易地搬迁在一定程度上促进农户生计向非农就业方向转变。加大对农户的人力资本投资,这是实现农户可持续增收的关键。首先,加快基层党组织和社区管理机构建设,推进安置点供水、供电、排污、道路、绿化等配套基础设施规划建设,完善党群活动室、便民服务中心、村史馆、教育卫生等公共服务配套设施建设,提高搬迁户对公共服务的可及性,充分发挥公共服务功能。其次,为解决搬迁户就业问题,需要当地政府激发群众劳动力效能,以农户劳动力需求为导向,进行有针对性的实用技术培训,与周边企业密切合作,构建"培训—就业"联动机制和多元立体化教育培训体系,采取技术培训、产教结合等多种教学方式,加强对农户的职业教育、技术指导、就业培训,建立农民工就业创业多元激励机制,拓宽农户获取知识技能的渠道,培育贫困群体自我发展意识,提高农户非农就业技能和物质资本存量。同步促进搬迁地产业就业,一方面可以在安置点建设扶贫车间和就业创业服务站,成立种植、养殖专业合作社,构建香料产业基地,有效解决就业难问题;另一方面,可以动员青壮年劳动力外出打工,以珠海市、三峡集团、中交集团为依托,加大劳动力转移力度,加速搬迁户由农民到工人的转变,实现贫困家庭可持续增收,通过提供公益性岗位、返乡创业带动等方式,确保搬迁户家庭至少一人以上实现稳定就业。最后,加强安置点后续管理工作,有序推进社区治理是巩固搬迁后续发展的重要举措。一是要完善安置点基层党组织、村民自治组织、社会组织等多元主体的建设和发展,搭建各类组织主体有效参与乡村治理的平台渠道,为搬迁群众营造团结、和谐、舒适、宜居的环境,积极引导群众自我教育、自我管理、自我服务,切实提高群众自治水平,确保贫困群众"搬得出,留得住,有发展,能致富"。二是增强党的政治领导力和思想感召力,加强搬迁群体的素质教育和感恩教育,帮助安置地居民拓展新的人际关系网,提升农户的社会资本存量,缩短其社会融入过程,引导群众树立积极向上的生活方式,夯实乡村治理的道德基础,凝聚脱贫攻坚合力,加快脱贫攻坚进程,逐步实现乡村治理有效。

本文为国家社科基金重大项目"民族地区深度贫困大调查与贫困陷阱跨越策略研究"(项目批准号:18ZDA121)阶段性研究成果;作者王志章为西南大学经济管理学院教授、博士生导师,西南大学"一带一路"反贫困研究中心主任,贵州财经大学特聘教授,长江师范学院武陵山片区绿色发展协同创新中心、武陵山区特色资源开发与利用研究中心兼职教授,研究方向为区域经济;刘芮伶为西南大学政治与公共管理学院硕士研究生。

深度贫困地区乡村振兴亟需破解的几大难题与关系

兰剑　程燕蓉

内容摘要：实施乡村振兴战略是实现全面建成小康社会、加快农业农村现代化进程的重大战略部署。深度贫困地区因产业发展薄弱、基础设施水平低、自然环境恶劣等因素的限制，推进乡村振兴的难度更大。通过对甘肃省L县的调查研究，指出深度贫困地区乡村振兴面临着农业产业发展薄弱、自然条件脆弱、农村人口结构老化严重、农业分散化经营等困境，亟需正确处理好短期发展与长期发展、生态环境保护与开发需求不断增长、人地矛盾与规模经营、传统农业生产与现代农业发展等领域的关系。

乡村振兴是党的十九大提出的一项重大战略，是新时代农业农村发展的总抓手，是全面建设社会主义现代化国家的全局性、历史性任务。中国的现代化，离不开农村的现代化，乡村振兴的力度和水平将决定未来中国现代化建设的成色和水准。占有较大国土面积和拥有较多农村人口的深度贫困地区，亟需在做好脱贫攻坚各项工作的同时，尽快推进乡村振兴战略落地实施。对于深度贫困地区而言，乡村振兴战略的实施是继精准扶贫后又一大前所未有的发展机遇，但因深度贫困地区总体发展基础较差，面临着生态环境脆弱，产业转型升级缓慢，农业生产力水平较低，内生发展能力不足，多为小农经济，难以提升农业生产水平，集体经济发展缓慢等问题。本文以甘肃省L贫困县为例，深入分析该贫困县乡村振兴面临的几大难题，提出亟需正确处理的几大关系。

一、深度贫困地区乡村振兴亟需破解的几大难题

（一）农业产业发展薄弱，农民持续增收难

当前L贫困县人均占有耕地量少，农业基础设施落后，土地产出有限，绝大多数劳动力到沿海、周边城市务工，留在本地的多为老人、小孩以及年龄较长的半劳动力人口。因青年劳动力的大规模外出，从事农业生产的青壮劳力较少，导致当地农业生产比较粗放，农业经营水平较低，仍沿袭传统的小农经济生产方式，依靠劳动力精耕细作，总体效益低、没有市场竞争力。L县主要种植传统的农作物，如玉米、土豆、小麦，虽使用了新品种，但产出仍有限。以玉米为例，种植粗放，老年劳动力就可实现种植，对技术要求不高，经过新品种的推广，玉米产量已有显著提升，每亩可产玉米1500斤以上，按照市场价，除去种子化肥等成本投入，每亩净收益不到800元。从一些村庄开展的新型产业来

看，特色不足，深度开发利用水平低、规模效益不强、吸引力不强，一二三产业有机融合不够，企图通过发展休闲农业提升农业产出的愿望难以实现。农村电商、大企业参与农业经营等新业态甚至未起步，农民观念较落后。农村经济支撑乏力，农民增收渠道不畅，未充分发挥土地增值效用，农民实现持续增收，面临着较大困难。

（二）自然条件脆弱，土地开发利用难

当地处于西北地区的环境脆弱区，农业生产与土地开发利用受到干旱、高寒、土质贫瘠等不利自然条件的影响。虽然部分地区有着“整块”的土地资源，地形较平坦，土地集中，但大规模的农业生产耗水量巨大，加速了地下水资源及地上河流水资源的消耗，若遇干旱季节或年份，农业生产将面临较大的用水困难。在广袤的山区，土层薄，土地十分贫瘠，含碎石较多，难以进行农业生产，即使进行开发，产量也很低，有些山林还因重点保护而属于禁牧禁采禁开发地区。因此，该地区农业生产与开发受到自然条件的严格限制，以及生态环境保护与水资源影响，土地产出十分有限，很难进行大规模的开发利用。

（三）农村人口结构老化严重，实用人才引进难

因土地产出有限，当地青年人口多去往本地城镇或外省城市务工，常住农村的人口主要为老年人口或接近老年的人口，人口结构趋于老化。因地理位置偏远，农村基础设施落后，生活环境较恶劣，本地考上大学的人才很少回乡就业，已经外出务工的劳动力也是想方设法留在城市；能够参与农业现代化建设的企业很少，可以推进现代农业发展的实用人才非常匮乏，人才上的“引进难，留不住”等问题非常严峻。从当地扶贫干部队伍来看，很多干部是从上级部门临时抽调而来，并且很多干部缺乏专业技术、学历层次较低，主要精力在于应付上级检查以及完成脱贫攻坚“两不愁、三保障”的目标，对农村长远发展、农业现代化等缺乏清晰思路，未能全局全面谋划当地经济社会的持续发展。

（四）农业分散化经营，纵向整合难

一家一户式的小农经济，使当地农业生产普遍呈现出分散化、小规模、低水平等突出特点，导致农业产业链延伸与整合困难。一方面缘于“一家一户一方田”的格局，人均耕地少，户均耕地仅 2～3 亩，农户经营规模小而散，使得农业生产总体效益十分低下；另一方面缘于农户生产观念较落后，当地干部扶贫思路不清，思想意识陈旧，小农户发展受困与集体经济薄弱相交织，与一体化经营的基本发展趋势相悖离。农户因文化水平有限，接受新知识新观念的能力不高，严重缺乏信息化、市场化、现代农业所需的技术和观念，如在当地推广“三变改革”面临较大困难，很多农户不愿把土地进行集中经营，而是希望自己继续拥有充分的种植自主权。虽然扶贫干部或村干部再三向农民解释，宣传相关政策，希望把农村生产力从有限的土地上解放出来，并让农民到农业基地、工厂企业等工作，但受到长期以来的种植和劳作习惯限制，很多农民并不习惯严格的工厂式工作制度，认为其限制了人身自由，失去了土地劳作的那种自由的生活方式。

二、深度贫困地区推进乡村振兴需处理好几大关系

(一)处理好脱贫攻坚与持续减贫的关系

脱贫攻坚的主要目标是解决农村绝对贫困,对照“两不愁、三保障”的目标,推进各项工作。按照目前的进度,深度贫困地区基本可以在2020年如期完成脱贫攻坚的目标任务。2020年全面建成小康社会之后,深度贫困地区可以完全解决绝对贫困问题,但仍将受到相对贫困问题的长期困扰,因此在当前脱贫攻坚任务即将基本完成的背景下,需尽早谋划持续减贫,深度贫困地区应及时把工作重心转移到如何推进经济社会可持续发展,实现持续减贫,只有这样,才能避免大规模返贫,更好地解决相对贫困问题。对于处于不同发展阶段的不同地区,推进乡村振兴战略要因地制宜、因时而异。在当前脱贫攻坚的关键期,脱贫攻坚是深度贫困地区全面建成小康社会的首要任务,也是推进乡村振兴战略的基础性任务。深度贫困地区既要坚持现行扶贫标准,对照既定的脱贫目标和时间节点,对标全面建成小康社会的目标要求,采取“五个一批”的举措,彻底解决绝对贫困问题;同时又要突出做好顶层设计,加强当地农业农村现代化规划,有计划、有步骤地统筹推进农村经济社会可持续发展,解决相对贫困问题。重点在于做好脱贫攻坚与乡村振兴的有效衔接,按照“发展生产脱贫一批、易地搬迁脱贫一批、生态补偿脱贫一批、发展教育脱贫一批、社会保障兜底一批”的总体要求,提高各类资源的使用效率,针对短期性问题,尽快解决且必须解决,如期实现深度贫困地区的脱贫摘帽,摆脱区域性整体贫困状况;按照“产业兴旺、生态宜居、乡风文明、治理有效、生活富裕”的总要求,针对长期性问题,做好与乡村振兴的衔接,在乡村振兴阶段创造条件逐步解决,在产业设计、生态建设、基层治理等领域加强对接,实现农村持续减贫。

(二)处理好生态环境保护与发展生产经营的关系

深度贫困地区因生态环境脆弱、生态保护等因素影响,在推进乡村振兴战略时面临着“两山困境”,必须处理好生态环境保护与开发需求不断增长的关系。党和国家高度重视生态文明建设,要求坚定不移地走生产发展、生活富裕、生态良好的文明发展道路,深度贫困地区推进乡村振兴,必须要把环境保护与生态治理放在优先位置,加大环境脆弱区的生态保护与修复力度。与其他地区相比,深度贫困地区往往处于高山、高寒、干旱缺水等区域,生态环境脆弱,往往一经破坏,难以恢复,即使实现恢复,也将付出十分惨重的代价。一是坚持适度开发与保护相结合。围绕深度贫困地区的比较优势做文章,根据自然资源禀赋确定开发方式、开发内容、产业结构,找准生态环境保护与经济发展的黄金分割点,实现经济发展与生态保护相互促进。二是加强生态补偿与生态追责相结合,对于为保护生态环境,牺牲发展机会的深度贫困地区,理应加大生态补偿力度,从国家层面加大财政投入力度,提高生态补偿标准,在增强深度贫困地区发展能力的同时,从税收、技术、产业、教育等层面进行全方位的补偿,让当地居民共享发展红利,防止

因为发展生产造成对环境新的破坏，对破坏生态环境造成恶劣环境后果的个人或组织，应加大追责和惩罚力度。三是坚持生态移民和后期扶持相结合。要避免出现“回笼”的尴尬局面，需加强后期扶持力度，制订产业发展和就业计划，开展技能培训，推动移民就地就近就业，促进迁入地的产业发展和社会保障事业的完善，真正实现移民“搬得出、稳得住、有事做、能致富”的目标。

（三）处理好人地矛盾与规模经营的关系

深度贫困地区推进乡村振兴，仍需要在土地上做好文章，归根结底可以用加快调整生产经营方式、提升农业技术等途径提高土地产出。当前深度贫困地区仍然沿袭小农经营、耕地分块经营等发展方式，如何解决人地矛盾，加强基层治理，成为深度贫困地区乡村振兴的落脚点。按照规模经济理论，在特定时期内，产品绝对量增加时，其单位成本下降，即扩大经营规模可以降低平均成本，从而提高利润水平。但深度贫困地区农业生产能否实现规模经营，以及适不适合规模经营，不能搞“一刀切”，而要具体而论。很多地方政府领导已经意识到，有很多年龄偏大的农民，因已经难以在城市立足，很难实现从农村村民到城市市民的转化，因此需要长期在农村从事农业生产；也因他们自身文化水平限制，也难以转变成为专业化、规模化的新型农业经营主体。对于这部分农民，需加强观念引导，通过就地谋生和推荐就业等方式解决他们的问题。在有条件的地方，在不改变农户家庭承包权的前提下，加快土地集中化与规模化经营，通过专业化的方式对接农产品市场，解决以往小农经济的不足，同时通过引进大型农业企业推进规模经营，加快提升主导农产品生产技术水平；加快发展新型职业农民，推进土地向专业种植大户集中；建立农业合作社，加快发展农村集体经济。但也需要充分考虑规模经营所带来的风险，如业主跑路、企业经营不善或破产等导致的系列问题。对于生产条件较好、农地矛盾易于解决的地方，按照农业高质量发展和农民受益增收的要求，把农业规模经营所产生的效益、解决的就业岗位、获得的收入留在农村，让农民能切实受益于规模经营。

（四）处理好传统农业生产与现代农业发展的关系

一般以农业生产过程中生产技术手段应用的水平、程度和范围来区分“传统农业”与“现代农业”，凡是大量应用现代先进的科学技术，使劳动生产率大幅度提高，并有较发达的社会经济环境和其他高技术配套产业密切配合的农业生产，即可视为现代农业。也需要认识到，现代农业可能会因过度依赖农业科技，产出周期缩短，虽产量显著提升，但农产品的品质可能会下降。因此在推进乡村振兴时，并不能简单地比较传统农业和现代农业生产方式谁优谁劣，摒弃传统农业生产方式，一味地追求产出快、产量高的现代农业，而是要始终注重产品品质。在当前人们越来越关注健康和生活品质的背景下，传统农业生产方式虽然生产周期长、产出不高，但是因采用简单的农业生产方式、遵循农作物生长规律，在一定程度上却能较好地保障农产品品质。因此，需辩证地看待现代农业生产和传统农业生产的关系，在坚持产品品质的前提下，坚持以全产业链、集约化经营、“互联网+农业”等现代思维发展农业，实现资源共享和优势互补；推动生态产品实现经济价值，延长产业链条，提高产品附加值，加快发展农产品精深加工、乡村旅游、休闲康养、电子商务等新产业、新业态。通过创新农业生产的组织模式、经营方式和产权关系，引导三产融合发展，支持有条件的乡村建设以农民合作社为主要载体、让农民充分参与，集循环农业、创业农业、农事体验于一体的田园综合体。

本文为西南大学中央基本科研业务费专项资金项目重点项目“2020年后贫困地区持续减贫与乡村振兴的协同路径研究”(项目批准号:SWU1909302)的阶段性研究成果。
作者兰剑为西南大学文化与社会发展学院副教授，社会学博士，研究方向为应用社会学、社会工作与社会政策；程燕蓉为武汉大学社会学院博士研究生。

大力推进重庆市乡村振兴战略的建议

刘敏　黄庆华　张明

内容摘要：党的十九大报告提出了乡村振兴战略，并强调农业农村农民问题是关系国计民生的根本性问题。实施乡村振兴战略是坚持农业农村优先发展、提升农村经济增长速度、健全乡村生态文明、完善农村资源要素的重要途径。本文从重庆市实施乡村振兴战略的发展全局着眼，发现重庆市乡村振兴战略实施过程中存在“统筹性”协调不够、集体经济发展“滞后性”形势严峻、生态环境保护“绿色性”意识薄弱、资源要素凸显“缺乏性”等问题。据此，本文提出：强化统筹兼顾，促进乡村协调发展；扩大集体经济，带动乡村产业发展；加强环境整治，夯实生态文明基础；加大要素投入，补齐乡村要素短板等对策。

实施乡村振兴战略是决胜全面建成小康社会、全面建设社会主义现代化国家的重大历史任务，是新时代“三农”工作的总抓手。重庆作为中西部唯一的直辖市，具有典型的大城市大农村的特征，城乡二元结构明显，乡村各方面的落后严重制约重庆经济的健康发展。因此，重庆市乡村振兴战略的实施，不仅能够促进重庆市经济的发展，还对带动区域发展具有正向效应。为扎实推进重庆市乡村振兴战略，重庆市提出了《重庆市实施乡村振兴战略规划(2018—2022年)》，并在实施乡村振兴战略过程中取得了一定的成效。然而，从目前的实践结果来看，乡村在统筹战略全局、发展集体经济、保护生态环境和补给资源要素等方面还存在一些需要完善的现实问题。为进一步推进乡村振兴战略的实施，基于上述问题，探寻相应的解决路径，并提出有针对性的政策建议以供参考。

一、重庆市推进乡村振兴战略存在的问题

(一)乡村振兴战略实施“统筹性”协调不够

乡村振兴战略实施的统筹性是持续推进农村小康建设的客观要求之一，但重庆市在大力推进乡村振兴战略实施过程中存在着“统筹性”协调不够的问题。首先，贫困村与非贫困村之间的统筹性协调不够。当前重庆市贫困村与非贫困村在经济建设、生态环境、资源要素等许多方面存在着很大的差距，两者之间的异化发展制约了乡村振兴战略的全面推进。其次，脱贫攻坚战略与乡村振兴战略之间的统筹性协调不够。脱贫攻坚是乡村振兴的基础和前提，乡村振兴是脱贫攻坚的巩固和深化，两者属于不同的战略

又相互联系，然而当前重庆市很多地方并没有将两者很好地统筹衔接，未能充分发挥联动作用带来的两者之间的相互促进。再次，城市与乡村发展之间的统筹性协调不够。在城乡居民收入水平和教育医疗水平仍然存在明显差距的背景下，农村的生产要素源源不断流向城市，由此触发的城乡社会投资比例差距制约了城乡融合发展。最后，“三农”工作与乡村振兴战略之间的统筹性协调不够。“三农”工作是乡村繁荣发展的基础，在推进乡村振兴战略执行的进程中，仍有一些关系农业、农村、农民的关键问题没有理顺，导致目前的“三农”工作与乡村振兴战略的融合度还比较低。

（二）乡村集体经济发展“滞后性”形势严峻

发展集体经济组织是很多地区在推进乡村振兴战略过程中经常采用的方式，然而目前重庆市很多地方的乡村集体经济落后，表现出明显的发展“滞后性”，具体表现为以下四个方面：首先，乡村集体经济基础薄弱。例如重庆市很多乡镇经济负债长期沉重不堪，这种情况下即使有政府的项目经费扶持也很难脱离困境，从而使乡村集体经济发展举步维艰。其次，乡村集体产业竞争力弱。一些乡村存在集体产业规模小、层次低、效益差以及管理不善等问题，致使集体产业在市场上的竞争力很难形成，集体产业的可持续性也难以实现，从而阻碍了乡村振兴战略的推进。再次，乡村集体经济管理队伍素质不高。一些乡村集体经济受所处的地理位置、传统观念以及现实社会问题等因素的影响，很难吸引专业人才加入到乡村集体经济的管理队伍中，从而制约了乡村集体经济的发展。最后，乡村集体经济治理结构和管理制度还不完善。比如一些乡村集体经济产权结构不合理，同时权责利益划分模糊不清，导致乡村集体经济没有形成有效的治理结构，致使乡村集体经济发展过程中不断出现管理方式不科学、管理过程不规范、管理效果不理想等问题，进一步导致乡村集体经济发展的“滞后性”问题。

（三）乡村生态环境保护“绿色性”意识薄弱

生态环境是关乎乡村发展的重大社会问题，生态宜居是乡村振兴战略的重要要求，但是目前重庆市在实施乡村振兴战略的过程中，对生态环境“绿色性”的重要性认识不够。首先，乡村农业发展过程中对生态环境保护意识薄弱。一些乡村在发展生产中片面追求短期产量的提升，导致对化肥、农膜、农药使用过度，这不仅致使乡村农田土壤受到污染，还造成农田周围水体的有机污染和富营养化，影响了农业的可持续发展。其次，乡村工业发展过程中缺乏对生产环境的有效保护。重庆市作为老重工业基地，工业污染问题长期存在，实际上这一直对城市周边乡村的生态环境造成不利影响。加之在乡村振兴战略的影响下，部分乡村开始发展工业，由于缺乏对生态环境的有效保护，工厂的生产垃圾和工业污水未经处理违规排放，加剧乡村生态环境恶化。再次，乡村环保知识宣传不力。乡村相关部门对生态环境保护没有给予应有的重视，对环保知识的宣传教育不力，存在“不宣传、少宣传、乱宣传”等现象，致使乡村部分群众对环保政策存在一定的误解，从而不能积极配合生态环境的治理工作。最后，乡村生态环境治理机制不成熟。例如，乡村生态环境补偿机制还不健全、乡村生态治理的评估与监督机制尚未形成、乡村生态治理的参与和管辖机制有待完善等，造成了乡村生态环境治理工作的间断性和紊乱性。

(四)乡村发展关键要素“缺失性”依然存在

补齐乡村发展的生产要素短板是推进乡村振兴战略的必由之路，也是乡村得以充分发展的必要条件;但现阶段重庆市在推进乡村振兴战略过程中，发展要素的“缺失性”问题依然存在。首先，乡村发展的人才要素缺失。随着城镇化进程的加快，大量青壮年劳动力和知识分子离开农村涌向城市，造成了农村人才队伍薄弱，具体表现在农村生产型人才十分缺乏、农村技术型人才严重缺失、农村经营型人才数量有限等方面。其次，乡村发展的基础设施和公共服务缺失。例如，不少乡村基础设施供给与现代农业发展需求不匹配，个别乡村甚至依旧存在喝不上干净水、用不上电、不通水泥路、不通公交等现象。现阶段大部分乡村的公共服务供给还不充分，如教育、医疗以及金融等公共服务建设比较滞后。再次，乡村发展的科技支撑能力缺失。这主要体现在缺乏科技成果诱生机制和科技成果转化机制，使得乡村产业发展陷入粗放型的发展模式，影响了产业发展的可持续性。最后，乡村发展的资金缺失。这主要是指长期以来工业化优先发展的导向，使得大量的资金流向城市，乡村产业发展缺乏稳定的资金支持，影响了乡村产业的稳定发展和规模化经营。

二、重庆市推进乡村振兴战略对策建议

(一)强化统筹兼顾，促进乡村协调发展

统筹兼顾乡村振兴战略实施的各项工作任务，才能促进乡村经济、政治、文化、社会和生态等方面的协同发展，才能最终达成“产业兴旺、生态宜居、乡风文明、治理有效、生活富裕”的总要求。为实现乡村振兴战略各方面的统筹兼顾，需要做好以下几个方面的工作:一是统筹协调重庆市乡村经济建设、政治建设、文化建设、社会建设、生态文明建设等方面的战略部署。充分贯彻乡村振兴战略，统筹推进全局建设，合理规划发展路线，认真监督每项工作，促使乡村各方面协调发展;二是统筹衔接脱贫攻坚战略和乡村振兴战略。首先要做好政策衔接，制定脱贫攻坚和乡村振兴战略有机衔接的方案与措施;其次要落实项目统筹机制，尽可能将脱贫攻坚的各类项目与乡村振兴规划和实施方案有机融合;再次要激发乡村居民的内生动力，鼓励农民积极参与到乡村振兴战略实施的各项工作任务中;最后要推动农村地区产业结构优化，实现乡村产业多元化发展;三是统筹推进区域协调发展战略与乡村振兴战略。紧紧跟随西部大开发的步伐，在开发理念、方式、布局、重点、机制和政策上应更有针对性，重点发挥长江经济带的引领作用，优化重庆市相对落后区域的要素配置布局，实现重庆市各地区的协调发展;四是统筹推进城乡融合发展战略与乡村振兴协调发展。通过推进城乡要素市场一体化、城乡产业融合发展、城乡基础设施互联互通、城乡公共服务均等化、城乡生态环境共建共治等措施，依托城乡融合发展推进乡村振兴战略目标的实现。

（二）扩大集体经济，带动乡村产业发展

重庆市为进一步发展集体经济，依托集体经济发展带动乡村振兴战略目标的实现，需要在思想理念、政策支持、发展方向、管理体制等方面做好工作。一是大力弘扬集体文化理念，注重培育集体文化底蕴。乡村集体经济的壮大离不开集体文化的弘扬宣传，推进乡村集体经济的发展要先树立集体文化观念。因此，可以通过开展各类活动来宣传集体文化的重要性，提高集体产业成员对集体文化的知晓度、理解度以及认同度。二是加大政策支持与保障力度，营造良好的政策环境。针对集体经济基础薄弱的乡村，可以通过提高对乡村集体经济起步阶段的财政扶持力度，同时给予乡村集体经济足够的信贷支持来改善乡村在扩大集体经济进程中所遇到的问题，为集体经济的发展保驾护航。三是探索乡村集体产业的多元化发展，增强集体经济发展后劲。在推进集体产业发展过程中，要结合地区特色，因地制宜发展绿色林业经济、农产品加工型经济、农业服务型和农旅融合型经济，提升集体产业发展潜力，从而实现乡村集体产业的多元化发展。四是健全集体经济管理体制，提升集体经济管理效率。例如，可以通过推进乡村集体产权制度改革、明确乡村集体经济的权责及利益分配机制、完善乡村集体经济的运营规则和发展章程等方式，克服目前乡村集体经济发展过程中存在的管理不善问题。

（三）加强环境整治，夯实生态文明基础

良好的生态环境是乡村的巨大优势和宝贵财富，生态振兴是乡村振兴的重要一环，因此必须高度重视乡村生态环境整治。一是全方位开展对乡村居民生活环境的整治活动。比如可以通过深入宣传环保知识，鼓励乡村居民积极参与到绿色环保工作中；通过整治乱倒生活垃圾、乱排生活污水、胡乱处理农业废弃物等行为，树立保护生态环境的典范。二是要加快发展乡村循环经济，落实保护生态环境的相关工作。这就要求对废弃资源进行有效提取以便再利用，形成良性的乡村循环经济，并从中挖掘循环经济的潜力，争取变生态修复事业为生态产业。如可以对畜禽养殖粪污及农产品残余物等进行资源化利用获取沼气。三是在乡村倡导绿色消费理念，建立文明生活方式。可以通过倡导消费者在消费时选择未被污染或有助于公众健康的绿色产品；号召消费者在消费过程中注重对垃圾的处置，不造成环境污染；引导消费者转变消费观念，在追求生活舒适的同时，注重环保、节约资源和能源以实现可持续消费等方式来夯实生态文明基础。四是健全乡村生态保护机制以及相关法律法规。如可以通过构建乡村生态环境监管机制，对乡村环保工作的各个流程进行有条不紊的监督，使得乡村生态保护工作运行更为顺畅。同时，通过健全乡村生态环境保护的法律法规，并加大乡村生态环境保护工作的执法力度，依托法律规章来保证乡村生态环境保护工作朝着积极方向前进。

（四）加大资金投入，补齐乡村要素短板

乡村发展的滞后很大程度上源于发展要素的缺失，因此补齐乡村要素短板对推动乡村振兴战略实施的重要性不言而喻。对此，本文提出以下建议：一是要加大乡村人才

队伍培养，补齐人才短板。这就要求重视对农村实用人才、新型职业农民、大学生村官、农村科技带头人等各类人才的培养，在培育乡村人才队伍方面给予足够的资金保障；二是要加大乡村基础设施和公共服务投入，补齐公共产品短板。政府应该调整财政支出结构，重点关注乡村水、电、路、网络等方面的建设，改善农业生产条件。同时，要改变农村公共服务落后现状，提升农村公共服务供给水平。不仅要通过保障乡村教育经费，提高乡村居民的教育水平；还要加大对乡村医疗卫生服务事业的投入，建好乡镇卫生院及村卫生室，向乡村居民提供更多更安全的医疗服务；三是要加大乡村科技创新事业投入，补齐科技短板。政府可以通过提高对农业科技型企业的支持力度，向农村科技带头人提供资金支持等方式，不断推进和引导乡村科技创新。当然，与此相对应，还要注意搭建科技成果的转化平台，促进农业科技成果更多应用于乡村振兴；四是要吸引社会资本投入，补齐资金短板。这就要求不断拓宽资金筹集渠道，如可以通过建设“田园综合体”、建设生态观光园、改造闲置农房或乡村老宅为特色民宿等方式去吸引社会资本投资乡村振兴事业。

本文为重庆市重大决策咨询重大项目“重庆在推进长江经济带绿色发展中发挥示范作用研究”（项目批准号：2019ZB03）和重庆市社科规划特别委托重点项目“重庆推动城乡融合发展路径研究”（项目批准号：2019TBWT-ZD24）的阶段性研究成果。作者刘敏为西南大学经济管理学院硕士研究生；黄庆华为西南大学经济管理学院副院长、教授、硕士生导师，管理学博士，重庆市科学技术情报学会副理事长、常务理事，中国科学学与科技政策研究会会员，中国国外农业经济研究会理事，重庆市智库发展研究会理事兼副秘书长；张明为西南大学政治与公共管理学院公共管理系副主任、副教授、硕士生导师，管理学博士，重庆市行政管理学会理事。

重庆市潼南区双江镇乡村旅游发展对策

张扬　吴江

内容摘要：习近平总书记在十九大提出我们要坚定实施乡村振兴战略，促进农村农业、工业、服务业三个产业融合发展，加快推进农业农村现代化。乡村旅游是促进农村扶贫开发的重要推手，将乡村旅游与精准扶贫二者相结合，可作为振兴乡村的一种突破式、创新式的重要途径。结合近年来重庆市潼南区双江镇通过乡村旅游开展精准扶贫的基本情况，发现在乡村旅游方面存在诸如文旅产业融合度不高、政府扶持带动力较低、基础设施不完善、宣传推广不到位和旅游专业人才数量不足、质量不够等问题。本文提出从以文促旅、文化与旅游深度融合；将政府主导转变为政府引导、释放市场活力；完善基础设施、加大建设力度；多渠道宣传、加深潼南印象；培养旅游专业人才、提高工作人员综合素质等方面推进乡村旅游发展。

党的十九大报告中明确提出，要坚持农业农村优先发展，加快推进农业农村现代化。我国民生领域存在不少短板，脱贫攻坚任务进入深水区，城乡收入分配差距仍然较大。乡村若要达到“脱真贫、真脱贫”的目标，必须将乡村旅游与扶贫工作结合起来，使乡村旅游在扶贫工作中的发挥出支撑作用，为乡村脱贫提供力量。虽然近年来潼南区在脱贫攻坚工作方面取得了较大成效，但是双江镇的贫困人口占比依然较大，贫困村数量依然较多，脱贫任务依然艰巨。因此，可以将双江镇丰富的旅游资源和脱贫任务进行有机结合，对贫困户进行相关旅游产业指导、培训，以增加贫困人口就业、创业，通过乡村旅游发展带动双江镇脱贫任务高效完成。

一、双江镇乡村旅游发展现状描述

（一）双江镇文旅融合发展模式初步形成

文旅融合是乡村旅游发展的重要趋势，深化文旅融合，正成为满足人民日益增长的美好生活需要的重要途径。文化和旅游是相生共兴、融合交汇的，文化是旅游的灵魂、旅游是文化的载体。2018 年以来，潼南区积极促进文旅融合发展，开展双江古镇景区风貌整治，提升景区内涵；努力培育特色旅游产业，不断增强发展活力，一方面促进文旅融合发展以古镇历史民俗文化、红色抗战文化为主的文化游，另一方面打造以美丽乡村为辅的休闲游，形成以古镇为中心，辐射周边乡村的“全域”旅游景区。在积极培育新兴旅游产业的同时，推进现有产业的转型升级，开发特色旅游产品，促进一二三产业融合发展。截至 2019 年 6 月，已发展旅游特色商品经营户 70 家，特色餐饮经营户 16 家，农家乐经营户 18 家，住宿经营户 18 家、床位 360 个，旅游商品生产企业 18 家；举办大型民俗文化活动 3 场，开展各类民间民俗文化展演 50 多场，接待游客 180 万人次，实现旅游综合收入 7.20 亿元。

（二）双江镇乡村旅游发展优势逐步凸显

2016 年 10 月 14 日，住房城乡建设部公布了第一批中国特色小镇名单，潼南区双江镇是重庆市 4 个特色小镇之一。潼南区委、区政府抓住国家建设特色小镇的机遇以新理念、新机制、新载体推进加快规划建设双江特色小镇，以双江镇建设来带动全区特色小镇发展。

双江镇发展有着明显的区位优势，潼南区双江镇位于潼南西北，距潼南城区 10 千米，距重庆主城区 93 千米，与四川省遂宁市安居区磨溪镇、大安乡接壤，毗邻 G93 渝遂高速公路、省道 S205 公路，涪江经流而过，地理位置极好。由于潼南区处于重庆—潼南—遂宁—成都旅游精品线路黄金节点上，西北与“巴蜀佛教圣地”遂宁广德寺、灵泉寺相依，东北与“邓小平故里”广安市相通，东南与合川钓鱼城、铜梁安居古城相邻，南与世界文化遗产大足石刻相依，潼南区与大足、合川、铜梁形成了渝西旅游金三角，而双江古镇作为潼南区发展的拓展轴，以“双江—大佛—新城”（遂渝高速公路线）为东西向发展轴，是重点打造的历史文化小镇，是潼南区对外宣传的重要形象品牌。

（三）双江镇乡村旅游发展特色日益显现

游客对乡村旅游消费的要求越来越高，且游客的旅游消费需求不断增长，双江镇在乡村旅游方面形成一定特色以适应这一发展趋势——将观光类与体验类相结合，形成多样化旅游模式。双江历史遗存丰富，有“杨氏旧居”“四知堂”“邮政大院”“永绥祠”等 10 余座清代民居庭院，有国民政府陆军机械化学校，有专为白崇禧、蒋介石修建的“将军楼”和“中正室”等抗战遗址，有天主堂、禹王宫、关帝庙、张飞庙等宗教祭祀古迹。双江莲萧入选了重庆市第五批市级非物质文化遗产保护名录，它是涪江下游一种集歌舞、表演、娱乐、健身于一体的群体性民间艺术形式，简朴无华、老少皆宜、易学易会、参与性强，游客游双江时，不仅能满足观光需求，还能获得很好的游玩互动体验。

二、双江镇乡村旅游发展的主要问题

（一）文旅产业融合度不高，旅游产品竞争力较低

双江镇文化、旅游项目没有与吃、住、行、娱、购等行业实现深度融合，存在着产品结构单一、产业链较短等问题，导致游客停留时间短（停留时间平均为 1 天），消费水平低（人均消费 22 元），乡村旅游经济的质量和效益较低。双江镇整体上文化和旅游融合度

较低，要提高文化和旅游业的融合度，应从旅游产品做起，从文旅产品做起，促进文旅产品优化与提升。虽然潼南区积极促进文旅融合发展，举办双江古镇民俗文化节，展示双江川戏、刺绣、书法、剪纸等文化技巧，但从总体上说，绝大多数还是以传统观光型产品为主，缺乏高品质的景区（点），文化旅游产品在市场竞争中处于较低水平。

（二）政府扶持带动力较低，发展动力不足

乡村旅游的规划与发展离不开政府，政府的扶持带动力在整个乡村旅游发展的生命周期中都发挥着至关重要的作用，是乡村旅游发展的重要影响因素。潼南区对乡村旅游扶贫高度重视，在旅游规划、旅游基础设施建设等方面都提供了资金、技术等支持。但因为体制机制缺乏创新，政府部门在龙头企业培育、带头人培育、扶贫等方面成效有限。因此，当地政府在面对乡村旅游发展过程中的问题时，应具体问题具体分析，创新工作方式方法，更高效地推进双江镇乡村旅游产业发展。但是当地相关政府部门对旅游产业的重视远远不足，最近几年当地发展战略以工业化发展为方向，引进了相当数量的重工业企业，主要资金以及扶持力聚集在重工业上，旅游产业方面表现出政策扶持不够、资金不足、管理不规范等一系列问题。

（三）基础设施不完善，公共设施较滞后

双江镇基础设施、公共服务水平还不够完善，还有较多提升空间。基础设施方面，供水能力弱，时常停水；污水乱排入河流中，污染水质和环境；垃圾未分类处理，且居民爱护环境意识不强，道路边、居民房屋背后有随地乱扔的家庭垃圾，这些生活垃圾全靠人工清扫、拖运；道路交通体系不合理；未做好防洪排涝工作，下大雨、暴雨时乡镇易积水等。公用设施供给能力低，镇内雨水污水同用一个排水口，排水设施较为混乱，不仅如此，还有部分区域管网不完善，管网多沿河道布置，易造成河流污染，这些都在一定程度上影响了游客对双江的印象，容易造成客源的流失。从交通上看，双江镇位于潼南西北部，距离潼南城区 10 千米，每天从潼南城区到双江镇的班车只有三趟，对于需乘坐公共交通工具去双江镇旅游的游客不太便利。双江镇位于丘陵地带，道路蜿蜒，公路起伏较大；公路旁的排水沟不够完善，下雨天容易导致路面积水；道路交通指示牌不完善，公路等级低。这些因素给来往通行车辆造成了不便。双江镇镇区主要由车行道和人行道组成，车行道不多，大部分是单车道，路面普遍偏窄，道路网不成体系；路面质量不高，车道是多年前所修，基本未翻修，破损较为严重，路面坑坑洼洼，增加了自驾游游客驾驶难度。

（四）宣传推广不到位，知名度较低

要做好一个旅游产品、打响一个旅游品牌，宣传的作用不容忽视。双江镇与崇龛镇相比，知名度更低，人们知晓崇龛菜花节多于双江古镇。究其原因，双江镇乡村旅游管理者没有真正意识到宣传的重要性，对宣传投入的资金较少。一是户外广告缺乏，在通往潼南的一些交通要塞、潼南街道、重庆主城区的广告牌稀少。二是缺乏网络宣传，双

江镇在网站和微信公众号上的旅游宣传力度不大，在网页上搜寻潼南双江古镇，所能看到的旅游信息较少，且双江古镇这个品牌在重庆或者邻近城市相对有名，而在其他地方市场很小，不能大规模吸引外地游客。

（五）旅游专业人才数量不足，质量不够

一项事业、产业的兴旺，人才是第一位的。双江镇的居民素质会直接影响游客印象和体验，还会间接影响着双江镇的旅游业。目前，双江镇居民文化水平偏低，年轻人高中学历最多，学过旅游管理方面的人才少之又少。从事旅游服务的大多为本地农民，他们对旅游专业知识了解不多，整体文化水平也偏低。有些农民没有认识到乡村旅游对经济的拉动作用，对本地旅游资源的价值也缺乏全面了解，保护意识缺乏，可能引发文物古建筑受损、环境遭到污染等问题。

三、促进双江镇乡村旅游发展的对策建议

（一）以文促旅，文化与旅游深度融合

双江镇百年的文化传承积淀下厚重而丰富多彩的历史文化，可以发展以古镇历史民俗文化、红色抗战文化为主的文化游。一是文化保护与旅游发展有机结合，坚持保护第一，合理开发。双江镇有较多重点文物保护建筑，要在不破坏原有建筑的基础上，对陈旧的建筑进行修缮维护，确保文化旅游资源永续利用，实现文旅产业可持续发展。二是文旅产业和文旅事业有机结合，在发展文化事业的同时，着力补救文化产业短板，推动文化旅游化。三是继承传统与创新发展有机结合，尊重历史和传统，继承传统文化的精华部分，结合当前文化，将现代价值观念与现代生产生活方式充分融合，不断创新，促进文化创造性转型与发展。四是抽象文化与具体产品有机结合，将双江川戏、刺绣、书法、剪纸等开发成具体的文旅体验项目，让游客切身感受双江古镇文化。

（二）将政府主导转变为政府引导，释放市场活力

政府虽在双江镇的乡村旅游发展中起着不可或缺的作用，但政府过多参与资源配置，企业和个体的活力难以激发，因此应当将政府主导转变为政府引导。首先，政府仍需坚持对旅游行业进行监督，双江镇乡村旅游市场上存在诸如诱导消费、服务质量不高等问题，要加大对不道德不规范行为的惩罚力度，避免其对双江镇的旅游口碑造成负面影响。其次，政府应出台相应优惠政策，吸引旅游专业和规划开发方面的人才，让专业人才对双江镇乡村旅游进行长期、系统、科学的规划，出台旅游、惠农等政策，让当地居民享受到乡村旅游发展的成果，更加积极主动配合乡村旅游发展规划。最后，政府应适当“简政放权”，让市场最大化地发挥作用，鼓励市场合理竞争，让市场来检验政府引导乡村旅游的成果。

（三）完善基础设施，加大建设力度

交通落后给双江镇的旅游业带来较大的压力，旅游要发展，交通是先行，因此特别有必要开通潼南至双江的专线交通，拓宽双江镇的公路，并设置警示牌提醒驾驶人员。景区应对当地的饮食洁净度、住宿的条件和卫生状况、工作人员接待服务水平、当地居民态度等提高要求，尤其是对卫生与安全需要要求得更高；还要加大对基础设施建设的投入，如排水建设、住房改造、卫生厕所建设、活垃圾处理等细节的处理，这一系列措施有利于改善居住环境、健全农村社会化服务体系。可以适当建立与高新区类似的新区，促进文化和旅游更好地结合，培育以餐饮、娱乐、商业为基础，以文化、旅游、休闲为补充的街区业态，营造商业娱乐休闲带。双江镇还可以利用当地的自然风光和丰富的历史文化，打造独具特色的魅力小镇，服务当代，造福未来。

（四）多渠道宣传，加深潼南印象

双江镇应进行多形式、多元素的宣传，提出独具特色又令人印象深刻的旅游宣传口号，围绕宣传口号大力宣传；制作旅游宣传片，让游客有渠道对双江镇的景点信息全面了解；运用现代信息网络及新媒体进行宣传，在众多平台，如四川在线、四川新闻网、潼南网等投放宣传片及视频，还可以建立潼南双江的公众号，向公众定时推荐旅游景点信息，增强与游客的互动，及时有效解决游客所关心的问题；运用广告进行宣传，在成渝高速、兰海高速、成南高速、沪渝高速等高速路的 T 型牌及川渝两地各大城市的机场、火车站投放宣传画面；加强行业自律，成立潼南区旅游协会，挖掘双江镇特色文化，组建专业演出队伍；加强对来潼南过夜游客的登记、管理工作，将双江镇的旅游信息传递给他们。

（五）培养旅游专业人才，提高工作人员综合素质

现代旅游业的竞争是人才的竞争，培养建设一支德才兼备的旅游从业人员队伍一方面能促进旅游强市，另一方面又能提高旅游核心竞争力。第一，当地政府应当重视乡村旅游专业人才的培养，潼南区应建立旅游培训管理中心，对从事旅游管理的人才进行定向培训、专业培训、实习培训。景区人事部门负责成立专门的考核小组，定期对乡村旅游就业人员进行绩效考核，公示考核结果，并采取相应奖惩措施，使被考核人员更好地认识自己的优势与不足，自觉提高自己的专业知识。坚决反对“形式主义”，保证培训落到实处。第二，区宣传部组织宣讲团，定时定期前往双江镇及其周边村落开展保护资源的宣讲会，促使当地居民认识到乡村蕴藏的自然资源和民俗资源，提高他们的开发意识和保护意识。第三，双江镇政府应加大人才培养投资，拓宽旅游专业人才招聘渠道，提高薪酬福利等待遇，吸引旅游专业人才共同建设双江镇。

本文作者张扬为西南大学政治与公共管理学院硕士研究生；吴江为西南大学政治与公共管理学院院长、教授，研究领域为行政管理、公共政策等。

重构公共文化空间，促进乡村文化振兴

鲁超楠　张海燕

内容摘要：乡村文化振兴作为乡村振兴的重要组成部分，在激发乡村发展的动力与活力方面具有重要意义。但由于乡村发展的不充分、不平衡，乡村文化振兴依然面临着诸如乡村公共文化空间衰败与乡村精神生活危机的双重困境。确保公共文化服务高效、推动传统文化创新传承、鼓励开展群众文艺活动、助力乡村文化机构发展、建构可持续发展的公共文化空间是促进乡村文化振兴的有效路径。

为了促进农村发展，2018年中共中央、国务院印发了《关于实施乡村振兴战略的意见》《乡村振兴战略规划（2018—2022年）》等文件，将乡村振兴提升至国家战略的高度。乡村振兴战略要实现的不仅是乡村经济的振兴，更是乡村文化、乡村生态、乡村治理的全面振兴。乡村文化振兴作为乡村振兴的重要内容，对于推动乡村文化繁荣，激发乡村发展的内生动力与活力具有重要作用，对于实现乡村的全面振兴具有重要意义。

一、目前乡村文化振兴的困境表征

（一）公共文化空间衰败

乡村文化振兴所面临的首要困境即公共文化空间的衰败。传统乡村社会的寺庙、祠堂等发挥着公共文化空间的作用，乡村居民在这些地方进行文化活动、情感交流以及信息交流。也正是在这些公共文化空间中，乡村居民通过开展各类文化活动，生产并筛选出了与乡村生活紧密相关的价值体系，培育出了乡村居民对乡土文化的喜爱、依恋以及认同。但随着现代化进程的逐步推进，乡村寺庙、祠堂逐渐衰败，乡村外出务工人员逐渐增多，传统公共文化空间所发挥的作用逐渐弱化。虽然在中央财政和地方政府的大力支持下，逐步形成了全国六级公共文化服务网络，在一定程度上弥补了乡村传统公共文化空间衰败带来的影响，但是乡村现有的公共文化空间仍存在着基础文化设施建设落后、公共文化设施无论在数量上还是在质量上都难以满足群众的文化需求、部分文化设施的建设与公众的文化需求存在较大出入等问题。总之，公共文化空间的衰败主要表现为旧的公共文化空间的功能弱化以及新的公共文化空间尚未完全建立。

（二）乡村精神生活危机

随着传统公共文化空间的衰败，乡村原有的民风民俗也产生了较大的变化。外出务工取代了原来的傍土而生，使得大量乡村居民进入城市，原本的安土重迁也已经变为逐利而居。乡村流动人口的增加，一方面使得乡村的人口不断外流；另一方面，这些流动人口也将现代化及伴随现代化而产生的消费文化的影响带进乡村，与传统的乡村精神发生冲突，乡村生活的精神危机由此产生。具体则表现为乡村原有的精神信仰传统的约束力逐渐下降，祖先信仰、先贤纪念、神灵信仰已经不再是乡村居民精神生活中的主要内容；由于已经失去原有的生长土壤，与乡村日常生活紧密结合的文艺活动逐渐没落，乡村中的传说故事、歌谣、谚语、谜语、俗语等语言艺术以及小戏、歌会、舞蹈、舞龙舞狮、书法、美术、对联、农民画等文艺活动也逐渐从乡村居民的日常生活中消失。由此可见，随着现代化进程对于乡村生活的渗透，原有的民风民俗被破坏，适合于当代乡村生活的精神信仰也并未形成，即并没有完成乡村传统文化现代化的转变，未形成新的核心价值体系，使得乡村居民的精神生活与物质生活发展不平衡，从而也导致了乡村精神生活的危机。

二、重建乡村公共文化空间的缘由分析

（一）公共文化服务效能不高

公共文化服务效能低下，首先，是因为传统乡村公共文化空间功能退化以及新的公共文化空间没有完全建立。虽然我国已经逐步形成了全国六级公共文化服务网络，但是乡村的基础文化设施建设还比较落后，无论从设施的规模还是设施的质量来看，都还一定程度上存在着难以满足乡村居民基本需求的问题。其次，乡村公共文化服务供给机制存在缺陷是导致公共文化服务低效的另一个重要原因。目前公共文化服务的供给机制是“自上而下”的供给决策机制，菜单制的落实程度还较低，缺乏需求偏好的表达机制，多元化供给发展薄弱，使得公共文化设施与服务的供给与乡村居民需求的匹配程度较低。可见，乡村基础文化设施建设的落后以及公共文化服务供给机制的缺陷共同导致了乡村公共文化服务的低效，制约了乡村新的公共文化空间的建设与发展。

（二）传统文化传承失效

在现代文明的背景下，乡村受到西方文化、城市文化以及网络文化等各类外来文化的冲击，乡村居民的生存与生活方式也发生了极大的变化。随着乡村居民流动性的增强，与传统文化相适应的传统乡村生活方式也逐渐被现代化的生活方式所取代，传统文化的生存空间日益萎缩。失去其生存空间的传统文化，对当代城市文化、网络文化等各类外来文化的吸收、融合落后于乡村生活方式的转变，在这一意义上，传统文化的传承在一定程度上是失效的。传统文化传承失效带来的直接后果便是乡村居民传统价值观念日益滑坡，乡村传统习俗、节庆等逐渐被抛弃，乡村原有建筑风貌和村落格局逐渐遭

到破坏，从而带给乡村居民极大的精神冲击，导致乡村生活出现精神危机。

(三)乡村文化活动匮乏

乡村文化活动匮乏、内容不丰富、活动形式单一，也在一定程度上导致了乡村难以产生新的价值体系，从而难以解决核心价值体系缺位的问题。文化活动是满足乡村居民精神需求的主要形式之一，丰富的文化活动塑造了乡村居民的文化自信，保证了乡村居民对自我文化的认同。传统的公共文化空间培育了习俗、节庆、仪式、典礼等多样的文化活动，也在这些活动中形成并传播了适合于传统生活方式的核心价值观念。但随着乡村人口的外流以及乡村生活方式的转变，乡村的公共文化空间逐渐衰败，乡村居民所能参与的文化活动也逐渐匮乏，匮乏的文化活动又进一步加剧了公共文化空间的衰败。匮乏的文化活动导致了贫乏的文化生活，贫乏的文化生活难以产生并且传播新的核心价值体系，使得乡村居民在生活方式的现代化转型性中失去核心价值体系的指导，从而加剧乡村精神生活的危机。

三、重构乡村公共文化空间的路径探索

(一)提高公共文化服务效能

首先，要精准建设基础文化设施。建设基础文化设施的目的是丰富乡村居民的文化生活，这就意味着基础文化设施的建构需要与乡村居民的文化需求精准对接，只有针对乡村居民的文化需求精准提供相应的基础文化设施才能提升乡村居民的满意度，才能刺激乡村居民使用相关文化设施，提高乡村居民参与各类文化活动的积极性。其次，要因需供给公共文化服务。公共文化服务的受众是乡村居民，为确保公共服务的高效，就需要将公共文化服务供给的“决策权”交给乡村居民的需求，只有提供给乡村居民需要的，公共文化服务才是有效的。最后，要完善基层文化服务中心的运行机制。要根据乡村居民的需求打造可持续发展的基层综合文化服务中心，要建立保证服务中心高效运行的机制，避免公共文化服务中心形式化。

(二)推动传统文化创新传承

创新传承传统文化首先要结合现代生活方式，从乡村传统文化中寻找特色文化资源，讲好乡村故事。乡村传统文化之所以衰败，是因为乡村生活方式的转变使其失去了赖以生存的空间，若要实现乡村传统文化的创新性传承，就需要重新审视乡村传统文化所处的新的生存空间，结合乡村现代生活方式，发现乡村传统文化的特色文化价值，完成乡村文化的创新性传承。其次，创新传承传统文化还需要注重构建特色文化符号。特色文化符号是特色文化价值得以传承与传播的必要载体。特色文化符号是特色文化产业发展的无形财富，是乡村文化生活的精神标志。最后，创新传承传统文化还需要以特色文化产业促进乡村公共文化空间建立，打造特色人文乡村。特色文化价值与特色文化符号是打造特色人文乡村的基础与素材。特色文化价值是特色人文乡村的价值意

义所在，特色文化符号是特色人文乡村的外显美感所在。特色文化产业的发展会在乡村营造自由、创新的文化环境，能够促进特色文化价值的不断发展与特色文化符号的持续优化，为乡村公共文化空间的发展提供源源不断的活力。

（三）鼓励开展群众文艺活动

首先，要鼓励乡村居民丰富文化生活的形式。随着传统公共文化空间作用的弱化，原本村前村后，三五齐聚，共话家常的场景已经不再，乡村传统文化活动已经逐渐消失在了乡村生活中。要发挥乡村居民构建乡村公共文化空间的主体作用，就需要鼓励乡村居民充分发掘自身的文化需求，充分利用乡村公共文化空间内的各类资源，开展形式多样的文化活动。通过开展各类文化活动，提高乡村公共文化空间的使用率，丰富乡村居民的文化生活，从而重构当代乡村文化核心价值。其次，还要注重保护延续传统的节庆活动。随着乡村生活方式的变迁，传统的节庆活动也正在逐渐失去活力。但即使是在新的时代背景下，传统节庆活动仍有其独特的价值，浓缩了几代人的乡村记忆。发挥村民的主体作用，也需要保护、传承、发展影响日渐衰弱的传统节庆活动，通过举办各类节庆活动，重续乡村记忆，增强乡村居民对乡村文化的认同感与自豪感。

（四）培育扶持乡村文化类社会组织的发展

首先，要充分发挥乡村"三馆一站"公共文化服务体系的主导和核心作用。农村公共文化服务中心作为政府主导的公共文化服务体系的基层组织，是开展公共文化服务的空间载体，是连接乡村公共文化空间各部分主体的枢纽，在乡村公共文化空间的建构中发挥着核心和主导作用。其次，要促进祠堂、寺庙等文化场所的功能转变。在新的时代背景下，乡村内的各类祠堂和寺庙场所已经逐渐凋敝，其原有的祭祀、祈福、精神信仰等功能已经逐渐衰败，但祠堂和寺庙的存在仍有其当代意义，其原有的功能也正在朝向延续良好家风、保存传统故事、传播传统价值转变。再次，要促进乡村博物馆、村史室等新型文化场所的发展。随着对乡村文化资源的重视，部分村庄已经建立了乡村博物馆、村史室等新型文化场所，这些文化场所发挥着保护乡村文化资源、维护乡村历史、传承乡村记忆的功能，能够增强乡村居民对其所属乡村的认同感与自豪感，是乡村公共文化空间的重要补充力量。最后，还要鼓励乡村居民开办自己的文化组织。随着乡村公共文化空间的建构和乡村文化活动的开展，部分乡村居民已经组织起来，形成兴趣小组、文艺队伍，这些自发形成的组织也是公共文化空间建构的补充力量，对于公共文化空间内的设施建设以及活动开展具有重要意义。

本文为原文化部公共文化司 2017—2018 年度国家公共文化服务体系制度设计研究课题"贫困地区公共文化服务均等化研究"（项目批准号：2017020）的阶段性研究成果。作者鲁超楠为西南大学文化与社会发展学院硕士研究生；张海燕为西南大学文化与社会发展学院教授，西南大学文化产业研究院研究员，西南大学公共文化研究中心研究员。

促进西部地区精准脱贫与乡村振兴融合发展的对策建议

杨志红　王志章

内容摘要：脱贫攻坚与乡村振兴是不同历史阶段下的战略任务，二者相辅相成，共同服务于中华民族伟大复兴的中国梦和“两个一百年”的目标实现。西部地区在我国经济、政治、文化、社会生活中占有举足轻重的战略地位。精准扶贫、精准脱贫战略实施以来，西部地区居民收入水平稳步提高，基本温饱问题得以解决，极大地减少了西部地区的贫困人口，缓解了贫困现状，扶贫开发赢得决定性胜利，这为乡村振兴的实施谋划奠定了基础，但理论和实践经验表明，现阶段西部地区精准脱贫与乡村振兴融合效果并不理想。全面建成小康社会的节点的迫近为西部地区打赢脱贫攻坚收官之战和乡村振兴开山之战敲响了警钟，西部地区必须抓住机遇，借力国家政策东风，有机统筹精准脱贫和乡村振兴两大战略，促进经济社会结构转型，实现高质量发展，筑牢持续减贫的物质基础。

一、西部地区精准脱贫成效与两大战略融合的必要性

随着西部大开发战略的纵深推进，西部地区已经是一个比较成熟的概念，从经济区域上来说，西部地区包括贵州、云南、四川、陕西、甘肃、青海六个省，新疆维吾尔、西藏、内蒙古、广西壮族、宁夏回族五个自治区和重庆一个直辖市，总土地面积681万平方千米，占国土面积71%。目前西部地区总人口约3.9亿，占全国人口的29%，在我国经济、政治、文化、社会生活中占有举足轻重的战略地位。改革开放40多年尤其是党的十八大以来，在国家一系列优惠政策的驱动下，经济实力大幅提升，基础设施建设取得突破性进展，脱贫攻坚赢得决定性胜利，居民收入水平稳步提高，基本温饱问题得以解决，极大地减少了西部地区贫困人口，缓解了贫困现状；基础设施不断完善，公共服务体系更趋健全，生态环境不断向优，人民素质大幅度提高，东西部发展的差距得到了有效遏制，区域间的经济差距不断缩小，扶贫开发赢得决定性胜利，2012—2017年，全国农村贫困人口从9899万减少到3046万，其中西部地区贫困人口从5086万减少到1634万，年均减少25.50%，为到2020年与全国一道同步全面小康社会的建成打下了坚实的基础。但也应该清楚地看到，在全国200万以上农村贫困人口的7个省、自治区中，西部地区就有贵州、云南、广西、四川、甘肃5个，且14个集中连片特殊困难地区涉及西部的有12个，中央重点支持的深度贫困地区“三区三州”全部都在西部，可见西部地区脱贫攻坚任重道远。

但受自然环境和政策约束性条件等因素制约，西部地区贫困问题依然突出，表现出人穷地也穷的现象。习近平总书记指出，全面建成小康社会，一个不能少，一个民族也不能掉队。全面建成小康社会的节点的迫近为西部地区打赢脱贫攻坚战敲响了警钟，与东部地区相比，西部地区在资源禀赋、经济总量、经济增速、经济结构、城市化水平、资本吸引能力、人力等方面仍与东部地区存在着巨大差距，还面临着经济增速放缓和经济下行的压力，政策和发展的红利还未全面惠及深度贫困地区和特殊的贫困人口，距离实现既定贫困标准下的减贫目标仍有一定差距，区域经济持续发展和深度贫困地区的脱贫攻坚面临着新的问题和挑战。当前，我国经济已经进入由高速增长转变为高质量发展的新阶段，这就要求经济发展既要重数量，又要重质量，要创造出实实在在的效益。为此，党的十九大提出了乡村振兴战略，既为西部地区全面打赢脱贫攻坚战，实现高质量发展带来了新的机遇，也提出了新的发展要求。为此，如何立足国家两个一百年目标，创新路径，建立政策融合的体制机制和评价体系，实现新时代背景下西部地区精准脱贫和乡村振兴路径的深度融合，既是做好 2020 年后国家减贫战略、统筹区域协调发展、补齐西部地区发展短板的现实需要，也是理论界和实际工作部门亟需解决的重大理论和现实问题。

二、现阶段西部地区精准脱贫与乡村振兴融合存在的主要问题

（一）资源禀赋仍是发展的桎梏，乡村振兴暂缺基础

尽管国家采取了一系列重大战略，给予了政策倾斜，但是西部地区经济和社会全面发展制约因素较多，其中深度贫困等影响着经济社会的高质量发展。(1)生存环境方面，部分地区生态环境十分敏感、生态基础薄弱、资源匮乏，生产生活对环境依赖程度重，农村贫困人口人居环境差、缺乏发展的机会。(2)社会发展方面，一是投入不足、欠账多，成本高、基础设施不健全、发展基础薄弱；二是贫困面广、程度深、人口数量多、贫困总量大，表现为多维贫困甚至是深度贫困，存在广泛的贫困代际传递链条；三是基本社会保障覆盖范围不全面，政策兜底有边缘。(3)经济增长方面，经济总量较小，增长潜能大但未有效开发，人均可支配收入较东部差距明显，贫困人口收入中转移支付比例占比高。(4)产业建设方面，第一产业占比较大，部分地区还停留在精耕细作的小农经济阶段，第二产业对经济的支撑力度不足，第三产业发展短板明显、缺乏活力，难以建立起高效的三产融合机制。(5)就业动态方面，人口增长快但就业岗位供给不足，剩余劳动力转移就业人次所占比例小，人才引进吸引力不足。(6)公共服务方面，一是总体教育水平偏低，表现为教育观念落后、教育体系不发达、教育基础设施投入不足、基础教育受教育比率低于东部地区、人口平均素质较低、难以吸引高素质的人才、人力资本支撑力不够；二是医疗水平较低，表现为医疗覆盖率难以满足需求，传染病和地方病控制有待加强，基本医疗保险保障不够。(7)社会文化方面，表现为文化场地和文化设施欠缺、文化生活面狭窄、精神贫困明显，贫困人口的精神需求难以得到满足。

（二）摆脱贫困是振兴的前提，精准脱贫质量有待提高

乡村振兴，摆脱贫困是前提，贫困地区尤其是西部深度贫困地区如期完成脱贫任务是脱贫攻坚与乡村振兴战略形成良好互动格局的前提。虽然经济的益贫式增长和精准扶贫、脱贫攻坚政策的实施极大地改善了西部地区的贫困状况，扶贫工作取得决定性进展，绝对贫困有望全部消除，“两不愁”的问题基本解决，但是扶贫的精准性还有较大的提升空间，因病致贫、因残致贫、返贫、“边缘贫困”等问题依旧是扶贫过程中难炒熟的“夹生饭”。“三保障”还存在不少薄弱环节，不平衡、不充分发展的矛盾日益突出，发展的“涓滴效应”有限，政策的边际效应、时滞效应也开始凸显，不仅影响了脱贫攻坚的成效，而且也影响着脱贫攻坚与乡村振兴战略融合的基础。

（三）体制机制尚未完全到位，促进两大战略融合缺乏主动意识

虽然脱贫攻坚与乡村振兴两大战略都是为全面建成小康社会解决不平衡、不充分的发展和实现全体人民共同富裕所做的制度设计，但是二者具有不同的历史逻辑、现实逻辑和出场顺序。尽管从实质上说乡村振兴是新农村建设、美丽乡村的升级版，但是脱贫攻坚与乡村振兴的出场顺序有着先后差序。一是，无论是宏观的制度安排与体制机制设计，还是潜移默化地宣传动员和认知感染，决战决胜脱贫攻坚都是各级党委和政府对标全面建成小康社会的首要硬任务，深深镌刻在意识和行为之中，而西部地区的乡村振兴战略多尚处在宣传发动阶段，不少地方还在观望，期待中央在资金支持、资源配置等方面出台像脱贫攻坚这样的硬政策，两大任务的主动融合意识不强，衔接度低。二是，政策协同力度不够，西部部分地区脱贫攻坚与乡村振兴的政策协同效果不理想，主要表现为缺乏推进二者融合的政策手段和工具，政策资源分散、整合不力，政策宣传动员乏力。一些贫困地区政策推进者对二者的概念模糊，缺乏主动推动脱贫攻坚与乡村振兴衔接的意识，缺乏整体性、系统性制度安排，部分基层干部甚至错误地认为脱贫攻坚是要打的硬仗，而乡村振兴可以搁置一段时间，二者融合不融合只能留给未来，故未将两大战略的实施路径深刻融合，这种想法成为影响融合效果的重要原因之一。

三、促进西部地区精准脱贫与乡村振兴融合的对策建议

（一）推动发展生产脱贫一批和产业兴旺有机融合

发展生产脱贫一批是实现脱贫攻坚和贫困人口生活持续改善的重要手段，而产业兴旺又是乡村振兴中的首要要求。精准脱贫是当下全面建成小康社会的当务之急，产业发展的关键在于培育贫困地区的主导产业，以主导产业巩固长效的脱贫效果；乡村振兴是长远谋划，产业的振兴必须具有长远性、全局性和前瞻性的思考，没有产业，人才也不可能回归乡村。生产脱贫一批和产业兴旺既有相同点，又有细微的差别。因此，产业发展路径的构建需要科学规划，坚持农业农村优先发展的导向，将长期目标和短期手段

结合，推动农业供给侧改革，实施贫困地区特色产业提升工程，引导小农户牵手现代大农业，着力发展现代农业和生态农业；因地制宜发展壮大村级集体经济，强化精准脱贫产业供给和乡村振兴的产业支撑；综合考虑西部地区的产业基础、区位优势、市场条件、资源禀赋等各方面因素，坚持因势利导、科学布局，选准优势产品，优先发展具有比较优势的产业或产品；要抓住新的机遇，不断提高开放水平，加大商品和要素流动型开放力度，完善有利于产业发展的各项体制机制，积极打造服务更加全面的营商环境，全面激发产业增长的活力。

(二)推动生态补偿脱贫一批和生态宜居有机融合

大多数贫困地区一般也是生态环境脆弱和敏感的地区，生态贫困往往也是贫困地区多维贫困的重要原因之一，从而产生一种所谓“富饶的贫困”。自然资本的制约往往催生特殊的生态贫困、生态现实和贫困恶性循环，从而导致了贫困现实难以缓解和生态环境持续恶化。对这些地区和人口进行有计划的生态补偿是改善地区生态现实的重要途径。生态宜居是乡村振兴的关键，为此，要践行绿水青山就是金山银山的发展理念，加快贫困地区生态立法，创新发展方式和发展模式，打造五谷丰登、六畜兴旺的绿色生态系统，健全完善以绿色生态为保障的农业政策，加大农业生态系统保护力度。建立市场化、多元化的生态补偿机制，实施多样化的生态保护行动，通过生态资本化、资本生态化的工具培育发展绿色生态新产业、新业态，把贫困地区的生态优势转化为生态经济优势，把绿色资源动能转换为经济动能，实现生态改善和脱贫双赢，实现人的发展与自然和谐共生的格局和产业兴、百姓富、生态美的有机统一。

(三)推动发展教育脱贫一批和乡风文明的有机融合

扶贫要先扶智，治贫要先治愚，教育是精准脱贫的重要手段之一，更是提高贫困人口文化素质的重要渠道，对阻断贫困代际传递链条以及改善贫困人口精神贫困、心理贫困和文化贫困发挥着重要的中介效应。同时，人才匮乏是乡村振兴最大的瓶颈，没有人才，乡村产业不可能兴旺，教育才是培养人才、提高人民文化水平、实现乡风文明的持久保障。因此，要强化以人为本，创新社会各界优秀人才投身乡村建设事业的体制机制，增强西部地区对优秀人才的吸引能力，大力开发西部贫困地区乡村人力资源；在国家政策的主导下，进一步完善农村学前教育、义务教育、普通高中教育、职业教育和特殊教育体系，提升西部地区贫困人口的文化水平和受教育水平；推进精神文明建设，加大贫困地区文化供给，丰富文化生活；以教育的方式推进现代文明的传播，移风易俗，引导贫困地区建立起与社会发展相适应的文明新风尚，健全教育扶贫对精准脱贫的长效机制，强化乡村振兴的人才保障。

(四)推动易地扶贫搬迁脱贫一批和生态宜居、治理有效有机融合

习近平总书记多次强调的易地扶贫搬迁作为“五个一批”之重要一环，不仅是精准扶贫“攻克最后堡垒”重要战役的治本之策，也是加快精准扶贫步伐，提高扶贫投入效

益，促进生态环境恢复与治理，推动可持续发展，获得精准扶贫之生态效益、经济效益、社会效益的重要手段。但易地扶贫搬迁工程政策性强，涉及面广，关乎生态、生产生活、社会稳定、资源保护利用、可持续发展等一系列问题，是一项十分复杂的工程。为此，要落实生态移民以及搬迁后原住地的生态修复问题；要健全乡村治理机制，提高乡村治理能力和自治、法治、德治水平，切实保障搬迁户的利益；完善迁入地公共服务，加大村务公开力度，重视发挥基层党员干部在讲文明、树新风等方面的示范作用；提高搬迁户的政治协商参与度，夯实易地扶贫搬迁脱贫成效，巩固搬迁成果，提高搬迁群众的获得感、安全感和幸福感，同时也为乡村振兴提供坚实的基础保障。

（五）推动社会保障兜底一批和生活富裕有机融合

社会保障兜底一批是脱贫攻坚的主要措施之一，是确保贫困人口"两不愁"的重要手段。目前扶贫领域存在较大政策依赖性，存在"政策养懒汉"，只输血不造血，"干部干、群众看"等问题，可见引导贫困人口实现生活富裕的目标并不能单独地依靠政策兜底，贫困户发展的内生动力尤为重要。因此，要以人为本，将"扶贫"和"扶智""扶志"相结合，重点提升贫困人口的素质，引导贫困人口树立致富信心和主动脱贫意识，激发贫困群众的创造力和发展能力，提高人民群众的安全感、获得感和幸福感。重点发挥开发式扶贫和保障性扶贫两种方式的综合作用，实现到 2020 年现行标准下绝对人口全部脱贫，人民生活更加富裕，共享小康社会全面建成的福祉。

到 2020 年，精准脱贫的阶段性目标将顺利达成，乡村振兴也会取得突破进展，但精准脱贫"五个一批"和乡村振兴"五大"目标的融合路径的含义远不止此，除了解决贫困人口脱贫、贫困县摘帽、区域性整体贫困之外，还包括提高乡村发展质量，拓宽农民增收渠道，缩小城乡生活水平差距，改善农村人居环境，推动城乡融合发展，完善乡村治理体系等。因此，需要进一步强化政策层、市场层、基础层及保障层的融合与协同，为精准脱贫和乡村振兴的有效衔接发力。

本文为国家社科基金重大项目"民族地区深度贫困大调查与贫困陷阱跨越策略研究"（项目批准号：18ZDA121）、国家社科基金重点项目"西部地区脱贫攻坚与乡村振兴融合的路径设计与政策协同研究"（项目批准号：18ASH006）阶段性研究成果。作者杨志红为西南大学经济管理学院硕士研究生；作者王志章为西南大学经济管理学院教授、博士生导师，西南大学"一带一路"反贫困研究中心主任，贵州财经大学特聘教授，长江师范学院武陵山片区绿色发展协同创新中心、武陵山区特色资源开发与利用研究中心兼职教授，研究方向为区域经济发展与反贫困。

关于全面做好贵州脱贫攻坚与乡村振兴对接工作的建议

郭娜　廉梦鹤　王超

内容摘要：做好贵州脱贫攻坚与乡村振兴工作是守好来之不易的精准脱贫成果、顺利推进农村地区乡村振兴繁荣的关键一步。面对产业对接待创新、人才对接要包容、文化对接需传承、生态对接在平衡、组织对接必抓强五个方面“对接”的主要问题，提出用五个“以”全面做好贵州脱贫攻坚与乡村振兴的对接工作，即以田园综合体打造乡村创新生态系统，做好产业对接；以精准育才政策建设乡村发展好环境，做好人才对接；以文化事业激发乡村文化潜力与活力，做好文化对接；以“两山理论”指导农村大生态工程建设，做好生态对接；以坚持党对乡村基层领导和系统治理，做好组织对接。

2018年7月，习近平总书记对毕节试验区工作做出重要指示：“要着眼长远、提前谋划，做好同2020年后乡村振兴战略的衔接。”在党中央的正确领导下，贵州省委、省政府率领全体贵州人民，感恩奋进，砥砺前行，从解决农村贫困地区脱贫内生动力入手，在坚决打赢精准扶贫攻坚战场上，取得了举世瞩目的成绩。2018年贵州贫困人口减少了148万人，全省总贫困人口减少到155万人，贫困发生率降到4.35%（孙志刚，2019）。在脱贫攻坚即将取得全面胜利之际，前瞻谋篇布局，撰写好全面小康新文章，走好乡村振兴新篇章，是在习近平新时代中国特色社会主义思想的指导下贵州农村发展的大事。

一、贵州全面脱贫攻坚战的成功经验

贵州坚持以“五个一批”的精准脱贫措施，为打通脱贫“最后一公里”开出破题良方，探索出六个方面的成功经验。

（一）易地扶贫搬迁

一是“两相加”，注重充分发挥山地特色旅游的辐射带动作用，将搬迁安置点选在旅游景区，将易地扶贫搬迁工程与特色生态旅游资源“两相加”，逐渐形成易地扶贫搬迁项目和旅游景区融合发展的新格局；二是“三结合”，动静结合、内外结合、软硬结合；三是“七措施”，即以“安居乐业”为目标、以“三级联动”为抓手、“四方合力”整合资源、“五个一批”政策叠加、“六个一工程”有效推进、“七本账”记录明细、八大工作机制七个方面的工作措施。

(二)产业融合脱贫

一是党建引领经验，建立“党支部＋合作社＋公司＋基地＋农户(贫困户)”模式，打造党建和农业产业融合发展助力脱贫攻坚的好局面；二是“一四六五”产业招商，明确“一”个发展目标，围绕“四”个发展重点，强化“五”项措施保障，实施“六”项政策服务；三是特色产业经验，依据贵州资源特点，走出一条“十二大”农业产业的脱贫之路。

(三)社会保障兜底

一是推进“六”项工作，围绕“大扶贫”战略，深入贯彻落实“社会保障兜底一批”的六项工作任务；二是“三举措”，实施就业创业工程，推进全民保障行动，发展福利慈善事业；三是编织社保兜底保障网，强化社会救助制度，结合有重大病患的特殊困难群体的实际状况，对困难群众实施医疗救助、临时救助兜底保障。

(四)发展教育帮扶

一是“学校＋贫困地区贫困户”，实施深度贫困地区教育扶贫攻坚项目，在实施城镇低收入困难家庭子女教育资助上，按不低于农村户籍建档立卡贫困户子女的教育资助标准进行资助，对城镇低保家庭及城镇“三无”人员家庭等六类困难家庭子女进行资助；二是“组合拳”，即实施四项教育突破工程、基本普及十五年教育、实行教育“9＋3”计划的“组合拳”；三是拓宽资金渠道，政府为保障贫困学生就学资金，降低因贫辍学率，为丰富学生资助体制，拓宽教育扶贫资金渠道，补充政府资助资金。

(五)医疗救助便民

一是“一站式”，力争简化就医结算程序，开启新农合“一站式”试点服务；二是“普惠＋特惠＋精惠”，建立“普惠＋特惠＋精惠”的医疗健康扶贫模式；三是“三重”救助，即基本医疗救助、医疗保险、大病保险“三重医疗保障”。

(六)生态建设补偿

一是“三变”模式，“资源变股权、资金变股金、农民变股民”的“三变”改革，助力农村生态与经济协同发展；二是生态建设，坚持“既要金山银山，也要绿水青山”的绿色发展理念；三是建立生态补偿机制，以保护生态环境为根本前提，着力构建生态保护、生态建设与环境综合治理“三位一体”的生态环境保护及补偿措施。

上述贵州脱贫攻坚的主要模式与典型案例如表1所示：

表1　贵州脱贫攻坚的主要模式与典型案例

脱贫类型	模式类型	贵州地方典型案例
易地扶贫搬迁	“两相加”模式	六盘水市盘州市
	“三结合”模式	黔东南州麻江县
	“七措施”模式	黔东南州雷山县
产业融合脱贫	党建引领模式	黔东南州黄平县
	“一四六五”产业招商模式	毕节市赫章县
	特色产业模式	遵义市余庆县
社会保障兜底	推进“六”项工作模式	六盘水市水城县
	“三举措”模式	黔东南州从江县
	编织社保兜底保障网模式	贵阳市白云区
发展教育帮扶	“学校＋贫困地区贫困户”模式	六盘水市钟山区
	“组合拳”模式	毕节市乌蒙山区
	拓宽资金渠道模式	黔东南州麻江县
医疗救助便民	“一站式”模式	黔南州长顺县
	“普惠＋特惠＋精惠”模式	铜仁市玉屏县
	方案引导模式	遵义市道真县
生态建设补偿	“三变”模式	六盘水市六枝特区
	生态建设模式	毕节市毕节试验区
	建立生态补偿机制模式	安顺市紫云县

二、贵州脱贫攻坚与乡村振兴对接存在的主要问题

(一)产业对接待创新,放开思维探新路

一是自身定位不完善,生态创新产业与大数据产业深度融入,助力脱贫可持续性发展定位不明确;二是思维格局局限,思维定式成为产业创新的绊脚石,不能够准确把控政策要点导致各类资源的浪费或利用不充分;三是产业内部重复竞争式开发,同一区域产业内部同质化竞争,市场定位不准,资源浪费现象突出。

(二)人才对接要包容,回乡创业抓时机

一是引才政策缺乏亮点,农村缺少机会、平台以及政策支持,缺乏适宜当地发展的人才引进计划、人才引进政策;二是优惠政策缺乏创新,地方对于人才的包容性还不够,使得人才没有归属感、融入感;三是人才扶持缺乏着力支撑,虽然有扶持人才进行创业的服务体系,但对于农村贫困地区缺乏着力点,孵化农村本土创业人才乏力。

(三)文化对接需传承,价值挖掘得发力

一是经济利益平衡机制不健全,文化与经济发展“步调”不同,缺少经济与文化平衡协同发展的机制;二是文化保护传承力度比较小,文化的保护和传承力度不够大,缺少彰显民族文化特色的普适性教育;三是文化价值挖掘力度还不够强,文化中经济价值的挖掘力度还不够,利用方式还较为原始、单一。

(四)生态对接在平衡,建设发展靠落地

一是生态保护持久性不足,生态保护是一项持久性工作,需要形成完善的监督机制、问责机制;二是生态补偿机制不完善,生态补偿机制还有尚待完善的巨大空间,平衡生态建设与乡村振兴两者的关系成为需要解决的问题;三是生态保护政策不长效,各级部门缺乏长效的联动机制。

(五)组织对接必抓强,持续减贫不松懈

一是工作思想偏差,各级“对接”过程中容易出现思想意图、工作意图偏差的情况;二是缺少模范样本,缺乏积极挖掘做好“对接工作”的模范样板;三是干部思想松懈,领导干部思想容易在脱贫攻坚战胜利后进入松懈状态,思想上出现“歇一歇”的松动。

三、用五个“以”完善贵州脱贫攻坚与乡村振兴对接的工作

(一)以田园综合体打造乡村创新生态系统,做好产业对接

1. 以农业为主体,促进产业融合

打造“现代农业产业园+休闲农业+社区支持农业”的发展模式,“旅游+农业”“生态+农业”等新型模式,促进农业多功能、多方面的开发,推进农业产业与旅游、大健康、大生态的产业融合,创建优质农业品牌和打造高品质农业原产地,利用电商、物流的发展大趋势,培育农业品牌,形成支撑田园综合体发展的产业体系。

2. 以文旅为核心,打造旅游产业

大力发展乡村文旅融合产业,通过建立田园综合体,实现乡村振兴,建设美丽乡村,推进乡村旅游的供给侧结构性改革。打造“文化+农家乐”旅游、“文化+乡村风光”旅游、“文化+古村寨探秘”旅游、“文化+寻访民间传统工艺”旅游等模式,不断创新文旅

融合的新型乡村旅游模式，将乡村旅游与文化产业融合，推动乡村旅游健康可持续发展。

3.以社区为抓手，提升产业活力

打造新型社区，为产业注入活力。利用土地流转、资金融合、股份合作等方式，加强社区的内部联系，优化社区内部体系，增加社区运营效益，不断强化社区服务与利益的连接，逐步将农户的生产、生活引导到现代农村新型社区发展的轨道上，带动区域内农民的联合、联动，共呼吸、共发展，实现可支配收入的持续增长。

4.以创意为思路，激发内生活力

通过“三变”模式，创新发展思路，把村民原有的房屋变成特色精品民宿；通过艺术包装，将村民传统的农耕和手工艺品打造成农耕文化和艺术作品等，以激发农村内生活力，为田园综合体的打造，提供更多的吸引物要素。

(二)以精准育才政策建设乡村发展好环境，做好人才对接

1.培育新型职业农民，精准培养生产人才

培育专业技能型职业农民，尤其是掌握专门的生产技术，能在家庭农场、农业企业中进行专业生产工作的农民；培育社会服务型职业农民，重点关注“农村村干部、农村信息服务员、农村服务人员”等社会化农业服务人员，力争在生产服务方面解决农业的问题。

2.教育农业管理人员，精准锻炼管理人才

政府需要在特色农业上培育专业的农业管理人才，立足于特色农业，打造生产规模化标准化的农业产业，着力提高农业产品的附加价值，创新营销模式，通过多媒体平台，加强线上线下的宣传，注重提升地区特色农业的品牌，拓宽农产品的销售渠道。

3.吸引高校毕业学生，精准扶持青年人才

鼓励高校学生到农村就业创业，帮助高校学生树立服务乡村的意识。通过“三下乡”、相关讲座或者有关实践活动，提升高校毕业生服务乡村的意识，树立服务基层的就业观。

4.培训农村电商达人，精准孵化电商人才

政府需要培养专业的乡村电商人才，建立电商人才培育机制体制，在教育、住房、医疗等方面给予电商人才政策资金的支持，引导和鼓励电商达人到农村创业。

5.培养创业经商人员，精准培育商业人才

商业人才是农村经济发展中不可或缺的人，加大经商人员的引进，促进商业人才返乡就业创业。政府要为返乡创业的经商人员提供政策环境，扶持机制，优化创业环境，健全创业过程培训体系，致力于服务地区发展现代农业、乡村旅游、农村电商等，完善商业人才的激励和保障措施，培养商业人才的创新思想。

6.引入农村科技人员，精准引进科技人才

培育科技人才，促进产业与科技人才的融合发展，让科技人员的服务意识得到提高。完善基础设施，为基层技术人才生活工作创造一个良好的环境。通过激励措施、分

配制度、考核选拔等吸引科技人才，加强科技团队的建设。

(三)以文化事业激发乡村文化潜力与活力，做好文化对接

1. 以保护文化为前提，保留乡村特色景观

在保护文化方面首先要在思想上认同本土文化，政府和社会机构通过相关的政策、体制机制和平台多渠道宣传弘扬本土文化，展现文化的内涵意义，获得民众认同感。农民只有从心理上认同和肯定当地文化，才会重视文化、保护文化和发展乡村特色景观文化。

2. 以传承文化为核心，弘扬乡村优秀文化

在传承文化方面政府要取其精华去其糟粕，对适应时代发展的内容加以补充完善、不断传承，同时做好传承文化的指引工作；社会各方要根据政策指示创新传承发展形式，做好对民众传承文化思想宣传工作；农民要主动选择当地文化融入生活工作，传递特色习俗习惯。

3. 以发展文化为目标，提升乡村文化水平

发展文化需要加强农村文化基础设施建设，通过政府审批专项资金、企业帮扶资金、农民自筹资金等资金多元化形式为乡村文化产品进行供给，为乡村文化发展提供支持。

4. 以挖掘文化为动力，鼓励全员参与建设

挖掘文化价值，除了文化本身拥有的历史价值和精神价值以外，通过文化经济价值的展现，可以有效鼓励全员参与文化对接的建设。在挖掘文化动力方面，做出自己独特的文化元素，使其融入中国文化元素，展现出多彩乡村文化魅力。

(四)以“两山理论”指导农村大生态工程建设，做好生态对接

1. 以生态规划为核心，建立农村可持续发展生态圈

严格控制城镇、农业、生态在空间发展上的红线，做到科学、合理的开发，充分考虑资源环境承载力，防止过度开发，建立产业准入机制，使得产业的空间发展在合理范围内，打造国家公园、自然保护区、生态功能区、公益林区，构建可持续发展生态圈。

2. 以生态机制为根本，完善农村振兴生态循环体系

明确资源开发的生态环境保护问责机制，对各个环保责任主体实行严格的考核、奖罚制度。各级政府和村组要构建生态环境机制，把生态环境保护和建设纳入田园综合体经济社会发展的长远规划和年度计划。建立长效工作联动机制，形成分工明确，协调有力，齐抓共管的工作格局。

3. 以生态产业为动力，创新农村生态经济发展模式

因地制宜、科学合理地选择菜、茶、桑、药、菌、畜、禽等生态农业产业扶贫项目，建设“生态＋科技”型农业，实现现代生态农业与城市生态涵养区的结合，创新农村生态经济发展模式，在此基础上推动农业二、三产业向县城、重点乡镇发展。

4. 以生态理念为引导，倡导农村生态生活生产方式

农村地区要实现大生态工程，关键在于村民要牢记生态生活生产的理念，不仅在理念上重视对农村生态的保护，而且在行为上要求对生态资源进行保护。真正把农村生态生活生产方式倡导起来，构建环境美、生活好、农民富的乡村振兴可持续发展格局。

（五）以坚持党对乡村基层领导和系统治理，做好组织对接

1. 加强组织建设，强化带头作用

选好党委书记“领头羊”，要根据当地产业发展特点、功能定位，因地制宜地为当地农村选配具有高政治素养、强工作能力的优秀干部，同时力争将当地创业能人、干事青年、本地在外经商人员等具有创业致富能人选取为党委书记。从党委书记“领头羊”到组织干部再到基层党员三个部分做好组织建设，充分发挥党员带头作用，为乡村基层领导和系统治理保障好党的领导地位，为脱贫攻坚与乡村振兴做好组织对接工作。

2. 筑牢组织思想，激发组织活力

建立健全组织活动，为发挥党组织对于农村发展的推动引领作用，要积极优化党组织活动与设置方式，严格按照党的要求按时进行以“三会一课”、组织生活会、党日活动、谈心谈话等活动，并在此基础上增加“党员活动日＋”模式，激发出组织活力，坚持党的领导做好组织对接工作。

3. 加强制度建设，强化保障作用

设立工作责任问责制度和工作创优优先引导机制，从责任分工问责、“三优”引导机制、动态考核制度对党员干部进行考察，以对党员干部的要求作为对农村工作保障措施，联合发力、精准发力，确保脱贫攻坚与乡村振兴对接工作的组织对接有序进行。

本文为2019年度贵州省理论创新招标课题“贵州脱贫攻坚与乡村振兴对接研究”（项目批准号：GZLCZB-2019-13）的阶段性研究成果。作者郭娜为贵州财经大学工商管理学院硕士研究生；廉梦鹤为贵州财经大学科研处研究助理，研究方向为乡村振兴；王超为贵州财经大学教授、博士生导师，贵州财经大学科研处副处长，研究方向为包容性旅游减贫、乡村振兴。

民族特色村寨"保护与发展政策"的实施现状与路径优化

梁爽　宋辉

内容摘要：以党的十九大"铸牢中华民族共同体意识"为思想指导，以重庆市少数民族特色村寨发展现状为例，对少数民族特色村寨保护与发展政策实施效果进行评估，解构政策取得的成效与存在的问题，分析政策运行的制约因素，提出政策优化路径，为保护与传承民族文化、推动民族地区可持续发展提供助力。

我国拥有众多具有浓郁特色的少数民族村寨，村寨风貌、民居形态、风俗习惯、产业结构等方面体现了不同民族经济社会发展特点与文化特色，是民族文化的主要承载形式，具有十分重要的历史文化价值。在经济全球化与现代化发展的背景下，少数民族特色村寨文化受到极大冲击，面临着经济发展水平滞后、产业结构单一、公共服务不完善等问题，并出现了民族文化变异、扭曲、失真、消亡等现象。因此，加强对少数民族特色村寨的保护与发展，既是民族文化保护的重要内容，也是推动乡村振兴的必要之举，在促进农村和谐、繁荣、稳定、文明建设中具有不可替代的作用。2009 年至今，少数民族特色村寨政策提出已有十一年之久。该政策实施以来取得了哪些成就，面临着什么问题，如何进一步完善，都是需要评估和思考的重要议题。本文聚焦于少数民族特色村寨保护与发展政策效果的评估，通过对重庆市 4 个少数民族自治县 9 个村寨的实地调研，解构少数民族特色村寨保护与发展政策实施后的效果及运行制约因素，在此基础上优化路径，为保护和传承民族文化的多元性、推动民族地区的可持续发展提供助力。

一、民族特色村寨"保护和发展政策"的实施现状

自少数民族特色村寨保护与发展项目设立以来，重庆市民族宗教事务委员会经过广泛普查，从 270 个上报村寨中优选 94 个村寨实施试点建设。重庆市已获得国家命名民族特色村寨 22 个，打造市级少数民族特色村寨 62 个，在强化规划设计、培育特色产业、完善基础设施、打造民族风情、发展特色文化、促进民族团结等方面深下功夫。在少数民族特色村寨建设中，重庆市注重把传统民居修缮、民族文化传承、生态环境保护有机结合起来，在培育发展生态文化旅游中进行了探索实践，带动当地群众脱贫致富。此外，将民族特色村镇建设和民族团结进步创建结合起来，开展多种形式的创建活动，形成了各民族和睦相处、和衷共济、和谐发展的局面，促进了民族团结。经过十多年的持

续建设，重庆市发展了一批特色鲜明、民族味道浓厚的少数民族特色村寨，取得了较为丰硕的成果。

二、民族特色村寨“保护和发展政策”运行的制约因素

（一）政府层面

1. 政策指标缺乏可操作性，与地方适配度不足

重庆市民宗委联合城乡建设委员会、文化委员会和旅游局已制定《关于加快少数民族特色村镇保护与发展的意见》，印发了《渝东南少数民族特色村镇实施民族文化“十个一”项目工作方案》等政策性文件，但部分指标操作起来较为困难，实用性和适用性还值得商榷。一些少数民族自治县行动比较滞缓，仅仅按照国家民委颁发的规划纲要执行，尚未制定适合当地特色村寨验收评估和考核机制，对基层工作了解不深。此外，缺少有效的监督管理机制，有些政策难以落到实处，特色村寨保护与发展效果不佳。

2. 各职能部门协调能力不强，资金整合运用出现矛盾

调研发现，少数民族自治县尚未形成特色村寨建设合力。相关政府职能部门对政策理解、认知标准不统一；部门间协作不紧密，形式上协调，事实上各行其是，没能有效整合优势资源。有些自治县存在特色村寨专项资金被扶贫资金占据挤压的现象，甚至有的地方没有投入专项资金，村寨民居风貌改造、文化保护与传承受到较大影响。部分自治县存在重项目轻建设，重保护轻发展的现象，少数民族特色村寨建设仅靠民委部门的资金支撑，显得捉襟见肘。

3. 工作专班力量配备不足，政策执行能力较弱

个别少数民族自治县尚未成立特色村寨工作专班，在已搭建组织机构的自治县中，负责特色村寨建设的专职人员偏少。总体来看，重庆市少数民族自治县特色村寨保护与发展主要由各县民宗委经济与发展科负责，工作人员缺乏专业领域经验。下辖乡镇一级政府中主要由宣传委员（统战委员）负责，没有组建相应的工作团队。与此同时，少数民族自治县民族宗教事务局的机构设置、人员编制也非常有限，加上还有其他事务需要承担，致使对少数民族村寨事务的监管工作难以有效开展。

（二）村寨层面

1. 客观限制条件下村寨经济发展缓慢

在调查中，笔者看到大多数少数民族特色村寨加大了基础设施的建设，村寨的道路、水电、网络等各项便民设施较以往有了翻天覆地的变化。但仍有一些村寨受自然环境限制，开发程度较低，硬件设施无法适应经济的发展。同时，不少民族村寨的特色产业主要是以乡村旅游业为主，由于注入资金的短缺、开发力度的不充分导致对游客的吸引力较弱。

2.传统民居保护与新房建设需求的矛盾加剧

一方面，部分传统建筑被“拆旧建新”或“弃旧建新”，不少村民尤其是有二套房居住的农户在民居保护和现实经济利益面前，往往选择将老房屋复垦，导致传统村寨环境破损严重。另一方面，村寨中的青壮年多数前往城市务工，在城市文化和环境的熏陶下，对居住条件有了更高的追求，希望通过建造砖房、钢筋混凝土房或是小洋楼彰显生活水平的提高。村民日益增长的新房建设需求与少数民族特色村寨民居保护之间产生了不相协调的矛盾。

3.传统文化保护思想意识薄弱，村民参与积极性低

一方面，一些少数民族特色村寨农户传统文化保护意识薄弱，坚持新建砖房，并出现私自拆除古房古屋等破坏古建筑的现象；另一方面，随着工业化、城镇化的不断推进，大量农村年轻人口脱离村庄，不断向城市集聚，村落逐渐成为“空心村”。少数民族特色村寨留守者多为老人和孩童，建设村寨的能力有限，政策贯彻的落实力削弱，村民参与民族文化保护和特色产业发展的积极性不高。

三、少数民族特色村寨“保护和发展政策”的优化路径

（一）政策制定标准

1.政策目标：“静态保护”与“活态发展”相统一

在少数民族特色村寨保护与发展政策的制定、规划设计过程中，首先要明确“静态保护”与“活态发展”相统一的目标。坚持贯彻“在保护中发展，在发展中保护”的建设思路。对少数民族村寨的历史故事、语言、风俗、技艺等非物质文化资源进行整理研究、妥善保存；对村寨古建筑、特色民居等物质文化资源进行保护与修缮，对村寨生态环境进行维持与整治，加强特色村寨的静态保护工作。在挖掘和保护村寨文化生态资源基础上，以当地少数民族文化为基韵，培育旅游业、种植业、养殖业、表演艺术等特色产业，充分利用各类文化生态资源带动村寨的经济和社会发展，提升村民的生活水平和质量，实现特色村寨的活态发展。

2.政策对象：确保村民主体地位，激发村民参与活力

契合村民权益，在村寨建设规划、资金注入、基础设施建设、民居修缮、文化保护等方面广泛征求和吸纳村民意见，给予村民足够的参与空间；村寨建设的组织者应积极与村民交流沟通，向村民宣传相关政策以及村寨具体发展规划，激发村民的“主人翁”意识；通过技能培训和培育村寨自组织，提升村民产业知识技能与管理能力；正确妥善处理村寨中各民族间的文化和利益，开展民族团结宣传教育活动、民族文化活动、民族交流会等活动，让不同民族的村民相互了解、彼此尊重，促进民族团结。

3.政策内容：因地制宜制定符合地方特色的村寨规划

各地政府应该充分考量村寨的“特色”及发展的可行性，依据乡村振兴的发展战略，因地制宜地制定村寨建设的具体规划，打造精品特色村寨。首先，以主体少数民族为

主，根据村寨各民族村民的构成和占比情况，强化主体少数民族的地位与文化特色；其次，挖掘和整合村寨的典型特色，包括生态环境、文化资源或产业类型等方面，避免"千村一面、千寨一律"。此外，利用其他民族的文化资源来推动村寨的建设，以丰富、多元的文化提升村寨的整体价值和吸引力。

（二）政策执行标准

1.政府主导，多方力量共同参与

地方民委部门作为政策制定者，应结合本地实际做好方案的编制规划，加强少数民族特色村寨的申报和遴选、资金整合与利用、监督和评估等环节的专业性、规范性；衔接好与本级政府其他职能部门以及基层政府的关系，通力协作强化政策执行力度。村民委员会作为基层自治组织，应做好政策的讲解和宣传工作，充分了解村民的利益诉求、意见和建议等，及时反馈，推动和促进村民村寨建设的主动性。鼓励和推动社会力量参与少数民族特色村寨建设，如高等院校、科研院所等专业性组织参与特色村寨建设的规划设计；企业等社会力量为特色村寨建设提供人力、财力、物力等资源；社会工作机构等非营利性组织为村寨村民提供生态宜居和民生保障等方面的公共服务。

2.加强村寨基层自治组织的建设

首先，应进一步健全基层自治组织，村民委员会干部的配备要与村寨建设的实际需求相吻合，配置精干的后备干部，合理进行分工、合作。其次，加强村民委员会干部的责任意识，塑造"我要建设""我要带头"的理念，积极配合和支持上级政府的工作。最后，通过政策宣传教育、培训活动，提升村干部的组织、管理与沟通能力，促使村干部更有效地与村民、上级政府沟通，了解村民的实际需求和真实想法，及时反馈政策的执行情况和发展建议，促进政策更有效地执行。

3.多元筹措资金，专款专用

对少数民族特色村寨进行保护和发展需要多方资金的共同投入和支持。政府层面，应进一步加大专项资金的扶持力度，鼓励其他部门投入相应的资金，整合多部门资金共同建设村寨。如：在村寨主要道路硬化方面，鼓励住房与城乡建设委注入资金；在村寨民族文化生态资源、特色产业方面，吸引外来社会资本进入，以市场化运营和管理的模式，促进当地特色产业发展；在村寨社会服务、民生保障方面，积极争取爱心人士、公益团体或企业的捐赠，提升村民的社会保障水平。对于多元渠道筹措的特色村寨建设资金，应做到"专款专用"，保证资金全部用于村寨的保护和发展。生态宜居方面，通过修建便民设施、垃圾处理站，推进改厕、改厨、改圈工程，接通自来水、天然气、互联网等便民设施，促进村民生活的便利化和现代化；民生保障方面，提供就业技能培训，修建配置完善的卫生室、老年活动中心等，提升村民的生活满意度；民族文化方面，修建公共文化设施，保护和修缮特色民居、文化古建筑，组织开展民族团结活动，促进民族文化的保护和弘扬；特色产业方面，通过政策支持、技术帮扶和技能培训、物资支持等方式培育特色产业。

4.加大特色村寨的宣传和营销力度

少数民族特色村寨多数地理位置偏僻、交通不便利，与外界社会交流和交往的机会较少，社会认知度偏低，村寨特色产业尤其是特色旅游业的发展后力不足，这些都制约着村寨的可持续发展。因此，需要加大对特色村寨的宣传和营销力度。聘请专业团队制作村寨的宣传片，在主流媒体播放，增加村寨的曝光率，展现村寨的特色民族风貌；打造特色村寨的微博、微信公众号等新媒体宣传平台，实时更新和发布村寨信息和照片，增强与民众的互动和交流，提升认知度和吸引力。引入专业的运营公司或企业，结合不同少数民族村寨建设实际，制定适宜的营销策略，提升村寨的美誉度。

（三）政策监督和反馈标准

1.加强政策执行的监督与管理力度

一是建立健全少数民族特色村寨保护与发展政策的定期考核制度。由市（县）、镇（乡）、村（寨）等多层级工作人员组成监督小组，对特色村寨每季度的建设情况进行实地考核，评估村寨建设是否遵守法律法规、是否按照建设规划进行、是否达到预期建设成效、是否遇到困难等，形成完整的考核报告。对于考核不合格的村寨，进行通报批评和责任追究，并监督和指导及时改进。二是完善村民监督和意见反馈的制度。基层政府和村民委员会应及时向村民宣传少数民族村寨保护政策、村寨规划方案，公开村寨建设的目标、财务、进度和成效等事务。与此同时，建立自下而上的需求表达机制，村民全程监督并参与村寨事务决策，及时反馈村民的真实想法，让村民成为村寨建设的真正主体。

2.制定科学的特色村寨考核机制

采用科学的少数民族特色村寨政策评估体系，对村寨运行现状、成效和问题等进行评估。在政策测评的指标方面应结合不同地域少数民族村寨实际情况分类测量，杜绝“一刀切”。就重庆地区而言，特色村寨的少数民族相对单一，在民族团结和融合层面考核指标的意义不显著，而受区位因素影响，不少特色村寨经济状况较差，水、电、路等基础设施不完善，因此，应该重视生态宜居、民生保障类的考核指标。此外，建立特色村寨提档升级、退出机制，对建设效果不好的村寨，建立末位淘汰机制，重新拟定建设目标和计划，适当减少资源投入；对具有典型特色、建设成效较好的少数民族村寨，应提档升级，继续加大资源投入，制定更高目标，并对成功的经验进行归纳和推广。

本文为国家民委民族理论政策研究基地项目“少数民族特色村寨保护与发展政策效果评估研究”（2018-GMG-011）的阶段性研究成果。作者梁爽为西南大学文化与社会发展学院硕士研究生；宋辉为该项目负责人，西南大学文化与社会发展学院教授、硕士生导师，研究方向为应用社会学。

区域经济与区域发展研究

QUYU JINGJI YU QUYU FAZHAN YANJIU

借助西部陆海新通道推动重庆内陆开放高地建设的建议

刘新智　史晓宇

内容摘要：《西部陆海新通道总体规划》的出台使西部陆海新通道上升到国家战略层面，作为通道重要的发起者、推动者，重庆的区位优势得到进一步显现，对重庆建设内陆开放高地，实现更高水平开放具有重要意义。重庆在建设内陆开放高地进程中面临着世界开放环境复杂多变、国内区域竞争日趋激烈、开放型产业结构和布局亟待优化以及开放型人才队伍建设滞后等多方面的挑战。要加快推进重庆市内陆开放高地建设，应当充分利用西部陆海新通道带来的重大发展机遇，从拓展开放通道、提升开放平台、发展开放型经济、优化开放环境方面着手，在更高的格局中打造开放型经济体系。

2019 年 8 月，国家发展改革委印发关于《西部陆海新通道总体规划》的通知，将西部陆海新通道上升为国家战略，作为"推进西部大开发形成新格局的战略通道""连接'一带'和'一路'的陆海联动通道""支撑西部地区参与国际经济合作的陆海贸易通道""促进交通物流经济深度融合的综合运输通道"，对加快西部陆海新通道建设具有重大现实意义和深远历史意义。重庆北接丝绸之路经济带，南连 21 世纪海上丝绸之路，成为连接"一带"和"一路"的重要枢纽，是"一带一路"和长江经济带的连接点，也是西部大开发的重要战略支点。突出的区位优势、重要的战略地位，使重庆在国家区域发展和对外开放格局中具有独特而重要的作用。习近平总书记要求重庆加快建设内陆开放高地，为重庆开放发展提供了遵循。加快陆海新通道建设，将使重庆在更高的格局中打造开放型经济体系，成为新的开放前沿，对重庆市建设内陆开放高地，带动西部地区加大对外开放力度，增强开放能力，形成西部大开发的新格局，具有重要意义。重庆应当从全局谋划一域，以一域服务全局，抓住改革开放从沿海向内陆纵深推进，利用陆海内外联动、东西双向互济的有利时机，贯彻落实好西部陆海新通道战略，努力在西部地区带头开放、带动开放。面对新的发展机遇，重庆要充分发挥自身优势，认清尚存的现实问题，加快推进内陆开放高地建设，以高水平开放推动高质量发展。

一、西部陆海新通道为重庆市提升内陆开放水平带来新机遇

随着西部互联互通的深入推进，陆海新通道将促使"一带一路"建设向纵深发展，推动西部地区形成"陆海内外联动，东西双向互济"的开放新格局。西部陆海新通道建设

进一步凸显了重庆开放的区位优势，提升重庆西部中心枢纽和集聚辐射功能，为重庆推进内陆开放高地建设带来重要的发展机遇，更好地引领区域协调发展，形成对外开放新格局。

（一）有助于进一步提升重庆区域辐射能力，引领区域协调发展

重庆在西部陆海新通道的布局中占据突出位置，西部陆海新通道的三条主通道中，有两条将重庆作为起点，分别是自重庆经贵阳、南宁至北部湾出海口（北部湾港、洋浦港），以及自重庆经怀化、柳州至北部湾出海口。依托西部陆海新通道建设，重庆将逐步成为内陆口岸高地、内陆国际物流分拨中心，通道内将形成重庆市牵头的省际协商合作机制。西部陆海新通道的建设将为重庆提供一条物流大通道、产业合作大走廊、开放发展经济带，有力提升重庆市与周边省份的互联互通水平，形成重庆与周边省份全方位、立体化、网络状的大联通。增强重庆对外经济辐射力，扩大经济辐射范围，使重庆对西部地区和长江上游地区发挥更强大的辐射带动作用，对我国区域发展做出更大的贡献。

（二）有助于进一步优化重庆经济发展模式，推动产业转型升级

西部陆海新通道通过发挥交通支撑引领作用，打造通道化、枢纽化物流网络，发展多式联运，创新“物流＋贸易＋产业”运营模式。陆海新通道的发展要求完善重庆铁路口岸通关设施，将重庆高新区作为陆港枢纽经济建设重点，强化重庆临空经济示范区牵引带动作用，为重庆提供了交通、物流与经济深度融合的平台。通过发展通道经济，推动重庆新旧动能转换，促进重庆产业结构优化升级，推动重庆加快培育枢纽经济，优化改善营商环境，打造高品质陆海联动经济走廊，实现要素资源高效集聚与流动。随着西部陆海新通道的发展，重庆贸易多元化试点、跨境电子商务综合试验区、加工贸易承接转移示范地、两江新区服务贸易创新发展试点、两江新区开放型经济新体制综合试点等开放创新试点的作用将得到进一步的发挥，有利于体制机制和运营模式的创新，加快培育新的开放增长点。

（三）有助于进一步加强重庆对外开放力度，增进国际合作水平

西部陆海新通道发挥毗邻东南亚、协同衔接长江经济带的区位优势，以全方位开放引领西部内陆、沿海、沿江、沿边高质量开发开放。在国家开放战略加快实施的背景下，西部陆海新通道建设将加强与周边国家协商合作，进一步发挥中新（重庆）战略性互联互通项目示范作用，不断深化国际双边合作，扩大对外开放。一方面，重庆通道物流和运营组织中心、内陆国际物流分拨中心和内陆口岸高地的战略地位，赋予其国际合作的贸易枢纽功能，有利于重庆在更大范围扩大开放、深化协作、配置资源。另一方面，西部陆海新通道建设支持由重庆市牵头建立省际协商合作机制，协商解决通道区域合作有关事项，将赋予重庆代表西部地区参与区域国际对话的权力，大大提高其在国际舞台中的政治地位。

二、依托西部陆海新通道加快重庆内陆开放高地建设的建议

（一）强化政策引领，着力优化开放环境，形成高水平开放的有利氛围

要形成良好的开放型经济发展环境，就需要加强对开放型经济的政策引导，充分发挥市场的主体地位，激发开放型经济发展的内生动力。一是形成开放型经济发展新机制，推进开放型经济领域供给侧结构性改革，优化开放型经济管理和服务，大力推进简政放权。完善政策体系，提高政策供给的有效性。加强开放型经济法制建设，营造公平公正的开放法治环境。二是要搭建金融开放合作平台，全面提高金融业开放发展水平，加强重庆与全球主要国际金融中心的交流合作。着力打造跨境金融，探索跨境和外币境内便捷的网上支付模式。鼓励金融科技创新，开展国际金融技术合作，汇聚全球价值链，服务全球市场。创新投资融资模式，吸引国内外资本参与国际合作。三是要完善人才管理体制和人才支持政策，大力引进和培养管理型、技术型及复合型高端人才，建设具有自主创新能力的高层次人才队伍，打造拥有国际视野和战略意识的智库力量。优化创新创业服务，建立健全人才选拔、引进、培养、评价和流动等机制，营造政府、企业、社会共同参与和支持人才发展的良好环境。四是要加大对外开放的宣传力度，多形式、多渠道、全方位广泛宣传重庆的经济特色、开放政策、投资环境，树立内陆开放高地新形象。

（二）着眼全局视野，着力推进区域协同，促进多领域合作全面开花

西部陆海新通道的整体规划中明确提出支持重庆牵头建立省际协商合作机制，协商解决西部陆海新通道区域合作有关事项。重庆应当充分把握机会，既要着眼自身发展要求，又要有谋全域的大格局，要做好区域合作“朋友圈”的不断扩容，形成西部地区抱团发展的良好态势，在协调发展中谋求更高水平的开放。一方面要积极破局成渝一体化发展的现存问题，尽快形成两地“成都东进、重庆向西”的发展格局，破解“中部塌陷区”难题，找准合作阵地，打造成渝合作新平台，形成新的重要增长极，使成渝地区成为西部内陆开放的先锋模范。另一方面要加快与西部陆海新通道沿线各省的联手合作，形成整个西部省份以及南部沿海省份全覆盖的经济大通道，使西部陆海新通道承担更大的国家区域发展使命。在多省市签署的共建西部陆海新通道框架协议的基础上，重庆要积极牵头，做好协同发展顶层设计，成立西部陆海新通道省际联席会议制度，避免行政割据带来的资源浪费、重复再建，要统一规划思路，确定一致的发展方向，形成统一的国际合作模式，实现西部陆海新通道合作一体化；推动形成协商一致的法律法规，尽快建立西部陆海新通道范围内组织法、行为法机制，确保相关规章制度上的一致性；推动做好公共服务的协同共享，建立跨区域的公共服务平台，充分利用互联网＋信息技术，实现资源在区域内的最优配置。

(三)立足内外联动,着力加强通道建设,确保通道运行高效便捷

加快铁路、公路、水路、航空、信息的对外通道建设,向西拓展中欧班列(重庆)功能,向东充分发挥长江黄金水道运能,加密渝甬铁海联运班列;向北常态化开行"渝满俄"班列,空中增开国际航线;向南加快中新(重庆)战略性互联互通示范项目,形成西部陆海新通道与"一带一路"和长江经济带在重庆贯通融合的格局。目前,西部陆海新通道已形成铁海联运、跨境公路运输、国际铁路联运三种方式。围绕加快推进西部陆海新通道建设,应当重点发展以下几方面:一是要加快通道建设。铁路方面,重点打造重庆至北部湾出海口大能力铁路运输通道,加快实施渝怀铁路增建二线,加强重庆与贵阳之间的铁路联通;公路方面,加快国家高速公路、普通国省干线瓶颈路段扩能改造和待贯通路段建设,加快推进 G75 渝黔高速扩能,升级 G93 高速重庆至遂宁段等;提升综合交通枢纽功能,完善运输场站设施,加强集疏运体系建设,加快推进重庆团结村集装箱中心站、重庆鱼嘴铁路货运站升级改造,加强重庆铁路枢纽东环线建设。二是要完善多式联运协调机制,重点加强多式联运信息化、标准化建设,建立多式联运在运行和管理合作方面的合作机制。一方面要加强与通道沿线省份的协同合作,另一方面要协调好市内各交通部门的协调运行,实现多式联运信息、资源和成果的共享。三是要提升通道运行和物流效率,推动通关便利化。加快建设内陆口岸高地,深入推进通关改革,强化国际通关合作,推进跨境运输便利化。要充分利用现已制定的《国际货运代理铁路联运作业规范》,使"一单到底"顺利推进。

(四)明确功能定位,着力整合开放平台,打造国际贸易内陆窗口

一是要优化对外开放基础性平台功能。进一步强化基础设施、功能要素和体制机制建设,充分发挥枢纽、口岸、保税区开放平台辐射带动效应,增强枢纽集散作用,扩大口岸转口规模,创新保税拓展功能,服务内陆开放发展。加快果园港口岸互联互通的建设,加快国际物流集散分拨中心的打造,依托团结村铁路枢纽,建设中西部国际航空货运中心,开展航空乘客通程联运试点,打造重庆临空服务产业发展的先导区。突出海关特殊监管区域的开放核心作用。进一步加快两路寸滩保税港区、西永综合保税区建设,运用保税政策大力发展服务贸易。完善口岸体系,提升口岸信息化水平,加快建设跨区域国际铁海联运信息平台,提高商品交易市场影响力。二是要促进各级各类开发区开放发展。优化提升国家级新区、国家级开发区、区县特色工业园区开放功能,推动各级各类开放区差异化发展,实现对外开放平台体系整体功能最大化。打造两江新区内陆开放示范窗口,完善重庆经开区、重庆高新区、万州经开区、长寿经开区、璧山高新区等国家级开发区在产业聚集、结构调整等方面开放合作的载体和平台作用,充分发挥开放功能。加快提升各类特色园区开放水平,大力推动全市各类特色园区积极融入重庆内陆开放大格局。三是要推进国家自贸试验区建设战略部署。根据对中国(重庆)自由贸易试验区建设的功能定位要求,复制推广已有自贸试验区的成功经验,积极推动内陆开放制度创新。优化自贸试验区规划布局,突出西部大开发重要战略支点、"一带一路"和

长江经济带连接点功能，充分利用中新（重庆）战略性互联互通示范项目运营中心地位，体现自贸试验区建设的重庆特色。

（五）聚焦壮大实体，着力调整产业结构，释放开放型经济发展新动能

着重发挥通道对沿线经济发展的带动作用，通过发展通道经济，推动新旧动能转换，夯实开放型经济基础。打通上下游产业链、供应链、资金链和技术链，促进区域产业结构优化升级，支持重要节点加快培育枢纽经济，打造高品质陆海联动经济走廊，实现要素资源高效集聚与流动。全面培育利用外资水平，主动参与全球价值链治理。一是大力发展内陆口岸经济。健全口岸经济发展机制，构建口岸经济产业体系，促进口岸平台型产业、口岸依托型产业、口岸延伸型产业协调发展。大力促进口岸经济相关产业、企业集聚，扩大比较优势。二是要加快对外贸易转型升级。着力发展加工贸易，推进电子信息产业等加工贸易向品牌、研发、分拨和结算中心等高端产业链延伸，创新加工贸易模式，大力发展以内外兼销、就地配套、便捷运输、劳动密集型为主的加工贸易产业集群。支持汽车、电子信息等一般贸易企业开展科技创新和商业模式创新，鼓励传统产业引进先进技术、关键设备和零部件，扩大战略性新兴产业先进设备进口。注重培育新的外贸增长点，鼓励跨国公司在渝设立区域性国际物流运营中心，建立进口货物专业市场和国际物流集散分拨中心，开展进出口货物国际采购、分拨和中转，打造内陆国际贸易分拨、中转、销售、结算中心。三是要大力发展服务贸易。扩大服务贸易的规模和水平，建设全国重要的服务贸易基地。提升服务贸易战略地位，把服务贸易作为促进对外贸易和服务业转型升级的重要支撑。培育、引进、集聚一批具有核心竞争力的市场主体，优化服务贸易结构，扩大服务贸易规模。

本文为国家社科基金一般项目“农村土地流转中三权分置权利关系及实现研究”（项目批准号：15BJY085）、重庆市重大决策咨询项目“提升重庆内陆开放高地集聚力辐射力研究”（项目批准号：2018ZB-07）、西南大学人文社科研究重大项目培育项目“区域创新与区域经济协调发展的耦合路径及政策协同研究”（项目批准号：SWU1909032）的阶段性研究成果。作者刘新智为西南大学经济管理学院教授、博士生导师，研究方向为区域政策与战略、区域经济分工与合作；史晓宇为西南大学经济管理学院硕士研究生。

农产品生产结构合理化：农产品生产与消费的和谐度测算

黄林秀　崔卓青　杨森

内容摘要：本文通过梳理我国农产品结构现状，剖析我国农产品结构存在供需不匹配、研发加工能力弱等问题。运用和谐理论，分析了我国1997年到2017年21年间的农产品生产与消费数据，对和谐度进行了测算与评价，并对前文的猜想进行了验证。最后，根据和谐度测算结果以及对农产品生产结构现状的分析，提出应该合理化农产品生产结构，通过技术创新、加强研发以及农产品加工转化能力提升农产品质量，重视新型平台对农产品的作用并完善物流体系的建设。

改革开放40余年以来，我国始终将农业农村经济发展放在首要地位。党的十九大报告指出，"三农"问题是关系国家经济发展、国计民生的根本性问题，必须始终把解决好"三农"问题作为全党工作的重中之重。随着农村改革的不断深化，我国农业生产结构也不断做出调整，2019年中央一号文件明确提出"夯实农业基础，保障重要农产品有效供给，调整优化农业结构，推进农业由增产导向型转为提质导向型"。国内大多数学者认为，农业生产结构的调整优化对促进我国农村经济发展，实现乡村振兴有着重要的促进作用。

从居民消费角度来说，我国现有农产品大类主要分为粮食、蔬菜、食用油、肉类、禽类、蛋类、水产、奶类、瓜果这9种类别。但无论是从农产品的总量还是从人均产量上来说，均为生产量大于消费量，因此，国内一些学者认为我国正处于阶段性供给过剩的状态。从商务部发布的《中国农产品进出口月度数据统计报告》可以看出，2019年1—5月我国农产品进口金额为601.70亿美元，出口金额为300亿美元，进口金额远远超过出口金额。而从我国对外贸易报告上来看，我国对于初级产品中食品及活动物的进口近十年来迅速增长，近乎翻了三番。在我国农产品供应有所过剩的情况下，我国仍是世界上第一大农产品进口国。针对此种情况，关于我国农业生产结构是否合理的测量具有一定的现实意义。

一、农产品生产结构分析

(一)农产品结构合理化的意义

区别于产业结构合理化以经济增长为目标的研究，本文探讨的农产品结构合理化是基于消费需求的合理化，定义农产品结构合理化为提升农产品结构与消费之间的聚合质量，即互相协调的程度；从投入产出角度来讲，是提升产品有效匹配的程度，是一种农产品供给与消费耦合程度的度量。农产品结构合理化的理论基础是和谐理论。和谐理论认为任何系统之间及系统内部的各种要素之间都是相关的，并且存在一种系统目的意义下的和谐机制，这种和谐机制在很大程度上与效率是一致的，即和谐很大程度上表现为效率上的高效。在本文中，这种高效被认为是农产品供给总体上能通过结构性变化并以最合适的产出满足消费者的需求；同时，消费者的需求能最精确地传递到生产端并得到合适的反馈。在这种机制下，消费者与生产者之间是相互协调、相互依赖的，即农产品供给种类和数量上的不合时宜得到缓解，消费者的偏好也能得到最及时、最精确的满足。

(二)我国农产品结构分析

国内外大多数学者认为农产品结构是农业内部各部门(农、林、牧、渔)以及这些部门内部各生产门类、生产项目的组合形式和构成关系的总和，并称之为农业生产结构。总体来看，1997—2017年，我国农、林、牧、渔4部门的总产值由23788亿元升至109331亿元，年均增长率近22%，人均产值年均增长率也近20%。同期农业由13852亿元增长至58059亿元，林业由817亿元增长至4980亿元，畜牧业由6835亿元增长至29361亿元，渔业由2282亿元增长至11577亿元。各部门年均增长率分别为20%、29%、20%、24%。林业和渔业发展较快，高于农产品生产增速平均值。仅从数量上来看，农产品生产发展势头良好。但是从产出结构上来看，考察期间21年内，4部门产出比并没有产生明显变化。其中农业占总产值约占54%、林业约占4%、畜牧业约占31%、渔业约占11%。从趋势上来讲，农业产值占比自1997年开始逐年下降，并在2015年前后达到55%左右的稳定状态；林业产值占比呈上升趋势，由1997年的3.4%上升至2017年的4.7%；畜牧业占比由低升高后又下降，基本维持在1997年28%的水平；渔业占比变化较小。各部门产出占比虽都有变动，但这种产出结构仍是相对稳定的，这与消费者对农产品的需求变化产生了矛盾。

(三)农产品结构存在的问题

首先，随着我国居民消费水平的提高，居民对于农产品的需求变得更健康、更多元、更倾向于高质量。以粮食消费举例，1997—2017年，全国粮食、蔬菜消费量呈下降趋势，鱼类、蛋类、家禽类的需求量不断提升，而根据前面的分析，在各部门产出上，这种消费结构性的变化并没有和供给端匹配。具体到单个产品生产角度来看,这种结构矛盾仍然存在。如2016年我国玉米产量达到了2.20亿吨,占全国粮食产量的35%。玉米供给长期处于过剩状态、库存积压情况严重。另外,我国既是农产品出口大国也是农产品进口大国,有学者认为,这种矛盾产生的原因是国内消费者对更高品质、更多种类农产品的追求,导致我国农产品供求结构矛盾凸显。

其次,国内农产品的研发与加工能力仍显不足。我国农产品种类研究主要仍依靠科研单位为主,以农业企业为代表的市场力量开发意识仍不够高。另外,农产品的产量虽然连年提升,但农产品生产还处于低水平、小规模、粗加工、高能耗阶段。以农产品副产物与加工副产物为例,国内仍未形成有效的循环利用机制,导致这些农业资源缺乏高效利用,使得农产品的附加值难以提升。

二、农产品生产与消费结构的和谐度分析

(一)数据来源与指标标准

本文根据《中国统计年鉴》《经济统计年鉴》《中国农产品价格年鉴》整理和谐度测算所需要的数据。其中,各省、自治区、直辖市均农产品消费金额由城市、农村居民数据按常住人口数量加权得来,并进行了价格剔除。和谐度计算方法参考文启湘(2005)测算居民消费支出与三次产业和谐度的办法,具体过程及说明略。本文测算出的和谐度评价主要通过H指标的数值来进行判断,若 $H=1$,则两者完全和谐;若 $H\in[0.8,1]$,则两者和谐状态较好,能够相互促进;若 $H\in[0.6,0.8]$,则两者基本和谐,消费结构和产业需有所调整;若 $H\in[0,0.6]$,则两者不和谐,需调整产业结构以适应消费结构的变化。

(二)测算与评价

经过测算,如表1所示,从全国范围看,和谐度在1997—2006年上升,2006—2017年下降,呈现出先上升后下降的趋势。从农产品分类来看,全国范围的粮食、水产品波动较大,粮食是在1997—2002年呈现上升趋势,从0.35跃升到0.93。但自2006年开始呈现迅速递减趋势,从0.94递减到2017年的0.50,回落到1998年左右的水平。而水产品则是在1997—2009年在0.6左右上下波动,自2009年起,从0.37的和谐度迅速上升到2017年的0.93。剩余农产品波动相较于粮食、水产品并不明显,其中蔬菜和蛋类和谐度从2007年左右开始下降,肉类和谐度则是从2007年开始上升,禽类和谐度则是一直保持着平稳发展的态势。

表 1　全国农产品生产与消费结构的和谐度

年份	粮食	蔬菜	肉类	禽类	蛋类	水产品	总和谐度
1997 年	0.35	0.75	0.82	0.95	0.62	0.74	0.56
1998 年	0.49	0.78	0.85	0.84	0.77	0.55	0.63
1999 年	0.58	0.80	0.84	0.81	0.77	0.65	0.69
2000 年	0.74	0.79	0.77	0.84	0.73	0.84	0.77
2001 年	0.85	0.77	0.75	0.82	0.79	0.78	0.81
2002 年	0.93	0.83	0.83	0.90	0.80	0.60	0.85
2003 年	0.92	0.75	0.85	0.91	0.86	0.60	0.83
2004 年	0.86	0.92	0.78	0.80	0.95	0.62	0.85
2005 年	0.93	0.92	0.82	0.95	0.94	0.67	0.89
2006 年	0.94	0.92	0.85	0.92	0.96	0.66	0.90
2007 年	0.84	0.95	0.86	0.91	0.94	0.63	0.87
2008 年	0.76	0.87	0.91	0.92	0.87	0.42	0.83
2009 年	0.72	0.95	0.97	0.98	0.82	0.37	0.86
2010 年	0.68	0.96	0.97	0.96	0.74	0.66	0.84
2011 年	0.64	0.86	0.95	0.98	0.82	0.69	0.81
2012 年	0.59	0.88	0.85	0.96	0.74	0.68	0.77
2013 年	0.69	0.82	0.95	0.84	0.72	0.81	0.80
2014 年	0.63	0.74	0.93	0.93	0.81	0.82	0.77
2015 年	0.58	0.75	0.92	0.91	0.78	0.83	0.75
2016 年	0.55	0.75	0.88	0.92	0.70	0.88	0.74
2017 年	0.50	0.67	0.84	0.89	0.66	0.93	0.69

为进一步分析和谐度变化的原因，引入偏离度指标。偏离度计算方法为：

$Dd_{Ij}=\frac{(I_j \quad I_j^{*})}{I_j^{*}}$其中，$I$ 为各类农产品消费金额，j 表示农、林、牧、渔 4 大产业。Dd_{Ij} 表示 I 产品 j 产业的偏离程度。I_j 表示 I 产品除以 j 产业人均产值的比值，即和谐指标体系的元素，戴星表示标准值。根据偏离度的定义，如偏离度大于零，则实际指标超过了标准指标，表明两者的不和谐，反映着 I 产品相对最优供需比例来说，消费相对过剩；反之，则表示相对最优供需比例来说，需求相对不足。

表 2　全国农产品生产与消费结构的偏离度分析

年份	粮食	蔬菜	肉类	禽类	蛋类	水产品
1997 年	0.65	0.25	−0.18	−0.04	0.38	0.26
1998 年	0.51	0.22	−0.15	−0.16	0.23	0.45
1999 年	0.42	0.20	−0.16	−0.19	0.23	0.35
2000 年	0.26	0.21	−0.23	−0.16	0.27	0.16
2001 年	0.15	0.23	−0.25	−0.18	0.21	0.22
2002 年	0.06	0.17	−0.17	0.09	0.20	0.40
2003 年	0.03	0.25	−0.15	0.08	0.14	0.40
2004 年	0.14	0.07	−0.22	−0.20	0.04	0.38
2005 年	0.01	0.06	−0.18	0.01	0.01	0.33
2006 年	−0.06	0.08	−0.15	−0.08	0.00	0.34
2007 年	−0.16	−0.03	−0.14	0.09	−0.02	0.37
2008 年	−0.24	−0.13	0.03	0.08	−0.12	−0.58
2009 年	−0.28	−0.03	0.02	0.00	−0.18	−0.63
2010 年	−0.32	−0.04	−0.01	−0.04	−0.26	0.34
2011 年	−0.36	−0.14	0.05	−0.01	−0.18	0.31
2012 年	−0.41	−0.12	0.15	−0.04	−0.26	0.32
2013 年	−0.31	−0.18	−0.04	−0.16	−0.28	0.19
2014 年	−0.37	−0.26	−0.04	−0.04	−0.19	0.18
2015 年	−0.42	−0.25	−0.06	0.00	−0.22	0.17
2016 年	−0.45	−0.25	−0.12	0.01	−0.30	0.12
2017 年	−0.50	−0.33	−0.16	−0.08	−0.34	0.07

如表 2 所示，从全国范围来看，肉类、禽类由供给相对过剩转向供需基本平衡。粮食、蔬菜、蛋类由需求相对过剩转向供给相对过剩。总体来看，在 2005 年和 2006 年两年间，农产品总体偏离度较小，此时供需相对平衡。

三、政策建议

本文通过和谐度测算的方法，测算了 1997—2017 年 21 年间全国的农产品生产与消费结构的和谐度变动情况。得出如下结论：(1)整体来看，2017 年我国农产品生产结构与消费的和谐度约为 0.69，处于基本和谐的状态。但从整段时间整体上来看，呈恶化趋势。调整农产品产业结构，促进农产品生产与消费的协调与匹配势在必行。(2)2005年前我国农产品相对供给小于需求，2006 年后相对需求小于供给，存在着农产品生产与消费不匹配的问题。具体来看，粮食、蔬菜与蛋类一直存在较为严重的相对供给大于需求，这应该是我国供给侧结构性改革的重点；水产品的供求矛盾逐渐缓解；禽类、肉类的和谐度较为理想。

(一)农业政策正确引导农产品结构优化发展

随着农业生产结构改革的不断深化，政府引导性政策的作用至关重要，合理而高效的农业政策保障有利于农业生产结构的合理调整。首先，政府可通过对农产品补贴标准的调整或农产品支持价格等方式引导我国具有竞争优势的农产品进行大量生产。我国地方政府虽然在支持农业发展时，投入大量资金、提供倾斜性政策，但是在制定农业培育的目标时，缺少比较优势视角，致使农产品产出很高、质量也很好，却无路可销。从之前的和谐度分析来看，要特别重视农业产品如谷物、薯类、豆类、蔬菜以及蛋类的产业培育。其次，政府可优化农业融资渠道，鼓励银行对进行特色农产品或高质量农产品生产的经营者提供低息或免息贷款，保障高质量农产品的生产与开发。我国拥有独特的自然地理条件，农业历史悠久，自古以来就有一批特色的农产品远销全球，如丝绸、茶叶等；农业产品种植、制作历史悠久，不仅有很强的经济价值还是重要的文化符号。要通过农业政策正确引导此类拥有比较优势的农产品，培育农产品民族品牌，结合中国文化推向世界。

(二)以技术创新提升农产品质量水平

农产品质量的提升不仅有利于提高其市场竞争力，更有利于缓解我国目前“人民日益增长的美好生活需要和不平衡不充分的发展之间的矛盾”这一新时代社会主要矛盾。从政府角度说，一方面应当大力宣传农业技术创新，为农业生产者提供免费的技术培训或指导；另一方面也应当加大农产品质量安全监测力度，完善农产品质量安全管理条例，在提高农产品质量的同时也提高农产品的安全性。既要用完善的惩戒性政策法规制止部分企业的不正当行为，也要通过树立典型、政策倾斜等措施引导企业安全合规生产，更要完善权责机制，在政府内部形成有效统一的市场食品安全监督机制，同时，还要适时地根据实际情况制定合理的食品安全标准。

(三)提高农业企业研发与加工转化能力

农业生产结构优化需要提高农产品品种质量的研发能力和对其深加工的转化能力，以此来提高农产品自身附加值，培养其在市场上的核心竞争力。全国范围内的高校和科研部门要争取培养出更多优秀的高学历农业技术人才。同时，将市场的力量引入进来，通过政策倾斜，如税收优惠、科研奖励等措施，引导农业企业进行农业科学研究，形成高校、企业、乡间共同培育农业技术相关人才的统一局面，推动农业科研前沿知识落地，让科学进步实在惠农。

(四)依靠新平台带动农业生产发展

首先,我国是典型的小农经济,家庭经营是我国农村的基本经营方式,要推动我国农产品市场经济发展需要依靠培养地方农产品龙头企业,带动农户进行集约化、标准化生产以构建现代农业产业体系。其次,要充分利用互联网、物联网、大数据等技术,构建区域性农产品电商平台,鼓励农户接触新兴网络平台,提高农户对于电子商务的认知程度,并且逐步在农户中推广。积极与地方农业龙头产业相结合,推进农产品农商对接、农超对接,促使农户能够根据市场的实时需求变化调节自身农业生产,使得农业生产结构更加合理。

(五)完善农产品物流体系建设

物流体系的建设在减少农产品销售成本的同时,也能降低某些农产品生产的门槛,从生产端缓解抑制农产品结构合理化的不利因素。农产品流通体系是连接小生产与大市场、大流通的枢纽,是促进农产品双向流通、加快农业现代化发展的关键。但目前我国农产品流通中存在农产品生产成本增加、流通环节多、流通成本高、流通效率低等问题,并且农民被隔离在农产品商业环节之外,不能享受农产品价格上涨带来的利益。当农民愿意适应需求端变化合理变更农产品生产种类时,农产品流通中的种种问题会成为阻碍。因此,政府应当加大对农村基础设施建设,特别是乡村道路等级的提升,减少农产品的在途时间和沿途损耗。

本文作者黄林秀为西南大学经济管理学院教授、博士生导师,研究方向为发展经济学;崔卓青为西南大学经济管理学院硕士研究生;杨森为西南大学经济管理学院硕士研究生。

提高能源效率，助力西南地区[①]摆脱能源贫困

刘自敏　邓明艳

内容摘要：能源贫困问题是制约中国发展的重要因素，特别是对于西南地区而言更是如此。能源效率作为改善能源问题的关键在解决能源贫困的过程中发挥着重要的作用。基于此，本文通过组群分析，利用 2012 年和 2014 年中国居民能源消费调查(CRECS)数据，分析居民能源效率对能源贫困的影响。研究发现：近年来，西南地区的能源贫困状况有所好转，且工具变量回归结果显示，能源效率提升可以显著抑制能源贫困的发生，而场景分析的结果显示，能源效率的提高对于缓解能源贫困问题具有巨大的潜力。本文对厘清西南地区的能源贫困现状，制定相应的政策措施和能源扶贫机制具有一定的政策参考价值。

能源使用问题是现阶段影响中国社会经济健康发展的重大问题，能源贫困是继收入贫困后的重大问题，对社会和人类健康产生的不利影响亟需得到解决。随着能源市场化改革的深入，居民隐性能源补贴减少，所以我们要高度重视能源贫困问题。收入提高，能源贫困不一定会减少。随着中国经济的发展，居民的人均生活能源消费量也在不断增长(中国统计年鉴，2018)，改善能源效率是满足能源需求最便宜、最快捷、最环保的方法(IEA，2006、2007)。世界各国政府已将能源效率纳入能源消费、温室气体排放与气候变化三大体系之中，节能降耗、大幅度提高能源利用效率的重要性已得到世界公认，当今许多国家已将“能源效率”称为与煤炭、石油天然气、水能及核能并列的“第五能源”。《BP 能源世界展望》(2017 版)显示，随着能源效率的提高，各部门能源需求增长在逐步放缓，可见提高能源效率是解决中国能源贫困问题的重要途径。

近年，随着经济的发展，西南地区居民的各项消费水平均在不断提升。由图 1 的各项能源消费情况可见，2010—2017 年，西南地区的能源消费正在稳定增长，但煤炭消费总量呈现下降趋势。由于西南地区的能源基础设施、交通基础设施的建设不完善，导致部分居民的能源消费相对不足。其中以四川省凉山彝族自治州的部分偏远山区为典型代表，能源基础设施建设不完善，居民对于天然气等能源的获取能力不足，日常的炊事取暖仍以固体燃料为主。所以提升这部分人群及其他能源消费不足人群的用能水平及其重要。

---

① 本文所研究的西南地区包括重庆、四川、云南、贵州、西藏五省、自治区、直辖市以及广西壮族自治区。

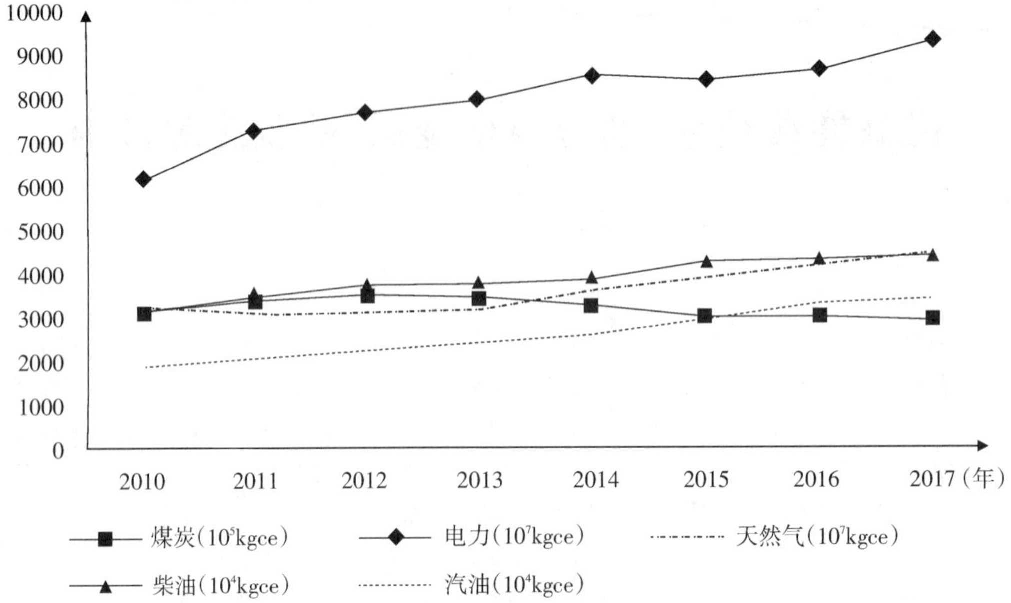

图1　西南地区能源消费情况统计图

2018 年 5 月 18 日，国家能源局官网对外发布《进一步支持贫困地区能源发展助推脱贫攻坚行动方案（2018—2020 年）》（以下简称《方案》）。《方案》明确，到 2020 年，贫困地区能源资源开发有序有效推进；贫困地区能源普遍服务水平显著提高，达到或接近本省（区、市）平均水平。此外，《方案》要求，加快推动贫困地区龙头水库和重大水电项目建设，以西南水电开发为重点，尤其是在“三区三州”地区，力争到 2020 年开工建设常规水电 6000 万千瓦。事实上，西南地区近年来也确实依靠自身的地理条件开发利用了许多太阳能、风能、沼气能等能源，提高了居民获取能源的能力。

一、国内外能源贫困现状

对于发达国家而言，即使不存在收入贫困问题，能源贫困现象也依然严重。Berry（2018）指出，法国在住房方面存在能源贫困的人口占比为 17.7%，交通方面存在能源贫困的人口占比为 20.6%，二者至少存在一方面能源贫困的人口占比为 30.9%。Liddell 等（2012）和苏格兰政府（2010）指出：英国家庭的能源贫困人口占比为 18%，威尔士为 26%、苏格兰为 33%、北爱尔兰为 44%。Robert 等（2015）则指出英国 2008 年的能源贫困人口占比为 18.1%，收入贫困人口占比为 11.6%，并且能源贫困人口中有 32%为收入贫困人口，收入贫困人口中有 50%为能源贫困人口，可见收入贫困与能源贫困非同一概念。同样，Dorothée 等（2019）的研究发现，5000 万至 1.25 亿的欧洲人无法获得足够的供热、烹饪、照明和使用家电所需的能源。而在法国，2006 年收入最低的 30%的人口中有 8.4%处于能源贫困状态，这一比例在 2013 年上涨到了 10.4%，2016 年更是高达 14%。Barnes 等（2016）计算出的孟加拉国的能源贫困人口占比为 58%，并且 46%的非收入贫困人口是能源贫困人口，而 81%的收入贫困人口也是能源贫困人口。这说明，即使对于不存在收入贫困的发达国家，能源贫困也依然严重，收入贫困与能源贫困并非同一层面的问题，我们应该高度重视人口的能源贫困问题。就中国目前的能源贫困情况而言，郑新业、魏楚等(2016)测度出的居民能源贫困线为557.10元/年，全国层面的能源贫困人口占比为40%。同样的，孙威等(2014)以云南省为例，测度出的能源贫困人口占比为66%，可见我国能源贫困问题较为严重。

因此，本文通过组群分析，利用2012年和2014年CRECS的大型微观调查数据将居民的能源消费需求分为三类：特殊品能源需求、必需品能源需求及其他能源需求。其中，特殊品能源需求是指部分居民特有的需求，其中以北方居民的冬季集中供暖为典型代表；必需品能源需求以电力为典型代表，中国目前已基本实现电力全覆盖；其他能源需求是指各个家庭根据自己的家庭状况选择消费的能源种类，比如有汽车的家庭会选择消费汽油、柴油，生活在城市的居民更多地可能会选择天然气、液化气、煤气进行炊事等，而那些生活在偏远山区的居民可能只能靠煤块、薪柴、动物粪便来进行炊事或取暖。通过能源消费支出来反映居民的能源需求可以避免通过能源消费量反映居民能源需求时无法涵盖“集中供暖”需求这一缺陷。

基于以上分析，利用ELES模型计算出的2012年全国居民能源贫困线为788元/年，2014年的居民能源贫困线分别为东部846.50元/年，中部519.36元/年，西部349.33元/年。在2012年与2014年调查样本相近的情况下，这两年居民能源贫困线的变化说明随着中国经济的发展，居民消费差异逐步显现，能源贫困也开始逐渐出现区域差异，“一刀切”的贫困线不再适用。

二、西南地区能源效率与能源贫困现状

(一)能源效率与能源贫困情况对比

本文进一步基于组群分析技术，利用Sen指数和SFA模型测度出居民的能源贫困情况及能源效率值，如表1所示。就能源贫困发生率而言，2012年全国层面的能源贫困发生率为43.4%，2014年的能源贫困发生率为50.90%，能源贫困问题尚未得到缓解，反而有所加剧。但是西南地区的能源贫困发生率却出现了缓和趋势，由2012年的70.60%下降为2014年的55.50%。可见近年来西南地区的居民能源使用情况有所好转，但是能源贫困问题依然严重。事实上，西南地区近年来也确实依靠自身的地理条件开发利用了许多太阳能、风能、沼气能等能源，提高了居民获取能源的能力。

表 1　西南地区① 2012—2014 年居民能源效率与能源贫困情况对比

组群	2012 年			2014 年		
	能源贫困发生率	综合能源贫困指数	能源效率	能源贫困发生率	综合能源贫困指数	能源效率
广西	67.40%	0.504	0.676	78.10%	0.617	0.684
云南	75.90%	0.498	0.751	65.50%	0.535	0.650
四川	67.60%	0.432	0.693	51.00%	0.353	0.682
重庆	73.30%	0.476	0.653	48.20%	0.385	0.689
贵州	71.40%	0.535	0.682	26.70%	0.171	0.684
西南地区	70.60%	0.485	0.690	55.50%	0.421	0.678
全国	43.40%	0.264	0.683	50.90%	0.378	0.680

如表 1 所示，就综合能源贫困指数而言，全国居民的综合能源贫困指数由 2012 年的 0.264 增加到 2014 年的 0.378，可以发现，如果仅通过能源贫困发生率来判断居民的能源贫困状态会高估其贫困程度。此外，由计算结果可以看出，重庆、四川、贵州的综合能源贫困指数下降了，而广西的综合能源贫困指数则上升了。特别地，贵州的综合能源贫困指数由 2012 年的 0.535 急剧下降为 0.171，而广西则由 2012 年的 0.504 上涨为 0.617。总体而言，西南地区的综合能源贫困状况出现了好转，综合能源贫困指数由 2012 年的 0.485 降为 2014 年的 0.421。居民的能源效率大致与居民能源贫困情况保持负相关关系，本文进一步利用工具变量解决内生性问题后的估计结果显示，居民的能源效率提升可以显著抑制能源贫困的发生。

(二)能源贫困发生率下降的潜力评估

本文通过场景分析来进一步评估居民能源效率提升对于抑制能源贫困发生率的潜力。假设居民的能源效率提升为所在区域(省、市、自治区)的效率最高值后，居民能源贫困发生率的下降潜力如表 2 所示。

表 2　西南地区②居民能源贫困发生率下降潜力评估结果

组群	效率提升后的能源贫困发生率		能源贫困发生率下降百分点	
	2012 年	2014 年	2012 年	2014 年
广西	65.12%	71.88%	−2.33%	−6.25%
重庆	63.33%	46.91%	−10.00%	−1.23%

① 本表中西南地区数据包含广西壮族自治区数据，西藏自治区数据暂缺。

② 本表中西南地区数据包含广西壮族自治区数据，西藏自治区数据暂缺。

续表

组群	效率提升后的能源贫困发生率		能源贫困发生率下降百分点	
	2012 年	2014 年	2012 年	2014 年
四川	62.16%	45.75%	−5.41%	−5.23%
贵州	61.9%	15.00%	−9.52%	−11.67%
云南	72.41%	57.14%	−3.45%	−8.33%
西南地区	64.98%	55.42%	−6.14%	−6.54%
全国平均	35.41%	42.66%	−7.66%	−6.80%

由表 2 的结果可知，居民的能源效率改善，对于抑制能源贫困发生率的提升具有较大的潜力。就全国层面而言，2012 年能源贫困发生率下降的潜力为 7.66 个百分点，2014 年能源贫困发生率下降的潜力为 6.80 个百分点。具体地，在西南地区中，2012 年重庆的能源贫困发生率下降潜力最高（为 10 个百分点），其次是贵州（为 9.52 个百分点）；2014 年能源贫困发生率下降最高的为贵州（11.67 个百分点），其次为云南（8.33 个百分点）。可见，能源效率的提高对于缓解西南地区居民的能源贫困情况有巨大的潜力。

三、西南地区能源脱贫的政策建议

（一）准确识别能源贫困居民

中国不仅需要在收入贫困方面做到精细化扶贫，在能源贫困中更要注意精细化扶贫。随着经济的发展，能源贫困区域差异逐步显现，“一刀切”的扶贫方式不能适用。同时，居民的美好生活需要得到不断地满足，对于能源的消费需求开始呈现出多元化的趋势，所以能源消费贫困线将不断变化，因此，政府需要不断了解居民的能源消费倾向，根据居民的能源消费情况定时调整能源贫困线，实施精准化的扶贫措施，为实现能源贫困人口的进入与退出提供保障。通过制定合理的能源贫困线，识别出能源贫困人口，解决这部分居民的能源使用问题，实现人人都有能力获取清洁、高效、现代化的能源的目标。特别是对于西南地区的居民，由于各省、自治区、直辖市内部的区域发展差异较大，如果不能准确识别能源贫困人口，能源贫困问题将得不到有效的改善。

（二）提升西南地区居民的能源使用效率

能源效率作为解决能源贫困的重要方式，要有足够的空间发挥自身的作用，所以政府有必要采取相关措施提升居民的能源效率。积极推进清洁能源的发展，积极开发利用可再生能源，这类清洁、高效、健康、环境友好的能源利用方式有助于居民用能状况的改善。同时，加快技术创新，利用先进的能源技术，合理有序地开发新能源，提高能源使用效率。在农村地区，要减少居民散煤的使用，鼓励秸秆的综合化利用，加快实施秸秆气化，集中供气、供电，秸秆固化成型燃料供热，材料化致密成型等项目。此外，改善交通道路和交通网络，可以使居民在汽车燃油经济性不变的情况下，减少耗油量；同时，政府可根据居民所在地的资源储备情况，以较低的成本大规模开发可再生能源或新能源，比如沼气能、太阳能等，用这类清洁、高效的能源代替固体燃料。此外，居民自身可以通过改善住房结构或是进行住房保暖改造等减少空调耗电量。

但是仅靠提升能源效率这一措施可能并不能充分解决居民的能源贫困问题，所以还要配套使用一些其他措施。比如对于家庭所使用的电器，政府应给予相关的研发部门补助，研发能够节约能源、提高能源使用效率的电器。当前居民的家用电器功率各不相同，能耗也不同。各部门应该尽量做到在相同的能效上，降低能耗，进而降低居民的能源基本需求，减缓能源贫困深度等。

（三）加强推进西南民族地区基础设施建设

近年来，居民对于电力、天然气、煤气等能源的需求不断增加，但是由于能源基础设施、交通基础设施、通信基础设施的不完善，导致居民无法充分获取能源。在部分边远地区，由于交通不便，天然气、电力等能源运输成本高，使得居民无法公平获取能源以满足其基本生活需要。政府应该加快天然气管网、电网等的建设，为居民提供现代化的清洁燃料，减少煤炭、薪柴等传统生物质能的使用。同时，要完善交通、通信基础设施等，减少居民的能源采购成本。传统锅炉使用煤炭直接燃烧供能，不仅流失了部分热能，还造成了环境污染，不能充分发挥自身的能效，所以政府还要积极推进燃煤锅炉等固体燃料设备的改造，降低居民基本生活用能负担。

（四）充分利用水电资源，提升电力使用占比

完善居民用能制度，树立和落实绿色发展理念，满足人民群众对美好生活的追求。各区域应根据当地的条件，因地制宜，充分利用风能、太阳能、水能等清洁能源。国务院办公厅印发的《关于保持基础设施领域补短板力度的指导意见》（以下简称《意见》）要求，着力补齐能源等领域短板，加快推进跨省跨区输电，推动实施一批特高压输电工程。《意见》还要求进一步加快金沙江拉哇水电站、雅砻江卡拉水电站等重大水电项目开工建设。加快推进跨省跨区输电，优化完善各省、自治区、直辖市电网主网架，推动实施一批特高压输电工程，加快实施新一轮农村电网改造升级工程。水电作为清洁、高效的居民日常生活的必需品，可以替代燃煤、柴草等低效燃烧的固体燃料，更好地满足居民能源需求。

（五）加快实施异地搬迁政策，集中居住

通过实施异地搬迁政策，偏远山区的居民可以实现集中居住。居民的集中居住，能有效带动水、电、路等配套基础设施建设和绿化、亮化工程的建设，为实施能源基础的建

设提供有力保障，大大降低基础设施建设成本。同时，政府要扩大异地搬迁政策宣传力度，让居民了解异地搬迁扶贫的本质与要求，更好地推进相关政策的实施。通过异地搬迁，可以有效解决山区群众的出行、饮用水、用电、教育、医疗等问题，为实现脱贫任务打下坚实的基础。同时，对偏远山区的居民实施补贴，鼓励居民依靠本地资源和自身优势提升能源获取能力，积极推进光伏扶贫等工作。

本文为国家自然科学基金青年项目“递增阶梯定价的政策评估与优化设计研究”（项目批准号：71603218）、重庆市人文社科重点研究基地重点项目“丘陵山区农村资源型产品的配置效率与定价策略”（项目批准号：16SKB057）的阶段性研究成果。作者刘自敏为西南大学经济管理学院经济研究中心教授、博士生导师，研究方向为信息经济学与机制设计等；邓明艳为西南大学经济管理学院硕士研究生。

推进贵州现代农业供给侧结构性改革的对策建议

张鹏飞　刘新智

内容摘要：供给侧结构性改革是我国未来经济发展的重大战略方向，作为农业大国，农业供给侧结构性改革是我国供给侧结构性改革的基础和重要方面。2018年贵州省提出“来一场振兴农村经济的深刻的产业革命”，对贵州省农业产业结构调整提出了新的要求，以市场需求为导向，充分发挥贵州省生产要素禀赋优势，提升贵州农业产品供给效益和质量，推进现代农业供给侧结构性改革将成为贵州农业未来发展的新趋势。本文从完善贵州体制机制、激活贵州农业传统生产要素、提高贵州产业融合发展能力、推进贵州农业信息化与网络化发展以及推动贵州农业企业外向型发展等方面提出了相应的政策建议。

2018年2月，贵州省委书记孙志刚同志在省委农村工作会议上提出：“来一场振兴农村经济的深刻的产业革命”，将全省农业产业结构调整向纵深推进，成效显著。在这场深刻的产业革命中，农业企业作为农业产业发展的领头羊，是重要的实践者，起到了带动引领作用，体现了现代农业的发展方向，同时在增进就业和扶贫脱贫方面社会效益明显。在这一背景下，对贵州省现代农业供给侧结构性改革现状和问题进行调查，有利于摸清贵州现代农业供给侧面临的主要问题，为下一步贵州省推进农业供给侧结构性改革提供可行性对策建议，以提高贵州省农业供给体系的质量和效率。

一、贵州现代农业供给侧结构性改革存在的问题

2016年1月，针对贵州省农业发展，贵州省委、省政府出台了《关于落实发展新理念推动三农新跨越实现全面小康目标的实施意见》，标志着贵州省关于农业供给侧结构性改革的开始。到目前为止，贵州现代农业供给侧结构性改革取得了不错成绩，但依然存在不少问题。第一，贵州农村传统生产要素投入不足、效用低。一是土地经营方式粗放，贵州省对土地缺乏有效的管理，经营方式缺乏可持续性；二是劳动力老龄化，21世纪以来，贵州省进入老龄化社会，十三五期间，老年人口持续增加，老年抚养比不断提高；三是农业基础设施不完善。第二，创新要素驱动力不足。一是农业科技人员缺乏，创新能力不足；二是农村土地流转不畅，创新缺乏坚实基础；三是金融支持力度不足，创新缺乏资金支持。第三，生产经营效率偏低。一是农业投入结构不合理；二是农业经营规模

不恰当。第四,产品供给偏离市场需求。一是绿色有机农产品的供给不足;二是畜产品生产能力不足。

二、推进贵州现代农业供给侧结构性改革的建议

(一)政府政策支持及体制机制完善

首先,完善制度建设。贵州应以市场需求为导向,了解当地农业供给侧结构性改革存在的突出问题,完善相应的制度规范。第一,要重视农业农村的经济发展,增加对农业农村财政投入,建立农业财政投入长效增长机制,持续推进农业农村补贴制度,并加强监管、保证补贴使用效率。第二,兼顾政府与市场,一方面,政府继续加强对农业的政策支持和对农产品的保护力度,规范农产品的价格形成机制,保护农产品的正常流通渠道;另一方面,也应遵循市场经济运行规律,培育多元化市场经营主体,在竞争中调动市场的活力。第三,建立符合地方特色的金融服务体系,激活并延伸农村金融服务产业链,实行金融服务主体的普惠性,通过金融立法和金融服务创新实现金融服务的高效性,通过成立农业投资公司,形成贵州果蔬业、畜牧业等发展基金,调动社会资本,进行多渠道融资,解决资金难的问题。第四,创新农业保险品种,完善农业保险发展的长效机制,比如生猪死亡保险、种植业老年用工保险等,通过逐步开发农业保险品种,扩大农业保险覆盖范围,提高对农业和农民"兜底""护航"保障,分散大灾风险,支持农业的发展,保障农业增效、农民增收。其次,调整农业管理体制。长期以来,在贵州省的农业产业发展行政管理中,依然存在食品安全部门、财政部门、物价部门、环保部门等多部门多头管理,管理效率低下,分工不明、官僚主义等办事效率低的现象。因此,在农业供给侧结构性改革推动过程中,必须要规范目前多头管理、责任落实不到位、工作效率不高的农业发展现状,在贵州省统一部署下,明确各地区、部门的责任,协调整合相关职能,完善相应行业法律法规,保证贵州现代农业供给侧结构性改革有效运行。最后,强化监管体系。贵州现代农业供给侧结构性改革离不开强有力的监管体系,对贵州现代农业供给侧结构性改革的情况进行即时调查监测,既能为制定贵州现代农业供给侧结构性改革的相关政策提供建议,也可以根据调查的结果为政策调整提供依据。当前可采用"互联网+""大数据""云农业"等资源优势,努力发展农业产业统计分析制度,做到农业产业发展信息公开、财务透明,通过行业自律和外部社会监督,加强对整个贵州农业产业发展的管理。

(二)激活贵州农业传统生产要素

一方面,重视新型职业农民的培养。贵州从事山地农业的劳动力数量较少且老年人居多,呈现知识水平有限、机械化程度不高等特点,这种劳动力结构与发展现代农业之间存在严重失衡,因此,对贵州现代农业发展来说,培养新型职业农民是十分必要的。其一,充分利用农业经营主体所拥有的资金、技术、经验等要素,通过与高校、科研机构

的合作、开发、指导，形成资源互补的产学研一体化的现代企业运作模式，培养专业化、职业化的新型农民，并将其专业知识应用于重点产业基地建设，比如大方县的食用菌基地、绥阳县的辣椒基地、罗甸县的火龙果基地、威宁县的马铃薯基地等。其二，通过职业教育培养职业农民。贵州省应大力发展职业教育，可以在大专院校等开设关于农业种植、饲养、加工、管理等方面的专业，对就读的学生给予学费上的优惠政策及优先就业分配等福利，鼓励学生报考。针对现存社会劳动力，可以兴办专门的职业培训学校或在农村建立农业技术指导培训流动站，对其进行有针对性的短期培训，不仅可以提高其从业技能，还可以为农村提供更多职业化、专业化的农业劳动力。另一方面，提高土地利用效率。首先，要提高农民高效利用土地意识。贵州农业劳动力年龄偏大，文化程度普遍不高，思想观念较为保守，难以接受新鲜理念，因此，可以通过提供补贴、奖金、奖品以及通过基层组织和先进企业主体进行示范带头等方式和手段，激励其尝试新的可持续型生产模式。其次，合理规划现有的土地资源。贵州山地较多，农业用地资源有限，政府需对现有土地资源进行清查、盘点，盘活大量闲置土地，明确耕地、林业用地、住房用地、集体用地数量，并对不同土地进行调研，确定各区域的适宜优势产品，对现有土地进行产业布局安排，结合优势资源理论，进行相应的农作物种植规划，发挥资源优势。最后，鼓励社会资源参与农业农田水利建设。现代农业供给侧结构性改革需要兴修水利设施，解决灌溉难题和抵御干旱的风险。政府应以市场化运作为主要方式，吸引市场主体对农田水利设施投资和运营，并给予市场主体适当的财政补贴或税收优惠政策。加强建设节水灌溉、山地小型水利设施，并积极推广和普及相关知识和技术，提高土地的灌溉效率。

（三）提高贵州产业融合发展能力

首先，构建新型农业经营体系。个体农民可以通过承包、转包等方式将土地的使用权转让给种植大户、农业企业家、农业合作社等，形成土地的集中管理和规模运营。同时，可由农村村委会牵头，将一部分原来外包的土地盘点转化为内包，集体土地集中耕种，便于土地重新规划使用，有利于新时代村办农业经营体系的形成；另外，需要对现存长期闲置土地进行盘点，整体规划使用，提高土地的利用率。对于种植业，重点推动结构调整，调整粮食、经济作物构成比例，保证在粮食生产充足的情况下，大力发展经济作物，比如食用菌、辣椒、薏苡、苦荞、芸豆、火龙果、猕猴桃等，使农村增绿，农民增收。其次，支持农产品加工企业“三集”发展。贵州农产品加工企业需要通过不断地改革、收购、重组、兼并、租赁、联盟等逐步培育一批具有全国市场竞争优势小而精、专而特的龙头企业，并向集聚集约集群发展，其农产品加工应从初加工向高附加值的深加工转变。同时，在做好相应的权利保护和相关帮助前提条件下，应对生产技术落后、管理体制不健全、生产设施不配套的落后企业主体进行收购或兼并。各级各类农产品企业都应从自身做起，把好质量关，重视创新，重视服务，形成独特品牌优势，做好做精，做大做强。另外，贵州各农业企业应通过合作，形成产业集群，组建行业协会，打造各自的品牌，并创立相应的品牌标识和品牌标准，建立较为完备的产业链，实现一、二产业的融合发展。

同时，在行业发展的同时，要加强市场的监管，提高服务质量。最后，积极发展农业旅游、农业物流等第三产业。贵州省农业部门应深入挖掘贵州特色，打造特点鲜明、品种多样的乡村旅游产品和休闲的农业产品，全面提高农业产品的综合效益。贵州作为旅游大省，应在旅游景区、农家乐、度假村以及一些文化节活动开展过程中，密切关注当地的文化特色、产品内涵，有意增加关于农产品的体验式服务，同时，可凭借贵州得天独厚的生态环境，将农业旅游与健康养老、康复疗养进行有机融合，发展大健康产业。

（四）推进贵州农业信息化与网络化发展

从供需层面看，贵州现代农业供给侧结构性改革应借助互联网，了解消费者的诉求，以需求为导向生产出符合消费者需求的农产品；从农产品质量安全卫生方面看，农业生产企业应利用信息化的技术跟踪监察，对生产全过程进行跟踪追溯记录，为消费者提供高质量产品。同时，在农业企业产品运行过程中，要推行“互联网＋”和农村电商服务业的发展。运用信息化、网络化对农业发展进行改革，实现农业的现代化和信息化，将物联网、智能技术设备运用于农业产业发展过程中，借助云平台、大数据技术，随时对整个生产流通环节远程监控，节约人力资源、农产品资源，提高产品质量，实现流通环节的高效运作，实现农业经济的现代化发展。通过“互联网＋种植业/养殖业”“互联网＋农业加工业”“互联网＋农业服务业/旅游业/生产流通业”等产业链运作，实现整个农业发展的新业态，推进现代农业高效发展。具体来看，贵州省实现现代农业供给侧结构性改革就农业信息化、网络化而言可以从三个方面入手。首先，在个人层面，消费者要从观念上接受线上线下服务的观念，要对互联网有一定的认知，对互联网技术能进行简单使用。其次，在企业层面，企业应积极利用大数据、云平台信息化技术，以大数据为工具，分析未来的市场走势、分析消费者的市场需求，根据市场需求生产多样化产品、绿色产品、有机产品、安全产品，并利用信息化的技术通过不同的渠道推出自己的产品，包括培养专业团队、选择合适的销售平台、线上线下销售等完成生产和销售环节工作。最后，在政府层面，贵州省政府应从宏观方面拟订大数据、互联网农业的发展战略，制订相关的政策、规划，并制订完善的立法条例进行权益保护；在政策完善的基础上对具体的工作进行部署，完善基础设施建设和网络化建设，设立灵活的服务站，对具体实施进行落实和帮助；培育现代职业农民和专业网络人员，强化从业人员的素质。

（五）借助“一带一路”推动贵州农业企业外向型发展

贵州省现代农业供给侧结构性改革旨在提升贵州农业农产品有效供给、提高产品质量，改善短板效应，进一步促进国际合作，提升贵州省农业产业的国际竞争力。围绕“一带一路”，贵州农产品可以通过结构的调整、生产方式的转变等让其在“一带一路”沿线国家享有美誉。首先，加强国际合作，推进贵州农业外向型发展。在推进农业产业高效供给的基础上，贵州省应加强与国际合作，借助“一带一路”发展契机，针对不同国家的消费偏好，生产差异化特色农产品，采用差异化的营销策略，通过中国国际农产品交易会、各类农产品交流会等线上线下多种渠道，将贵州省的农产品企业“推出贵州，走向世界”，使贵州农产品享誉世界各个角落。其次，重视科技创新，优化生产方式。进一步完善农业科技创新，形成以科技创新为核心的生产模式，建设“贵州农业云”平台，探索科技成果转化的方式，将新技术新成果很好地应用于实践，转化成生产力，带来经济效益。同时，在“一带一路”倡议下，加强与东南亚、欧盟国家的技术交流以及与科技研发方面的交流合作，为当地农业生产发展提供技术支持。通过互联网与现代农业的融合，大力推广农业信息化服务建设，多途径多渠道宣传营销，加强与“一带一路”沿线国家的国际贸易往来，鼓励以“订单农业”的方式发展销售，优化贵州农业的生产方式，加快贵州现代农业供给侧结构性改革的前进步伐。最后，构建绿色农业，实现可持续发展。循环经济、绿色发展是“一带一路”发展的根本要求，也是贵州省农业供给侧结构性改革的发展途径。贵州省农业产业发展要进行规范化、标准化、现代化的改革，就要通过建立标准示范区、原产地基地保证农产品质量。贵州现代农业供给侧结构性改革要在农业发展和生态建设两个方面同时用力，优化生产方式，生产无公害、绿色、有机农产品，并通过权威认证，提升品牌的公信力。在农业用水方面，大力宣传普及先进的节水灌溉技术和设施，比如滴灌、喷灌等，对于生态环境比较脆弱的区域限止抽取地下水灌溉，以保护水土资源。在农药化肥的使用上，由于贵州独特的无高温酷暑气候，在蔬菜瓜果种植方面对农药的需求少，既节约了农业种植成本，又实现了蔬菜瓜果的高安全品质。贵州省可以借鉴欧盟等国际农产品标准、农药残留标准，进一步完善本土的农产品生产标准，减少农药残留、实施有机肥等，提高贵州农产品的出口竞争力，为“一带一路”沿线国家出口更多安全、优质的农产品。

本文为国家社科基金一般项目“农村土地流转中三权分置权利关系及实现研究”（项目批准号：15BJY085）的阶段性研究成果。作者张鹏飞为西南大学经济管理学院博士研究生；刘新智为西南大学经济管理学院教授、博士生导师，研究方向为区域政策与战略、区域经济分工与合作等。

大力推进重庆市雁归经济，完善产业扶贫长效机制

王斌　聂凯龙

内容摘要：随着新时代乡村振兴战略的推进，重庆市越来越多获得技术、经验和资金积累的进城务工人员开始返乡创业，形成雁归经济，在为自我开创新的经济来源同时，也为当地的脱贫攻坚做出了贡献，成为重庆市产业扶贫的重要一环。自中共重庆市委五届三次全会以来，重庆市各区县雁归经济的培育与发展中取得了长足的进步，为促进重庆市乡村产业振兴长效机制形成做出了突出贡献。因此，本文采用实地调查法、访谈法对部分区县现状进行了调研，总结了重庆市雁归经济在产业扶贫长效机制中存在的显著问题，并提出了有针对性的政策建议，旨在切实解决重庆市雁归经济发展的难点及症结，实现产业扶贫长效机制效用整体提升。

一、雁归经济在促进重庆市产业扶贫机制形成中的作用

（一）雁归经济的形成，为产业扶贫脱贫攻坚提供了新引擎

产业扶贫，是以市场为导向，以经济效益为中心，以产业发展为杠杆的扶贫开发过程。自脱贫攻坚战打响以来，重庆市数十万“归雁群体”凭借多年在外积累的经验、技术及资金，返回家乡开展创新创业活动，为各区县脱贫攻坚注入了新能量。据相关数据显示，开州区每年都有超过1万名外出务工人员返乡创业，而返乡创业人员创办的经济实体已超过2.7万家，投资总额超过275亿元，对区县经济增长的贡献率超过了50%。同时，当前各区县还积极培育返乡创业主体，使其成为新型农业经营主体；在特色效益农业、乡村旅游、金融服务等产业领域，正通过返乡创业、就业引导，逐步完善贫困乡镇村布局，加强对贫困农户的带动作用。“人回乡、钱回流、企回迁”的雁归经济已然成为重庆市产业扶贫的新引擎，持续推动重庆市产业扶贫取得良好成绩。2014年底，重庆市共有贫困人口165.9万，其中在家有劳动能力的约82.9万，占全市贫困人口50%左右。为激发脱贫内生动力，重庆市大力推进特色产业精准扶贫，全力助推脱贫攻坚，截至2018年，全市累计通过产业脱贫74万人左右，雁归经济在其中发挥了较大的带动作用，在脱贫攻坚中产生了较好的效果。

（二）雁归经济的形成，为扶贫产业结构调整提供了新动力

雁归经济中创业基础好、有较强创业能力的返乡创业者，充分开发了贫困地区的乡

土乡韵潜在价值，发展了绿色农业、休闲农业、林下经济、乡村旅游和“互联网＋特色产品”等产业，促进了农村一二三产业融合发展，拓展了创业空间。首先，返乡创业者正在改变本地产业格局，其输入地的区县正对口建设承接产业园区，发展相关配套产业。同时，成功创业人士把适合的产业转移到家乡再创业、再发展，从而改变、调整了贫困地区的产业结构。其次，返乡创业者正在改革旧的经营模式，通过返乡创业，将发达地区的产业组织、经营模式等管理方式充分运用于本地的实践中，逐步将原有的小门面、小作坊升级为特色店、连锁店、品牌店。最后，新生代返乡创业者正在创新产业技术，很多区县的贫困乡村正在借力“互联网＋”信息技术，挖掘、升级本地农产品、手工艺产品等特色产品，使之品牌化，更好地与市场对接；同时，他们还创建和发展了大批“互联网＋特色农业”“互联网＋特色手工艺”等产业及公司。

（三）雁归经济的形成，为贫困地区产业扶贫提供了新支持

雁归经济的主体是返乡创业者，属于新型经营主体，他们在返乡创业过程中，为贫困地区产业扶贫提供了多重支持。首先，返乡创业人员提高了贫困地区的劳动力就业率，他们与当地贫困户建立稳定带动关系，通过创业吸纳贫困劳动力就业，带领当地贫困人群脱贫致富。其次，返乡创业者为贫困地区脱贫带来了智力支持，他们积极发挥新型经营主体和龙头企业带动作用，向贫困户提供产业知识、技能和相关咨询服务，培育更多新型实用人才，带动一批贫困户建立起长期稳定增收的特色优势产业。最后，返乡创业者成为贫困地区利益联结机制的推动者，他们通过与贫困者开展股份合作，引导贫困者把农村承包土地经营权、住房财产权等折价入股，有效整合各类主体优势资源，使贫困者和返乡创业者共同享受收益分配权。从调研情况来看，雁归经济除了为输入地直接注入人才外，还吸纳了大批贫困人口，培养了越来越多的“技能型农民”。2015 年，重庆市农村地区注册企业 14.63 万家，吸纳了农村富余劳动力 136.27 万人；2017 年，重庆市返乡创办经济实体 39.50 万家，吸纳就业 172 万人。

二、雁归经济在促进重庆市产业扶贫长效机制形成中存在的问题

（一）雁归经济政策措施不完善，产业扶贫载体建设滞后

1.返乡创业家庭经营散乱，造成产业扶贫载体力量薄弱

抽样调查结果显示，返乡人员创业选择“自己单干”和“与配偶共同创业”的比例为 73.2％。因此，目前重庆市返乡创业者的经营主体形态是农业家庭，而农业经营主体的微观管理存在思维不活跃、服务意识不足、手段单一、产品单调等问题。由于返乡创业的农业经营主体的组织化程度较低，又引起农业产业生产分散经营，难以实现以企业为载体的产业聚集。

表 1　重庆市返乡创业团队成员结构比例

创业团队成员结构	团队数量	比例
自己单干	52	29.1%
配偶	79	44.1%
自己、配偶、亲戚朋友	31	17.3%
自己、配偶、亲戚朋友、志同道合的人	13	7.3%
自己、配偶、亲戚朋友、志同道合的人、联合大学生	4	2.2%
总计	179	100%

资料来源：根据调研结果整理。

2.惠农政策措施执行不力，造成返乡创业载体力量分散

各区县的惠农政策项目统筹实施和资金整合使用不够科学，存在多头管理、互不衔接、相互交叉等问题。大多惠农政策“点多、面广、分散”，没有补贴到重点对象和重点环节；部分政策覆盖面窄，惠农效应不够明显，同时缺乏监督和惩罚性的农业政策。在农业生产领域，目前重庆市出台的农业政策基本都是鼓励性的惠农政策，也未能对这些农业政策的实施情况进行有效监督，相关违反农业规定的处罚政策更是没有，只讲激励不讲鞭策，容易造成返乡创业的载体力量畸形分散。

(二)雁归经济实体生产能力不足，产业扶贫机制效率不高

1.雁归经济实体劳动生产率不高，制约产业扶贫机制效能发挥

雁归经济实体劳动生产率不高的主要原因在于劳动力素质较低和科技水平有待提升。雁归经济的经营主体大部分是返乡农民工，从调研数据来看，13.4%的返乡创业农民工为小学及以下学历，38.5%为初中学历，19.6%为高中(中专)学历，15.1%为大专学历，13.4%为本科学历，由此可见，雁归经济经营主体的文化素质相对较低。较低的文化素质将会导致他们对政策理解不透，对先进技术的学习能力不足，导致劳动生产率低下。同时，雁归经济实体创新创业思维匮乏，且掌握的科学技术较少，加之缺乏先进的科技生产工具，制约了产业扶贫长效机制的效能发挥。

表 2　重庆市贫困地区返乡创业者的受教育程度比例

受教育程度	人数	比例
小学及以下	24	13.4%
初中	69	38.5%
高中(中专)	35	19.6%
大专	27	15.1%
本科	24	13.4%
总计	179	100%

资料来源：根据调研结果整理。

2.雁归经济实体要素配置不合理，导致产业扶贫效益增值失衡

由调研可知，重庆市雁归经济实体在产业分布上不协调，呈现“一产多、二产少、三产增”的特点，且就目前而言，其在第一产业劳动力投入最多、资本投入过少，第二产业资本与劳动力投入都少，第三产业资本投入多、劳动力投入较少。因此，生产要素中劳动力要素大量集聚在第一产业，资本主要分布于一三产业，第二产业的要素配置极少，诸如知识要素、技术要素和信息要素等新型要素在整个雁归经济中的配置占比更是微乎其微。在这种配置状况下，各要素不能在三个产业中合理流动，要素的活力不能得到激发，阻碍了生产率的提高，最终导致产业扶贫机制效益增值失衡。

(三)雁归经济经营主体培育不力，产业人才带动作用不明显

1.相关部门缺乏科学培育理念思路，产业人才队伍建设不力

据调研，目前各级政府缺乏专门培养产业人才的政策，部分区县政府部门努力宣传、鼓励返乡创业者创业，但是却没有为雁归经济的主体进行系统的培训，更无法做到源头培训、跟踪培训和全流程培训。在培育理念上，部分政府部门往往只考虑个人主体，把大量资源精准投放到个人，在一定程度上忽视了农户间合作机制的建立，忽视了农民合作社的培育；且在培育内容上，主要集中于应用技能等“硬件”的培训，忽视了思想道德、组织管理等“软件”的培训，缺乏科学的培育思路。

2.返乡创业人员创业素质参差不齐，产业扶贫带动作用低下

部分返乡创业人员重视创业的短期目标和短期利益，甚至只为“吃政策饭”，并没有把产业做大做强的强烈愿望，且在创业过程中并未积极吸收贫困者就业，仅给予贫困者相对较低的待遇，其经营理念和经营实践与新时代的共建共享理念相悖。同时，虽然返乡创业人员拥有在发达地区就业的经验，也掌握了相应的技术，但是却不能主动做到“入乡随俗”，很难与贫困地区人民良性互动，无法有效带动贫困地区落后思想的转变，从而无法实现扶贫先扶智。

(四)雁归经济服务体系不健全，乡村产业扶贫可持续性弱

1.农业服务平台建设不完善，扶贫产业运行成本较高

就目前而言，重庆市很多区县乡村都没有建立完备的基层服务平台，返乡创业人员在一定程度上得不到相关的支持，浪费了创业时间，增加了创业成本，使返乡创业人员的创业难度增大。在乡镇层面，重庆市还没有完全建立起“高速畅通、覆盖城乡、质优价廉、服务便捷”的互联网设施和服务体系，导致部分返乡创业人员不敢轻易尝试“互联网＋产业”，电子商务也很难打开农村市场。同时重庆市部分贫困地区的乡镇、农村仍然缺乏完善的物流基础设施，物流网络不发达，物流技术有待提升，物流配送能力薄弱，增加了创业成本。

2.农业产业园区布局不合理，扶贫产业难以有效聚集

调研发现，各区县为返乡创业人员搭建的农业产业园区设计不够精准、不够合理。

部分农业产业园区设计随意，没有深入调查农民工等返乡创业者创业的总体情况和基本需要，与返乡创业人员的实际需要联系不紧密，不能满足返乡创业人员的需求。部分农业产业园区布局笼统，较少考虑到产业性质和产业类别，没有考虑到产业特色和产业发展阶段性特征等因素，致使扶贫产业难以有效聚集。

三、推进重庆市雁归经济，完善产业扶贫长效机制的对策建议

雁归经济是完善重庆市乡村产业扶贫长效机制的重要推手，要突出其在重庆市乡村产业扶贫长效机制中的重要作用，必须坚持问题导向，统筹考虑，综合施策，针对问题，深化改革，破解雁归经济在完善乡村产业扶贫长效机制中的症结。

（一）完善雁归经济政策制度，夯实产业扶贫载体的基础

1.促进农业政策规范，提升扶贫产业发展活力

首先，设置专门机构统筹管理重庆市农业政策，促进重庆市农业政策的科学制定，并定期对重庆市各地农业政策实施情况进行评估奖惩，保障农业政策执行到位。其次，市政府要出台关于重庆市产业融合发展的总政策，探索各产业升级的相关条件和方式方法，促进农业和二、三产业的融合发展，提升农业产业的附加值。最后，建立和完善惠农资金整合机制，适当扩大惠农政策的受益人群，对于专项惠农政策采取“浮动式”管理，允许符合条件的人群享受惠农政策。

2.完善配套机制建设，保障扶贫产业发展稳定

首先，政府部门要制定关于农业家庭经营规范运行的规章制度，规范农业家庭经营活动，积极引导农业经营主体注册成立微型企业，通过企业化的手段把返乡创业群体组织起来，促进农业企业建设现代化管理机制。其次，健全农业市场机制，理顺农业市场经济关系，完善竞争机制和定价机制，建立稳定的供求机制，协调构建资源配置机制。最后，建立政府宏观调控机制，建立健全农业体系，加强农业信息化建设，深化流通体制改革，加强农业市场的监管，逐步建立统一、开放、竞争、有序的农产品市场。

（二）提升雁归经济生产能力，促进乡村产业扶贫提高效率

1.提升雁归经济实体劳动生产率，促进产业扶贫效率提升

首先，市政府通过选派、聘请科研单位、高校等的技术人才下基层提供对点帮扶，为返乡创业人员提供科学技术指导，提升雁归经济实体企业的生产效率。其次，积极举办创新科技大会、创业管理素质大赛、创新企业交流会等活动，促进返乡创业人员科学文化与管理素质的交流与学习，提升其科技创新水平。最后，重庆市各级政府出台购买科技产品的优惠政策，鼓励雁归经济实体增加对科技产品的资金投入，并为其提供购买科技产品的补贴，减轻返乡创业人员购买农业机器的负担，增加其科技产品购置数量，切实提升雁归经济实体劳动生产率。

2. 优化雁归经济实体要素配置，强化产业扶贫效能发挥

首先，正确处理政府与市场的关系，充分发挥市场“优胜劣汰”的经济杠杆作用和政府的宏观调控作用，积极引导各雁归经济主体在三个产业之间的流动，调节雁归经济实体在三个产业中的配置。其次，结合各区县实际情况，因地制宜，耐心培育雁归经济产业融合发展的基础，分层次、有计划地奠定产业基础，梯次推进城乡资源要素流动。最后，应积极推动农业产业链跨地域拓展，构建合理的资源要素配置秩序，破除已有制度壁垒，积极探索有利于产业链条在城乡间自由拓展的土地制度、户籍制度、金融制度以及社会治理机制的改革。

(三)加强雁归经济培育力度，建设乡村产业扶贫人才队伍

1. 理顺培育思路，保障产业扶贫人才队伍建设

首先，市委、市政府规划清晰、明确的培育方案，制定合理的培训内容，扩大培训对象，定期组织有针对性的培训及对合作社的培训。其次，由农业和教育部门牵头组建专门的培训学校，聘请经验丰富的农业工作者，市科研单位、高校相关学者，相关政府部门任职人员担任培训师，对返乡创业人员进行集中培训。最后，构建综合素质培训体系，坚持源头培训、追踪培训和全程培训一体化，解决重复培训、多头调训、部分地区优质培训资源供给不足等问题，有效消除雁归经济各阶段的成长桎梏，把培训的持续性和针对性统一起来。

2. 创新培训方式，加强雁归经济主体素质教育

首先，相关文化部门通过宣传、思想教育等手段促进返乡创业人员融入当地文化和习俗，转变原有文化思维，消除内在文化隔阂，把本地文化与产品结合起来，打造当地特色品牌，开拓扶贫产业市场。其次，市委宣传部、农委等部门组建宣讲队下乡宣讲，利用“讲习所”“农讲所”等场所向返乡创业人员宣讲相关政策和新时代思想等内容，加强对返乡创业人员的思想素质教育，使其改掉“只吃政策饭”的意识，树立具有正能量的创业宗旨，将短期目标和长期利益联系起来。

(四)健全雁归经济服务体系，提升乡村产业扶贫的持续性

1. 完善重庆市农业服务平台，降低扶贫产业的运行成本

首先，完善乡镇服务平台建设，增加基础设施专项资金投入；支持电信企业投入，建设高速畅通、覆盖城乡、质优价廉、服务便捷的宽带网络基础设施和服务体系；深化电子商务进农村工作，引导和鼓励电子商务交易平台渠道下沉。其次，加大乡镇交通物流基础设施资金投入，利用减免税收、增加补贴等优惠政策引导物流企业下乡。支持农村集体经济组织与社会资本合作共建物流仓储基地，健全县、乡、村三级农村物流基础设施网络。

2. 精准布局农业产业园区，提升产业扶贫的可持续性

首先，建立农业产业园区规划小组，精准规划农业产业园区，结合返乡创业者创业

基本需求与产业发展各环节的实际需要，对农业产业园区布局做出精准安排。其次，为农业产业园区配备良好的物流设施，挖掘现有物业设施的利用潜力，将发展“互联网+产业”、信息设备、电子商务和完善物流基础设施等统筹结合。

本文为2018年度重庆市社科联调研项目“大力推进我市雁归经济，完善产业扶贫长效机制研究报告”成果（项目批准号：skldy201802），该项目获得“优秀”等级。作者王斌为西南大学政治与公共管理学院教授、院长助理，管理学博士，西南大学MPA教育管理中心主任，研究方向为组织战略与公共部门人力资源管理；聂凯龙为西南大学政治与公共管理学院硕士研究生。

重庆制造业转型升级的困境与对策

李昊　时培豪　黄庆华

内容摘要：供给侧结构性改革背景下，重庆制造业已进入转型升级的战略攻坚期，同时也面临着核心技术缺失、中高端产品供给不足、价值链攀升困难等诸多问题的挑战。由此，为破除阻碍重庆制造业转型升级的障碍，本文认为应从以下几个方面发力：(1)加强核心技术攻关，提升行业核心竞争力；(2)延伸制造业价值链，提升制造业附加值；(3)搭建研发服务平台，促进创新绩效提升；(4)加快信息技术融合，增添"智造"基因。努力提高制造业在全球价值链上的层级，争取向更高附加价值的产业链环节攀升，增强重庆制造业国际竞争力。

党的十九大报告指出，"要加快建设制造强国，加快发展先进制造业，推动互联网、大数据、人工智能和实体经济深度融合"，"促进我国产业迈向全球价值链中高端，培育若干世界级先进制造业集群"。重庆市作为我国西部最重要的现代制造业基地，是国家重要的中心城市之一，依靠连接"一带一路"与长江经济带的优势以及区位优势，为推动我国经济增长做出了重大贡献。近年来，重庆市在以大数据智能化为引领的创新驱动发展战略行动计划下，积极推动制造业向数字化、智能化、服务化与绿色化领域转型，并在工业信息化、产业结构优化和制造业集群化方面已获得一定成功经验。但同时不容忽视的是，重庆市部分支柱产业已陷入工业增加值停滞甚至衰退的泥淖，如电子产业增速明显放缓，汽车和摩托车行业产销量大幅下滑。不仅如此，随着制造业企业效益下滑，银行开始抽贷，这对加速上下游企业资金链断裂起到了推波助澜的作用，继而引发企业的"跑路潮"和"关闭潮"等。因此，在新产业链分工体系内，如何实现制造业转型升级已然成为目前重庆经济工作中的关键。有鉴于此，本文在对重庆制造业升级所面临困境解读的基础上，提出针对性的对策建议，进而助力重庆制造业提档升级。

一、当前重庆制造业转型升级面临的主要困境

近年来，在市场和政策双重利好作用下，重庆制造业得到了快速发展。但同时不容忽视的是，重庆制造业也面临着诸如创新能力有限、行业低端锁定、研发投入不足和要素成本高企等问题，对后续制造业转型升级形成了阻碍。

（一）创新能力有限，核心竞争力不强

创新能力作为制造业持续发展的动力，是实现制造业转型升级的关键。尽管重庆制造业已取得一定成就，但总体上仍存在大而不强、自主创新能力薄弱和国际竞争力不足等问题。具体体现在三个方面：一是缺乏必要的人才支撑。重庆市中小企业存在“人才找不到，招不来，留不住”等问题。重庆制造业企业大多以劳动密集型为主，表现为劳动力数量充裕，但劳动力质量低下，企业员工学历大多以初中、中专为主。这也造成企业创新能力匮乏，进而导致制造业整体发展后劲不足。二是自主创新能力薄弱。目前重庆制造业仍以中小企业为主，国际性创新型领军企业相对较少。长期以来，重庆制造业主要采取粗放型发展模式，依靠要素投入驱动制造业发展，对技术水平较低的生产方式存在路径依赖。随着转型关键期的到来，资本积累不足、技术水平低和自主创新能力缺乏等问题也进一步凸显。三是企业国际竞争力不足。一方面，重庆本土企业在复杂的市场竞争环境中缺乏正确的定位，品牌塑造薄弱；另一方面，近年来以美国为代表的发达国家提出“再工业化”“工业4.0”等战略，致使高端制造业回流，从而对重庆长期以来通过招商引资实现制造业转型升级的道路形成了阻碍。

（二）行业低端锁定，价值链附加值偏低

从全球价值链来看，重庆制造业整体仍处于全球价值链底端。原因主要有以下几个方面：一是重庆制造业的发展长期依靠廉价的劳动力和自然资源来带动，生产环节主要以附加值较低的组装加工为主；在技术创新路径和方式上，主要依赖技术引进和技术模仿，造成自主创新能力不足，核心技术受制于国外，难以突破“低端锁定”的局面。二是中低端技术水平与国外的差距不断缩小，甚至超过国外，但高端技术受到国外技术封锁。一方面，在高端技术引进上，面临着国外知识创新隔墙，无法再通过“以市场换技术”的传统方式实现制造业技术进步；另一方面，面临着国外通过提高技术、低碳、专利授权等标准，阻碍本地企业参与国际竞争，进而向价值链顶端攀升的通道。三是尚未形成完善的市场管理体系，致使本地制造业企业处于无序竞争状态。

（三）研发投入不足，中高端产品缺失

与国内制造业整体相比，重庆制造业研发投入力度处于较低水平。以研究与试验发展（R&D）经费支出为例，重庆R&D经费投入分别为北京的1/9、上海的1/6。重庆市研发投入不足具体表现在以下三个方面：一是近年来重庆高校注重对财会类、管理类及计算机专业学生的培养，而缺乏对其他工科类、技术类专业学生的培养，同时，企业与高校、科研机构缺乏高效率的产学研合作，从而在一定程度上使得企业中高端产品的研发进度放缓。二是当前重庆制造业企业对高端技术研发投入相对不足。短期来看，企业重视低端技术研发能够得到可观的现实利润，但在国民经济迈入新常态和产业结构亟需转型升级的背景下，这种方式不具可持续性，也为未来资源浪费、产业下滑、低端产品过剩及中高端产品供给不足等问题的出现埋下隐患。三是长期以来政府部门及企业

重视试验和应用技术研发投入，但在基础理论研发方面投入的经费较少，从而使得技术领域出现“卡脖子”的现象。

（四）要素成本高企，企业利润率较低

目前，重庆市多数企业面临着利润下滑、成本负担加重、投资回报率递减等难题。随着我国经济进入新常态，人口红利逐渐消失，加之智能化尚处在起步阶段，进一步加重了制造业企业成本负担。具体来说：一是资源、材料、工资等要素成本上升。诸如缅甸、泰国、越南等拥有廉价劳动力优势的东南亚国家通过市场竞争抢占了重庆本土企业份额。二是重庆制造业要素禀赋结构问题突出。重庆制造业以劳动密集型企业为支柱，劳动力人口的生产效率往往跟不上人均工资收入的增速，进而产生成本收益严重脱节的问题。再加上政府部门对企业的不合理干预，导致要素价格扭曲，不利于富裕和稀缺要素间相互替代，这进一步增大了企业经营压力。三是部分常驻重庆市的外资企业出现“孔雀东南飞”的撤资现象，外资企业基于比较优势理论纷纷将工厂转移到劳动力成本更低的国家和地区，这也严重降低了重庆制造业企业的收益。

二、重庆制造业转型升级的对策建议

由上述分析可知，重庆制造业主要面临创新能力有限，核心竞争力不强；行业低端锁定，价值链附加值偏低；研发投入不足，中高端产品缺失；要素成本高企，企业利润率下滑四大困境。基于此，为破除阻碍重庆制造业转型升级的障碍，本文提出如下四条对策建议。

（一）加强核心技术攻关，提升行业核心竞争力

核心技术是国之重器，也是制造业构建核心竞争力的基础。要解决当前重庆制造业创新英才紧缺、产学研用协调创新不到位、关键共性技术供给不足等问题，应从大力优化资源整合工程、精准确定攻关方向、推进关键技术轨道“跃进”等方面着手。具体来说：第一，加大引进专业人才。可通过政府“搭台”，企业“唱戏”，汇聚全球具备良好科研能力的英才，着力打造一流英才环境。第二，激励核心技术攻关。重庆市政府从制度层面采取切实有效的激励措施，如降税、减税、免税等，激励制造业企业进行核心技术攻关。也可利用政府主导、各企业联合参与，企业主导、政府配套等多种形式，鼓励企业加强基础原创投入，消除核心技术攻关延滞的“时间错配”问题。第三，着力构建包容共享机制，支持并增进学科及行业间的交流集聚。企业可通过参与全国创新治理的重要试验田，努力掌握产业链核心环节。重庆市应充分利用国内外多边合作机制和多种合作途径，积极利用国际创新资源，精准选择制造业合作领域，着力提升行业核心竞争，助力重庆制造业转型升级。第四，构建核心技术评价体系。重庆市应完善核心技术评价体系，充分发挥市场在科技资源配置中的决定性作用，注重对技术创新的投入效率、生产质量、技术架构和可持续发展能力等方面的评估，充分发挥评价体系的中坚作用，提高自主创新能力，最终在关键核心技术上实现从“跟跑”到“领跑”的转变。

(二)延伸制造业价值链，提升制造业附加值

制造业做大做强的关键在于价值链的延伸。第一，依托开放推进制造业价值链升级。应深层次、宽领域、大力度地开放制造业市场，统筹发展制造业价值链升级，从而有利于其成为重庆制造业走出去发展壮大的重要跳板，进而实现制造业附加值的提升。一方面，应突破创新制度瓶颈，方便国内外市场对接，促使高端技术回流。另一方面，可凭借“一带一路”倡议及长江经济带战略部署，推动技术、知识的进出口，加快制造业嵌入全球价值链体系的步伐，并积极争取全球经济治理中的制度话语权。第二，通过合作提升企业创新能力。企业应根据重庆市现有制造业及其区位经济的基本特征和结构，深入分析行业内价值链体系；通过与高校、科研机构的交流合作，进一步完善自主创新、自主研发、自主育人机制，也有利于企业消化吸收再创新能力的提升。第三，优化政府配套政策。应进一步加强政府配套政策的优化，结合重庆制造业需求，围绕研发、生产、营销等环节，促进地区配套产业的价值链延伸。充分发挥制造业拉动效应，实现重庆制造业从低附加值到高附加值的价值链攀升以及从劳动密集型到技术密集型的产业链转型。第四，整合制造行业资源，推进产业集群建设。应进一步优化制造业价值链，充分整合各项资源，推进产业集群建设。一方面，可通过政策调控，强化体制机制建设，营造良好的产业集聚环境，促进制造业向精细化、规模化、专业化以及规范化转变。另一方面，利用企业并购重组，淘汰落后产能，综合统筹人力、资本、设备等要素资源，有效降低生产成本，重点发展制造业龙头企业，充分发挥其示范领导作用，加速重庆制造业价值链延伸。

(三)搭建研发服务平台，促进创新绩效提升

研发投入是提升重庆制造业技术创新绩效的关键因素，是制造业转型升级源源不断的动力。重庆市可通过研发与服务业的深度融合，促进更多服务要素投入研发平台，推动产学研协同创新发展。具体而言：第一，推动研发服务便捷化，优化平台动态数据信息的整合，以降低企业的时间成本，加快制造业资源整合共享；第二，加强平台与更多国内外相关中介机构、高校及专业研究技术机构的交流合作，同时汲取海外技术精华，以提高对产能的利用率。第三，建立以企业为主体的，以研究—设计—工艺—制造为基本环节的产学研一体的创新体系，集聚科研机构进行科学研究，将科研成果产业化，并给予制造业企业更多科技创新的机会。同时，鼓励制造业企业承担重庆市重大的技术创新科研项目，推进科技与制造业的深度融合，深化研发责任共担、创新利益分享的伙伴关系。第四，政府出资助力研发服务平台的搭建，优化重庆制造业科研共享环境，减少资源浪费的同时降低了企业的研发成本。鼓励企业在生产线上的创新，提高创新绩效，实现制造业的转型升级。

(四)加快信息技术融合，增添“智造”基因

大数据掀起了智能“智造”的浪潮，“两化”融合是推动重庆智能“智造”的必由之路，

如何促进“两化”深度融合已然成为制造业转型升级的关键。具体来说：第一，加快建设高效、移动、安全的新一代信息技术设施，大力推进制造业企业内部信息技术升级，打造低延滞、高效率、大覆盖的信息基础设施；加快利用大数据、互联网等新技术对制造业进行全方位、全链条改造，力争将重庆打造成为先进制造业重镇。第二，支持重庆制造业企业利用移动互联网、物联网、大数据、电子商务等服务平台，大力发展集成电路、智能终端、新型产业等智能产业，加快补链成群步伐，推进新旧动能接续，有效解决重庆制造业长期存在的产能过剩问题；加大数字化车间、智能工厂试点示范引领与推广。重点在装备产业、材料产业、生物医药产业、消费品产业、农副食品加工产业和技术服务产业集群展开试点示范。第三，加快发展信息协同制造，利用互联网、物联网、云计算等各类信息技术服务平台，促进信息技术在产品设计、生产、储运、销售等环节的全面运用，实现企业间的信息技术协同和各个环节资源的共享，快速响应智能终端市场需求，有效缩短产品研发生产周期，提高研发设计、生产制造的柔性，提升企业生产效率和产品质量。第四，推动信息技术的重心和配套资源向“智造”下沉，聚焦龙头企业示范带动作用，重点将成熟的行业龙头企业作为试点示范对象，进而实现全行业信息化发展水平全面提升。

本文为重庆市社科规划项目“全球价值链视角下重庆制造业转型升级模式与路径选择”(项目批准号：2018ZDZK09)的阶段性研究成果；作者李昊、时培豪为西南大学经济管理学院硕士研究生；黄庆华为西南大学经济管理学院副院长、教授，研究方向为产业政策与产业布局、产业升级与公司治理。

促进流域综合生态补偿的制度框架和政策建议

任俊霖　潘雪

内容摘要：生态补偿是生态文明建设和乡村振兴战略的重要抓手之一，而流域生态补偿则是生态补偿的重要类型。目前，我国流域生态补偿以政府主导的水环境和水资源等单要素补偿为主，补偿方式比较单一，未能将流域内的耕地、森林、湿地、矿产开发及扶贫等纳入统一框架，没有形成综合性的流域生态补偿体系。宜昌市黄柏河流域存在水源地保护补偿、矿产开发补偿、生态移民搬迁补偿、上下游及跨区域水环境补偿等多种补偿需求，为此，宜昌市政府制定了矿产开采与流域水质挂钩的综合性生态补偿措施，有效促进了流域水生态环境的改善。通过实地调研和访谈，本文对宜昌市开展的综合性流域生态补偿措施进行了分析，并总结了促进流域综合生态补偿的制度框架和政策路径。

生态文明建设是中华民族永续发展的千年大计，生态补偿则是生态文明建设的重要保障和手段。党的十八大从新的历史起点出发，做出“大力推进生态文明建设”的战略决策，并明确了“健全资源有偿使用和生态补偿制度”是生态文明建设的重要内容；党的十九大报告把建立多元化生态补偿机制列为“加快生态文明体制改革，建设美丽中国”的内容之一，进一步明确了生态补偿在促进生态文明建设战略中的重要意义。近年来，国务院和相关部门印发了《关于开展生态补偿试点工作的指导意见》《关于健全生态保护补偿机制的意见》和《关于建立健全长江经济带生态补偿与保护长效机制的指导意见》等一系列重要文件，积极推动流域生态补偿机制的建设和完善。

流域综合生态保护补偿即统筹整合不同类型、不同领域的生态保护资金，探索建立综合性生态保护补偿机制。流域生态补偿涵盖了森林生态补偿、耕地生态补偿、草原生态补偿、湿地生态补偿、水环境生态补偿、矿产资源开发补偿、扶贫生态补偿及各类生态功能区建设保护补偿等要素补偿类型。当前我国流域生态补偿通常以政府主导的投资或财政转移支付体系为主，存在几个比较突出的问题：一是以单个要素类生态补偿为主，未形成区域综合补偿，致使同一流域存在多种类型的生态补偿机制，彼此分属不同的管理部门，缺乏协同整合机制，导致生态保护补偿资源的低效使用和浪费（王建平，2018）；二是补偿方式比较单一，缺乏市场化、多元化流域综合生态补偿机制。因此，笔者一行于 2019 年 7 月下旬深入黄柏河流域开展流域综合生态补偿实践调查，探寻开展流域综合生态补偿的现实困境与原理，这对促进我国流域综合生态补偿具有一定的现实意义。

一、调研选址概况及主要依据

黄柏河是宜昌市境内长江中游左岸的一条一级支流，全长 162 千米，其东支流域位于宜昌市远安县及夷陵区境内，全长 139.9 千米，流域面积 1164.8 平方千米。黄柏河不仅承担着宜昌城区约 200 万居民的生活用水和工业用水，还承担了东风渠灌区近百万亩农田的灌溉任务。1999 年宜昌市出台《黄柏河流域水资源保护管理办法》(以下简称《管理办法》)，将黄柏河流域部分划为饮用水水源地保护区，其中东支流域为一级保护区，严格限制流域保护区内危及水源地水质的生产经营活动。首先，黄柏河东支流域上游是长江流域最大的磷矿基地，占全国磷矿储量的 15.10%。磷矿产业是宜昌市重要支柱产业，但同时也是流域水质污染的重要源头。其次，随着当地乡镇社会经济迅速发展，沿岸居民污染物排放量不断增加。黄柏河东支流域沿岸居民凭借自然资源，不断发展渔业、养殖业和休闲旅游业，改变了原有的收入结构和生产生活方式，使黄柏河流域水生态与环境持续恶化。最后，流域内还涉及水源地保护政策变迁与生态移民补偿的历史遗留问题。

黄柏河东支流域环境保护形势复杂，表现为补偿类型多元、参与主体较多以及政策变迁和库区移民的历史遗留问题，宜昌市政府已经开始的多元化生态补偿实践，具有流域综合生态补偿的内核。具体有以下依据：(1)黄柏河东支流域具有开展流域综合生态补偿实践的要素特征。黄柏河流域面临的生态补偿问题类型众多，存在水环境生态补偿、矿产资源开发补偿、扶贫生态补偿、生态流量和小水电退出补偿等多元化生态补偿需求。(2)地方政府已开展具有流域综合生态补偿性质的实践。2017 年，宜昌市出台了《黄柏河东支流域生态补偿方案(试行)》，将流域水质改善成效与生态补偿资金同磷矿开采计划分配挂钩，将水环境生态补偿与矿产资源开发补偿进行联动，在保障磷矿生产的同时，有效促进了人们对流域水质保护的积极性。

二、黄柏河流域生态保护面临的现实困境

(一)流域经济发展与水资源保护矛盾较大

黄柏河东支流域地形以山地为主，居民收入以务农收入和进城务工收入为主，但耕地面积总量和人均面积都较小，亦没有形成规模的经济作物，社会经济水平不高。从调查数据看，如图 1 所示，流域内超过 35.72%的家庭年收入在 2 万元以下，整体经济发展水平较低。流域内存在着丰富的矿石资源，磷藏量 30 亿吨，磷矿产业是流域内地方政府的主要经济支柱产业。境内磷矿企业吸收了大量居民进厂务工，且形成了住宿、运输、餐饮等一系列围绕磷矿开采的产业链条。综合来看，流域内地方政府与居民发展经济需求迫切，但是磷矿产业发展与水资源保护存在明显矛盾。

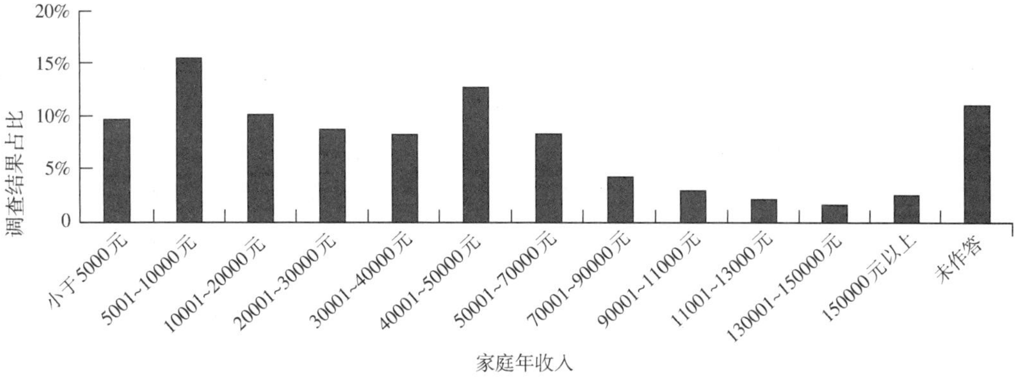

图1　黄柏河东支流域居民家庭年收入调查结果分布图

(二)水源地保护区划对流域水环境保障作用有限

黄柏河水源地区划面临政策法规问题。第一,湖北省认定的县级以上集中式饮用水水源保护区并不包含黄柏河水源地,黄柏河水源地(东支)流域法律地位的不明确,对流域水资源保护中的各部门监督和执法职责的履行都产生了很大的制约。第二,黄柏河东支流域磷矿企业建设投产先于水源地保护区设立时间,因此其在环境影响评价和排污口论证中所采取的排放标准通常会低于水源地一级保护区要求,这增加了磷矿企业的污水治理成本,小型矿产企业将存在一定的经济压力,增加了保护区排污口与污水排放的难度,影响保护区水资源保护的效果。第三,黄柏河东支流域原有4座水库,水库原有的功能定位为以灌溉为主,兼有发电、防洪、拦沙等综合效益。但《管理办法》实施以后,水库及周边区域也被划定为水源地保护区,原有的生活、生产方式受到限制,居民生活水平的提高也受到一定程度的限制,这些都无疑会激化库区水资源保护需求与当地社会经济发展诉求之间的矛盾。

(三)缺乏流域污染物排放许可与总量控制制度

由于磷矿企业点源排放检测信息不完整,连续达标排放无法证明,导致排污许可监管没有可靠的信息源;同时,虽然磷矿企业设定了污水排放标准,但是缺少明确的监测方案和达标方法,严重影响了环境监测能力的发挥,使得企业污水排放基本处于失控状态;磷矿企业的污染物排放总量控制制度并未落实,导致流域排污总量控制计划无法实施;加之对企业违规排放的处罚力度偏低,无法起到惩戒与预防作用,且处罚规定不明确,可执行性较差。此外,《黄柏河东支流域生态补偿方案(试行)》颁布前,未建立起一套支流出口断面和行政跨界断面的水质监测、考核与奖惩制度,导致地方政府在面临水环境污染问题时互相推诿,上级政府也无法对其监管职责是否履行和履行的程度予以客观的评价。

(四)流域功能改变形成的补偿需求增加了水源地保护难度

新中国成立以来,黄柏河水源地(东支)流域水体功能定位经历了两次改变。第一次改变产生的原因是东支流域玄庙观、天福庙、西北口和尚家河4个控制性水库的修建，使流域水资源兼有灌溉和发电等功能。此次改变主要受影响的是 4 个水库淹没区的原有居民。第二次改变产生的原因是，1999 年黄柏河水源地（东支）流域被正式确定为水源地保护区，为宜昌市提供饮用水。这一改变意味着水环境保护与治理成为约束全流域经济发展的关键性因素，黄柏河水源地（东支）流域原有的磷矿产业发展模式、农业种植模式、居民生活方式都需要随之调整。这两次改变客观上都对原有库区社会经济发展和沿岸居民生活方式产生了影响，在一定程度上限制了居民或原有经济体的发展权，因此需要予以一定的补偿。但是对哪些受损失的对象应予以补偿，补偿的区间范围如何，采取何种标准和方式予以补偿，补偿目的、补偿主体、补偿客体、补偿标准和补偿方法都未明确，导致对流域内水资源保护积极性不高。

三、黄柏河流域开展的生态保护补偿措施

（一）制定流域生态保护补偿相关法规

宜昌市为建立和完善黄柏河流域生态保护补偿制度，进行了一系列的前期研究，并据此制定和出台了相关政策法规，为从法律层面保障流域生态保护补偿的有序开展，做好了良好的顶层设计。前期，宜昌市政府围绕流域污染源、水资源概况等开展了诸多调查研究，形成了《宜昌市黄柏河流域尚家河、西北口、天福庙、玄庙观水库水资源调查报告》《宜昌市黄柏河流域水域清理专项行动摸底调查报告》等调查研究报告；同时，为促进流域生态补偿机制建设，出台了《市人民政府关于加强黄柏河东支流域磷矿开发利用环境监督管理的意见》《宜昌黄柏河流域保护条例》《黄柏河东支流生态补偿方案》等多个政策，形成了完善的法规与政策保障。

（二）成立专门管理执法单位监管流域生态保护

宜昌市政府成立了专门的流域管理机构和专业的水资源执法机构监管黄柏河流域生态保护。根据我国涉水管理单位职能权限划分，有环境监测、行政审批、行政处罚与规划职能的涉水单位包括水利、环境、农业、国土和林业等部门，俗称“九龙治水”，导致条块分割、信息不畅。为保障黄柏河流域生态保护补偿有效开展，宜昌市成立了黄柏河流域管理局和黄柏河流域水资源保护综合执法局，前者负责黄柏河东支流域水资源管理和保护，包括行政审批、编制规划、库区管理、供水保障、河道管理与保护等工作；后者统筹有关黄柏河流域水资源保护的各项任务，协调不同部门、不同区域间的涉水关系，以解决长期以来黄柏河流域水资源保护多头执法、执法缺位等问题。

（三）水质与资金补偿、采矿指标“双挂钩”的生态补偿方式

2017 年宜昌市人大通过制定地方性法规，在顶层制度设计上对黄柏河施行分区保护，并通过独特的生态补偿方案，即水质与资金补偿、采矿指标“双挂钩”的方式，实现了既能开矿发展经济又要保护好水源的双赢。该补偿制度以流域稳定达到Ⅱ类水质为目

标，市政府每年列支1000万元，作为流域生态补偿资金，流域内夷陵区、远安县每年分别向市政府缴纳水质保证金700万元、300万元。磷矿开采指标上，全市从1000万吨开采总额中拿出100万吨作为生态奖励指标，分两次兑现；水质达标县区，可获得生态补偿金和磷矿开采指标奖励。同时，宜昌市还制定了矿山企业强制退出与技术升级补偿机制，对污染严重的小型矿山企业实行强制退出，要求排放不达标的企业进行技术升级与改造。

（四）开展“两减一扶”生态扶贫补偿

宜昌市针对流域内典型库区西北口水库出台了《关于在西北口库区实施“两减一扶”促进水资源保护工作的意见》，开展生态扶贫补偿试点，解决生态搬迁移民与水资源保护的矛盾。“两减一扶”政策重点在“减人、减房、调产业”，“减人”总的原则是鼓励库区人口外迁，同时禁止除结婚外的库区人口迁入。截至调研时，宜昌市完成“两减一扶”核心区生态搬迁115户269人，取缔河道捕鱼抬网98个、网箱706个，栽种栾树涵养林4500棵，新增绿化面积1000亩，基本达到了“一年搬迁100户，绿化面积有效增加，水库水质明显改善”的年度工作目标，有效促进了库区社会经济与生态文明和谐发展。

四、促进流域综合生态补偿的基本框架和政策路径

黄柏河流域生态补偿方案的实行有效促进了流域经济发展与生态环境保护的协调发展，但在生态补偿实施过程中依然有不少可以改进和完善的地方，如政策宣传力度不够、市场化手段偏少、补偿标准偏低、补偿范围较小等。费孝通先生在《江村经济》中指出：“通过熟悉一个小村落的生活，我们犹如在显微镜下看到了整个中国的缩影。”笔者希望通过对黄柏河流域生态补偿的调查和剖析，总结其得失之处，为我国在更广层面、更大尺度流域开展综合性的生态补偿提供经验借鉴。

（一）强化流域政府在生态补偿中的制度供给与责任分担

流域生态补偿有一特性是存在跨界补偿现象，流域尺度越大，出现跨行政区的可能性就越大，因此，流域所在地方政府需强化其制度供给，保障流域内各行政区有相关政策法规开展流域综合生态补偿。目前，国内流域生态补偿实践效果较好的地区基本上都有相应的法规方案作为支撑，但部分地区依照的是各类“实施方案”，此类“方案”大多缺乏法律效力，事实上影响了补偿实践的效果。宜昌市在推进生态补偿过程中出台了通过人大表决的几个法律文件，很好地解决了法律制度问题，有效推动了黄柏河流域的综合生态补偿实践。同时，在制定黄柏河流域生态补偿制度过程中，宜昌市政府主动承担了部分监督管理责任和资金筹措、分配和监管责任，为流域内的远安县和夷陵区解决了部分资金和协调困境，这也是黄柏河流域生态补偿能够顺利实施的重要原因。因此，要有效保障流域综合性生态补偿的顺利开展，流域地方政府需要加强制度供给和责任分担。

(二)加强生态补偿制度与相关政策的宣传,引导公众参与

流域内的居民是生态补偿的重要主体,只有发动和引导广大人民群众积极参与,生态补偿政策才能真正落实。虽然黄柏河流域生态补偿取得了不错效果,但目前还是以政府和企业两个主体为主导力量,流域居民参与度不是很高。经过调查发现,很多居民根本不了解什么是生态补偿,对当前黄柏河流域的现行生态补偿政策不够了解,这说明相关政策宣传力度还有待提高。流域居民对生态补偿的认知度低,不仅不利于政府开展流域综合生态补偿,也影响了居民参与生态补偿的积极性和支付意愿。如图 2 所示,调查显示黄柏河流域居民对生态补偿和相关政策法规的认知度较低,超过五成的受访对象表示完全不了解或大部分不了解什么是生态补偿;当问及参加黄柏河流域保护活动的意愿时,有 17.41%的受访对象表示自己的家庭每年最多愿意支付不超过 10 元的费用,更有 22.32%的受访对象放弃选择,当问及放弃原因时,多数受访对象表示不理解为何需要自己支付环境保护费用,并表示不是很懂什么叫生态补偿,为何要补偿,认为与其关系不大。这一情况说明居民对生态补偿认知与参与生态补偿的积极性具有明显的正向联系,如图 3 所示。

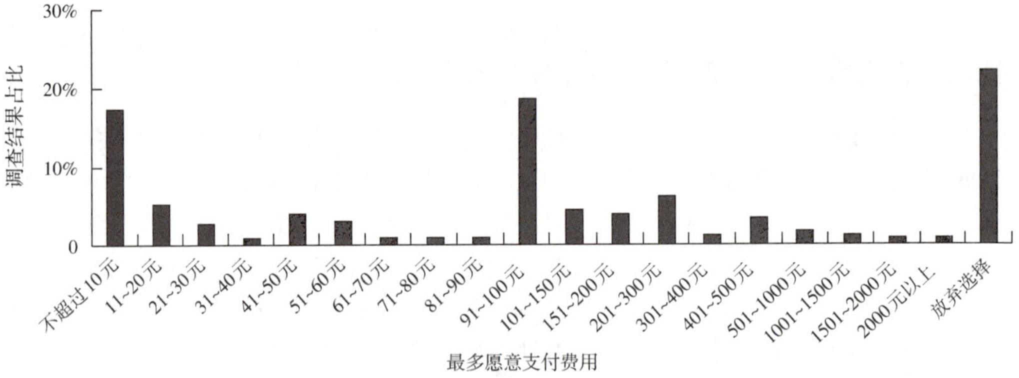

图 2　居民家庭每年最多愿意支付费用情况调查结果

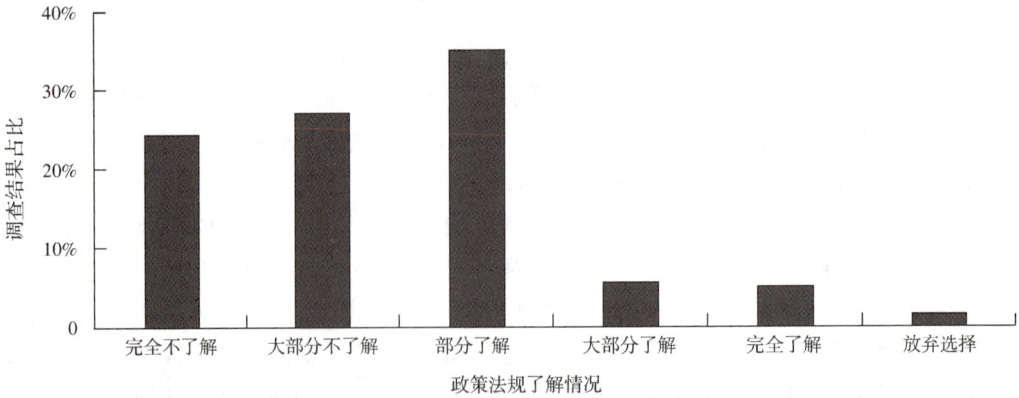

图 3　居民了解生态补偿和相关政策法规情况调查结果

(三)结合流域实际构建多元主体协同参与的综合性补偿框架

流域综合生态补偿涉及补偿类别较多,如流域水环境生态补偿、跨流域(区域)调水生态补偿、耕地生态补偿、矿产资源开发生态补偿和企业退出补偿等。因此,需要流域地方政府因地制宜建立多元主体协同参与的综合生态补偿框架和实施制度。宜昌市结合黄柏河流域磷矿开采与水源地保护的特征,将水源地生态补偿、跨界水环境生态补偿和矿产资源开发补偿与企业退出机制相结合,形成了一套综合的流域生态补偿制度,从而实现了流域水环境保护的长效机制。总的来看,开展流域综合生态补偿应以政府主导的经济补偿为主,中长期生态补偿可采取政府补偿和市场补偿方法并重,项目补偿与政策补偿手段为主的模式。按照以下几个原则来确定流域内的补偿类型,然后统一制定综合性的补偿框架和措施:一是按照"谁投资、谁受益"的原则,鼓励市场主体向流域内居民购买生态服务和投资生态产业。引导和鼓励国内外资金投向生态建设、环境保护和资源开发,支持鼓励社会资金参与生态产业、投资防污治污产业,参与环境污染整治的投资、建设和运营。政府则以项目补偿和专项转移支付补偿水源地居民和政府;二是遵循"贡献者受偿"的原则,对流域内为保护生态环境做出贡献的居民,政府以货币、住房、土地户籍、就业、社会保障和环境保护等一系列政策补偿;三是遵循"退出者受偿"的原则,对彻底关闭、技术升级、赎买与重组的各类企业进行补偿;四是遵循"污染者限产,失职者受罚"的原则,在流域开展基于污染物排放许可的总量控制制度,开展水环境生态补偿。

(四)完善流域综合生态补偿检测评估体系

流域综合生态补偿的建立和开展涉及较多利益主体和管理部门,开展的补偿类型多样,需要完善的检测评估体系。第一,为保障生态补偿的顺利开展,因此需要建立起一套完善的满足生态补偿实施的各类环境检测体系,如流域水环境生态的补偿就需要在相关流域断面进行严格的检测,利用检测数据制定相应的对策措施。第二,有必要加强生态补偿资金的监督管理,设立统一规划、组织、分配与管理流域综合生态补偿资金的机构,保障补偿资金的专款专用。第三,建立科学的生态补偿效果评价与考核指标体系,针对实施区域定期开展生态补偿的生态、经济和社会效益评价,同时可将生态补偿绩效纳入地方政府年度考核任务中。第四,建立生态环境保护问责和追求制度,一方面明确地方党政"一把手"的环境责任,进一步加强和落实"河湖长制",促进其大力推进生态环境保护;另一方面,也要对破坏环境的"破坏者"进行追责。

本文为教育部人文社会科学一般项目"流域水生态补偿市场化、多元化机制与保障政策研究"(项目批准号:19YJCZH131)的阶段性研究成果。作者任俊霖为武汉纺织大学会计学院讲师,武汉大学管理学博士,研究方向为环境治理、流域生态补偿;潘雪为武汉纺织大学会计学院硕士研究生。

基于绿色发展视角的西南地区生态补偿机制研究

刘天元

内容摘要：西南地区自然资源丰富，但多为生态红线区、少数民族聚居区、连片特困地区，经济发展与生态保护矛盾突出；现行生态补偿制度补偿标准低，补偿资金主要依赖中央财政转移支付，补偿效率与公平分离，缺乏有效激励。重构生态补偿机制，对西南地区融入长江经济带、推动生态功能区建设、实现绿色发展具有重要的战略意义；因此需从顶层设计、市场化补偿模式、跨区域经济合作以及补偿的管理监督、效益评价等方面重构生态补偿机制。

西南地区是支撑我国生态文明建设的重要战略大后方，生态环境保护压力大，同时又是少数民族聚居区、连片特困地区，扶贫开发、改善民生任务重，生态保护与经济发展矛盾突出。近年，为了缓解矛盾，西南地区就生态补偿进行了多方探索，取得了较大的发展，但由于受到特殊地理位置和功能定位制约，现行补偿机制仍存在一定的困境。因此，本文归纳剖析了现存困境，并基于绿色发展理念，提出了重构西南地区生态补偿机制的对策建议，以期对该区域绿色发展、共享发展有所裨益。

一、西南地区重构生态补偿机制的重要性

（一）重构生态补偿机制是融入长江经济带建设的重要举措

长江经济带是我国新一轮改革开放实施区域转型发展的战略，是具有全球影响力的内河经济带、东中西互动合作的协调发展带、沿海沿江沿边全面推进的对内对外开放带，也是生态文明建设的先行示范带。长江经济带既是一个经济概念，更是一个绿色概念。西南地区地处长江经济带上游，江河、林木、牧草等自然资源和矿产资源丰富，是长江下游重要的生态屏障。西南地区地形比较复杂，喀斯特地貌广泛分布，区域内石漠化、水土流失严重，泥石流频发，相较长江下游地区，生态环境保护任务艰巨繁重。西南地区经济社会发展滞后，地方政府财力有限，生态环保投入少，历史生态欠账多，保护工作严重滞后于长江下游地区。重构生态补偿机制，是打造长江绿色走廊和推动省级联动、区域互动的长江流域生态环保合作的重要方式，是西南地区妥善处理好生存权、发展权和环境权的重要举措，并对形成长江上游、长江中下游协同发展的良好局面，推动长江经济带联动发展具有重要意义。

（二）重构生态补偿机制是实现绿色发展、共享发展的重要途径

西南地区涵盖四川、贵州、云南三省以及西藏自治区和重庆直辖市，是我国典型的民族聚居区，分布有30多个少数民族，受地形地貌以及历史遗留问题的影响，经济发展相对落后，多为连片特困地区，是我国新时期扶贫攻坚的主战场。在2012年公布的665个国家级贫困县中，西南地区共有246个，约占我国国家级贫困县的37%。党的十八届五中全会明确提出，到2020年，我国现行标准下农村贫困人口实现脱贫，贫困县全部摘帽，解决区域性整体贫困。按照国家主体功能区规划，西南地区大部分区域属于禁止开发区、限制开发区，是国家划定的生态红线区，为长江下游地区乃至整个中国的可持续发展提供生态屏障，但这是建立在牺牲西南地区工业发展的机会之上的，它增加了当地的生产、生活成本。党的十八届五中全会指出，要牢固树立并贯彻实施五大发展理念，推动全面建成小康社会。重构西南地区生态补偿机制，是对该区域牺牲发展权的有效补偿，是平衡效率与公平的重要手段，有利于鼓舞和激励该区域更好地保护生态系统，构建合理的产业发展格局和自然资源分布格局，推动西南地区绿色低碳循环产业体系的建立，从而实现绿色发展、共享发展，带动西南地区快速脱贫。

（三）重构生态补偿机制是推动生态功能区建设的本质要求

《全国主体功能区规划》是根据不同区域的资源环境承载能力、现有开发密度和发展潜力，统筹谋划未来人口分布、经济布局、国土利用和城镇化格局，将国土空间划分为优化开发、重点开发、限制开发和禁止开发四类，确定主体功能定位，明确开发方向，控制开发强度，规范开发秩序，完善开发政策，逐步形成人口、经济、资源环境相协调的空间开发格局。西南地区大部分区域属于国家划定的限制开发和禁止开发区，生态环境敏感脆弱，生态保护任务繁重。现行生态补偿制度标准单一，保护区内农牧民的利益诉求无法得到满足，农牧民积极性不高，激励效果不佳，致使保护区内经济发展的愿望与主体功能区建设间的矛盾突出，影响了西南地区经济社会可持续发展和主体功能区规划的顺利实施。重构生态补偿机制，是对现行生态资源管理模式的改革，是缓和西南地区经济发展与生态环境关系的有效方式，是推动国家主体功能区规划顺利进行的保障。

二、西南地区现行生态补偿机制的问题与困境

（一）现行生态补偿机制缺乏系统设计，适用性不强

尽管新修订的《中华人民共和国环境保护法》规定“国家建立、健全生态保护补偿制度”，但至今仍然没有一部完整全面的专项法规就生态补偿的补偿界定、补偿标准、补偿方式等具体情况进行详细阐述；且现行的补偿规定零散于不同层级的立法中，多为指导条例等原则性规定，可操作性不强，适用性不够。西南地区江河、林木等自然资源丰富，林业、农业、水利、环保等不同行政部门根据各自相关利益展开生态补偿实践，致使政出

多门；此外，现行补偿制度的制定取决于当地政府部门的意愿和财政情况，是政府的单方决策，缺乏利益相关者的参与，尤其是生态保护的执行者——农民的参与。

（二）生态补偿资金来源狭窄，补偿标准低

财政转移支付和专项资金是生态补偿资金的主要来源，其中财政转移支付占补偿资金的绝大部分。西南地区多为喀斯特地貌，生态环境敏感脆弱，石漠化、泥石流、水土流失等频发，加之经济社会发展滞后，多数省市财力有限，对生态环保和综合治理投入资金不足，生态保护欠账多，导致地方政府在生态补偿资金配套方面存在诸多问题，缺乏有效的生态补偿支付机制。现行的生态补偿标准由当地政府视支付能力而确定，缺乏对利益相关者直接经济损失的充分衡量，如重庆酉阳生态补偿资金只能满足林农对病虫害、防火等日常开销，而林农的人工费用以及机会成本等得不到适当的补偿，因生态保护而导致贫困的现象时有发生。

（三）补偿范围界定不科学，补偿方式不完善

针对具体的生态补偿范围，西南地区目前在生态补偿实践中并没有明确规定，也不存在具体可操作的界定方法和标准，而是把国家主体生态功能区中的流域、森林、山区、矿产等作为补偿范围界定的标准，边界范围模糊，没有涉及其他如农业生态补偿、旅游生态补偿等生态补偿，导致生态保护与生态补偿脱节，难以实现保障生态服务功能持续供给的政策效果。目前的生态补偿资金主要以中央财政和地方政府财政转移支付为主，只有退耕还林还草项目直接补偿给了农民和牧民，其余项目补偿资金均先到各级政府，政府运用行政手段雇佣管护人员保护公益林等，并将补偿资金以劳务费的形式发放给管护人员，而没有落实到林权所有者，损害了林权所有者的经济利益。此外，在西南地区，当集体土地被划分为生态保护地时，农民也没有得到直接的资金补偿。

表1　西南地区现行补偿形式、方式与补偿利益主体

地区	补偿形式	补偿方式	补偿利益主体
重庆	中央政府通过财政转移支付实施的生态补偿； 省域政府对生态保护者的补偿	财政转移	中央政府—地方政府 地方政府—农户
四川	中央政府通过财政转移支付实施的生态补偿； 省域政府对生态保护者的补偿	财政转移	中央政府—地方政府 地方政府—农户
贵州	中央政府通过财政转移支付实施的生态补偿； 省域政府对生态保护者的补偿； 流域上下游之间的补偿	财政转移； 补偿金； 资源税	中央政府—地方政府 地方政府—地方政府 地方政府—农户
云南	中央政府通过财政转移支付实施的生态补偿； 省域政府对生态保护者的补偿； 生态环境破坏者对生态利益受损者的补偿	财政转移； 补偿金； 资源税	中央政府—地方政府 地方政府—农户 企业—农户
西藏	中央政府通过财政转移支付实施的生态补偿； 省域政府对生态保护者的补偿	财政转移	中央政府—地方政府 地方政府—农户

(四)生态补偿管理多元化,缺乏监督机制

西南地区现行的生态补偿机制由林业、农业、环保、水利、国土等相关职能部门根据所辖领域而制定,在执行过程中存在诸多交叉或无人管理等问题;各部门行政色彩浓厚,生态补偿管理多元化。管理的多元化导致责任主体不明确,在具体事宜上对责任单位的权利、义务无法界定,致使生态补偿资金的投入、管理以及项目整治难以有效开展,生态补偿效率低下。在西南地区现行的生态补偿机制中,补偿资金的使用与生态保护效果没有直接挂钩,尚未建立生态保护效果评估与监督机制,缺乏相应的奖惩机制,对于受补偿者的责任和义务也没有做明确的规定。纵观西南地区近年来的生态保护情况,虽然国家和各级政府投入了大量的补偿资金、人力、物力等,但西南地区生态保护与绿色发展的矛盾依旧尖锐,"绿水青山"退化趋势尚未得到有效控制,生态保护效益和生态补偿政策效果不明显。

三、绿色发展视角下完善西南地区生态补偿机制的建议

(一)抓好项目策划

抢抓国家加快转变农业发展方式、强力推动农业现代化建设的历史机遇,以策划包装有影响的大项目为导向,以产业发展、基础设施、民生项目作为重点,强力争取中央、省级各项涉农政策支持。加大对农业农村基础设施、公共服务的投入,加大对农业机械设备、现代农业产业基地项目的资金支持。不断推动体制改革,优化投资环境,健全服务机制,做好招商引资,着力引进一批市场前景好、带动能力强、经济社会效益高的农业产业化项目,实现政策驱动发展。

(二)规范项目建设

建立健全农业发展项目管理制度,完善项目建设管理办法和流程,按照项目管理程序,规范项目的申报、立项、批复、检查、验收、资金拨付等环节操作,落实农业项目评审联席会议办公室日常工作,明确项目管理过程中各领导干部职责,做好项目建设各个环节之间的衔接、指导和服务。组建涉农项目招投标管理服务中心,对农业基础设施投资建设工程项目等招投标活动实行规范管理。建立项目准入制度,规范项目投资协议,加强项目环评工作。对重点项目实施持续跟踪,确保项目资金早投入、项目工程早落地、项目效益早实现。完善项目法人责任制度、工程监理制度,落实项目的监管、督导、考核制度,完善项目验收管理办法,建立现代农业园区等项目建设的考核评估体系,加强绩效考核和后续管理。

(三)突出要素保障

鉴于西南地区的功能定位、刚性制约和现存的问题,西南地区需重构生态补偿机

制，兼顾效率与公平，并充分考虑贫困群体的生计对生态环境的依赖作用和贫困群体的生存发展权利，将生态补偿机制看作是保护环境与缓解贫困的双赢机制，坚持绿色发展理念，实现绿水青山与金山银山的协调包容，共享改革发展成果。

1.全盘谋划顶层设计，健全生态补偿制度

生态补偿是一项公共事业，具有正的外部性，西南地区多为欠发达地区，财政能力有限，因此需要从顶层设计层面保障好该区域群体的利益。一是组建全国层面的生态补偿专门领导小组，起草《生态补偿条例》并促进该条例尽快落地；加快推动生态补偿立法工作，在条件成熟时，提请全国人大制定颁布《中华人民共和国生态补偿法》，并在《中华人民共和国生态补偿法》中明确国家对西南地区生态补偿的主体和对象、补偿的方式和途径、补偿资金渠道、补偿资金使用范围等。二是完善生态补偿管理体制，协调好生态补偿中的中央与地方、政府与市场、生态补偿与扶贫开发以及地方与地方等关系，避免政府间的无效博弈。三是西南地区应立足省情、市情、区情和管理实际，结合国家现行有关条例规范，制定符合地方生态特点的生态补偿方案，兼顾好效率与公平。四是做好生态补偿资金使用监管与补偿效益评估，定期公开生态补偿资金的使用情况，接受群众监督；建立生态环境监测评估体系，并做到动态衡量和测算结果公开，以生态价值估算结果为依据评估生态补偿绩效。

2.加大生态补偿力度，权衡好效率与公平

西南地区经济发展缓慢，地方政府财力有限，中央财政转移支付是生态补偿资金的重要来源。一是中央财政应继续加大对西南地区生态补偿的支持力度，适度增加生态补偿的预算规模和转移支付力度；充分运用好生态补偿的激励作用，对牺牲区域发展机会、保护生态环境、提供生态产品的西南地区及其群众给予额外的经济补偿，让群众切实感受到“保护绿水青山就是保护金山银山”，提高保护生态环境的积极性。二是针对西南地区限制开发区和禁止开发区，探索设立专项资金支持和补偿模式，重点补偿生态公益林、重要水域、湿地等。三是地方政府需适时调整优化本级财政的支出结构，整合国土、水利、林业、环保等部门资金，形成财政投入合力，将资金重点投向石漠化、水土流失频发的贫困地区的生态环境脆弱区，以及湿地、林地等重要生态功能区和自然保护区。四是依据“受益者付费、损害者赔偿”的原则，在科学核算评估生态环境价值、生态环境保护成本、发展机会成本等的基础上，探索开征“生态税”，即以调节环境污染行为、筹集环境保护资金、实现环境与特定资源保护为目的的专门税种，使受益者承担部分生态补偿费用，缓解国家财政压力。

3.探索市场化补偿方式，实现补偿模式多元化

识别、诊断、评估好西南地区的生态产品，准确预判生态产品的供需，经营好生态资源，积极探索碳汇交易、排污权交易、水权交易等市场化的交易方式，推动生态产品“绿色”销售，实现补偿模式多元化。一是充分借鉴国外发达国家的森林碳汇交易模式，完善相关计量标准、排放指标等顶层制度，并根据西南地区的碳汇资源探索建立适合该区域的碳汇交易模式；依托云南碳汇交易中心，率先在贵州、四川等地试点，培育建立西南地区碳汇交易市场；严格把关碳汇生产、计量、监测、核证、注册等环节，将看不见的碳汇

集于有形的森林。二是针对西南地区的排放企业，设立碳排放权配额机制，固定二氧化碳排放总量，并将目标配额划分到区域内的重点排放企业，形成“倒逼”机制。三是做好排污权交易的相关政策、法规制度，在制度约束下，探索试点排污许可证的有偿转让或变更排污权。四是尽快落实水资源的有偿使用制度，试点推广跨流域上下游的水权交易，提高资源配置效率，实现保护生态环境的价值。

4.建立横向生态补偿机制，统筹区域协调发展

引导和鼓励受益地区与生态保护地区，通过自愿协商建立横向生态补偿关系，采取多种补偿方式，实现受益地区和生态保护地区双赢。一是建立健全公平、合理、公正的生态利益共享及责任分担机制，鼓励受益地区（长江中下游地区）和受损地区（西南地区）相互协商识别、诊断、评价生态产品，确定受损地区的生态价值和生态补偿标准，并提供直接的资金补助，实现生态有偿服务。二是建议受益地区主动运用好生态补偿政策工具，对受损地区开展对口支援和扶贫帮助，重点在基础设施、公共服务等方面开展援助，夯实受损地区的经济发展基础，提高其公共服务水平。三是根据受损地区经济发展的阶段性特征和环境承载力，适时推动受益地区合适产业逐步向受损地区梯级转移，执行最严格的产业准入标准，设置较高的“绿色门槛”，严把产业政策闸门，严守生态红线，加强产业转移后的环境监管。四是鼓励受益地区向受损地区提供智力支持，定期举办人才交流活动，组建由专家、教授、企业家等参与的导师团队，团队成员涵盖环保、互联网、经济政策、改革等领域，为生态保护地区扶贫、环保、水利、农业等部门干部授课培训。五是加强受益地区与受损地区间跨区域的经济合作，受损地区提供土地、劳动力等生产要素，受益地区以出资、参股、控股等形式参与共建园区；积极引导生态型项目入驻，对接产业转移项目，双方自主确定分成比例，保障受损地区利益，实现生态资源经营与扶贫开发协调共进。

本文为国家社科基金重大项目“民族地区深度贫困大调查与贫困陷阱跨越策略研究”（项目批准号：18ZDA122）的阶段性研究成果。作者为武汉大学社会学院博士研究生。

提升重庆市柑橘专业合作社竞争优势的建议

贾煜

内容摘要：本文在深度分析当前重庆市柑橘产业和柑橘合作社生产经营状况的前提下，发现目前制约重庆市柑橘合作社发展的主要因素有以下三个方面：柑橘销售、柑橘品种培育与种植技术以及合作社专业化水平。在对上述问题产生的原因进行分析的基础上，本文提出了加强柑橘合作社市场体系建设，加强产学研结合，完善技术服务平台，建立有效的运行机制，加强社员教育培训，利用产业化经营推动柑橘合作社资本和商务运作的相关建议，以此为重庆市柑橘专业合作社的突破式发展以及核心竞争能力的提升提供政策参考与实践启示。

重庆柑橘栽培历史悠久，至今已有2000多年的历史。截至2017年底，全市柑橘栽培面积约320万亩，主要分布在忠县、开州、长寿、云阳、奉节、万州等6个区县。到2020年，预计重庆全市柑橘基地面积将达到330万亩，初步形成三个柑橘产业带，即万州、开州、云阳、奉节、巫山等地80万亩晚熟鲜销生产基地；环长寿湖20万亩晚熟柑橘生产与景观基地；以忠县为主，万州、开州、长寿为辅的100万亩鲜食柑橘加工基地。同时，重庆市柑橘专业合作社发展迅速，形成了一批影响力大、带动性强的柑橘专业合作社，打破了农户承包地的地域限制，通过成片规划和组织生产，有力地促进了规模化经营、区域化布局、专业化生产，在很大程度上改变了传统农业生产模式，也让广大农户看到了乡村产业兴旺的方向和前景，为重庆市柑橘产业现代化发展创造了良好条件。虽然重庆市柑橘产业和柑橘专业合作社发展势头强劲，但仍然存在一些亟需解决的问题。

一、重庆市柑橘专业合作社面临的困境及其成因

（一）柑橘销售存在诸多困难

从现状来看，柑橘销售困难是阻碍重庆市柑橘专业合作社实现可持续发展和运营的最大症结。柑橘销售困难主要有三个方面的原因：一是对柑橘市场信息预测不准确，造成柑橘上市时间或早或晚，错过柑橘销售价格的“黄金时间”。种植柑橘的农户无法及时获取市场信息，信息的传导存在滞后性，农户经常在市场价格较高时，盲目扩大种植面积，但等到柑橘量产上市时，市场价格往往处于低谷，最终使得柑橘销售困难。二是重庆市柑橘专业合作社主要依赖龙头企业带动合作社发展，龙头企业对柑橘的收购

质量有一定的要求，在柑橘上市时，合作社的农户需要优先将品相好、质量高的优质柑橘卖给相应的龙头企业，将龙头企业挑剩的柑橘再拿到市场出售，而这些柑橘往往质量差、个头小，很难顺利出售。三是因柑橘运输成本、种植成本、人工成本过高，农户预期销售价格往往较高。但从现实来看，重庆市柑橘专业合作社生产的柑橘多为初级产品，没有经过精深加工，柑橘的附加值不高，市场对初级农产品的收购价格通常比较低。农户普遍陷入销售的两难境地，售价太高卖不出去，售价低了会亏损。

（二）柑橘品种培育与种植技术急需改良

从柑橘的品种培育与种植技术方面来看，目前重庆市柑橘专业合作社种植的柑橘品种普遍不够优良，产出的柑橘无论是个头还是口味，市场竞争力都不足。因此柑橘的品种急需改良，以适应市场需要，增强柑橘的市场竞争力，进而提高柑橘的销售量。同时，重庆市柑橘专业合作社柑橘种植的科学化和集约化不足，在这方面可以借鉴国外经验并结合我国国情，实施最符合当地实际的科学化、集约化种植方式。目前，国际上标准的柑橘种植是 36 株/亩，但是目前国内柑橘种植大多采用的是 48 株/亩的方式，采取这样的种植方式旨在提高柑橘产量，但从目前的实际效果来看，此方式不仅对柑橘产量的提高作用有限，还影响了柑橘的个头大小和质量，同时，也增加了成本的投入，人工、农药等各项人力、物力投入都要比种植 36 株大得多。此外，在防灾技术方面，由于全球气候不断变化，农业灾害频发，农业防灾技术越来越受到重视。但目前重庆市柑橘专业合作社对于农业防灾技术并没有过多关注，农户普遍只注重对病虫害的防治。从国外经验来看，对农业防灾技术的重视以及农业防灾技术的提高，可以使得相应农产品的产量、质量等能够保持相对稳定。

（三）柑橘合作社专业化水平有待提高

重庆市柑橘专业合作社的专业化水平主要表现在合作社的管理水平、资金筹集方式以及信息化水平三个方面。管理水平的提高主要是通过降低农业生产环节的各项成本来实现，另外还要通过保证柑橘的质量来提高农户的收益，并对柑橘培育的标准化、规范化以及对柑橘质量实施控制。优化资金筹集方式，主要是指要提高普通社员的投资意愿，培育普通社员对合作社的信心，建立良好的利益分配机制和保障机制。在信息化水平方面，由于合作社在信息的收集、对市场的预测、获取销售信息等方面对手机、互联网等新媒体的依赖越来越大，因此，提高合作社的信息化水平相当必要。通过对合作社管理水平、资金筹集方式和信息化水平的改进与提高，以此来促进合作社的专业化水平。但是，从目前重庆市柑橘专业合作社的发展来看，其专业化水平仍较低，合作社对农户在柑橘生产环节给予的技术和管理指导非常有限，虽然合作社也制定了相应规范化的制度用以指导农户的生产行为，但是这些制度大多流于形式，农业生产鲜少能得到真正有效的技术指导。同时，为了提高普通社员的投资意愿，合作社多次鼓励农户进行投资，但因采取的鼓励方式存在争议，尚未达到合作社期待的效果。此外，合作社在信息收集和市场预测方面能力明显不足，无法为农户提供超前有效的市场信息，农户往往依靠自己收集和获取信息，耗费了大量时间，且农户在这方面并不擅长，往往付出了巨大的时间成本却收效甚微。

二、加强柑橘产业合作社竞争优势的建议

(一)优化柑橘产业模式,加强市场体系建设

柑橘产业化经营离不开市场,为了解决重庆柑橘销售面临的困难,需要优化产业模式,完善市场体系建设。首先,扩大柑橘规模化种植,在保证现有柑橘种植面积的同时,不断提升柑橘的规模化经营水平,以此巩固和做强柑橘产业。其次,强化柑橘的标准化生产,在柑橘的种植、采摘、运输、加工各个环节都要加强标准化建设,充分发挥柑橘行业协会、柑橘专业合作社以及柑橘加工企业在推行标准化过程中的引领示范作用。再次,充分发挥柑橘产业链中核心企业的作用,大力发展柑橘加工业,积极拓展柑橘深加工,延长产业链,打造特色品牌,推动柑橘产业的创新发展。最后,加强柑橘产业市场平台建设,在柑橘主要产区健全柑橘规范化、专业化销售市场,建立覆盖产地和销地、功能健全、布局合理的柑橘市场化网络。

(二)加强产学研结合,完善技术服务平台

为了推进以合作社为基础的重庆柑橘供应链整体水平的提升,应该加强柑橘产业的产学研结合。首先,大力培育柑橘产业化龙头企业,提高龙头企业的科技水平,加快龙头企业进行科学研究的步伐,努力建设科技型柑橘核心示范企业。其次,形成产学研协作链条,鼓励大专院校、科研院所、事业单位和有意愿的民营企业发挥自身优势,与农民组织、农业合作社开展合作,打造有规模、有实力、有意象、科技含量高的柑橘产业科技园,共同进行柑橘生产、加工等技术研发。再次,设立柑橘产业股权投资基金,吸引民间资本进入柑橘产业的整个供应链条,利用资本市场的力量推动柑橘产业的跨越式发展。最后,积极引进、吸收国外柑橘生产、加工的先进经验,不断加强与国际市场的合作,不断提高柑橘专业合作社的现代管理水平和技术服务水平。

(三)优化柑橘品种结构,提升柑橘种植技术

柑橘品质、成熟周期、种植技术等都与柑橘产业的整体发展息息相关,因此,为了促进重庆柑橘产业的整体发展,要努力优化柑橘品种结构,提升柑橘种植技术。第一,通过与大专院校、科研院所等机构的产学研合作,从柑橘单产、柑橘种植密度等多角度研发柑橘新品种,不断提升柑橘品质。其次,根据市场需求,合理安排柑橘的熟期结构,不断提高早熟和晚熟柑橘比例,通过延长上市周期来有效填补市场空闲期,为增加市场整体容量、延长柑橘产品的加工期奠定基础。最后,要因地制宜、因人而异制定柑橘种植技术的推广方式,在开展科技人员下乡传播种植技术的同时,积极动员西南大学等农业院校、重庆农科院等科研机构以及柑橘龙头企业等社会力量参与对柑橘种植技术的改良和培训,不断提升柑橘的种植、防灾技术。

(四)建立科学运作机制,培育柑橘核心品牌

柑橘专业合作社要建立起科学、高效的运作机制,不仅要注重合作社内部的公平、合理分配,还要注重合作社的品牌建设,不断提升盈利水平。首先,对合作社决策者和社员进行法治法规、思想道德等培训,改变他们传统化的家族、血缘观念,建立起以规范、契约为基础的合作、分工和分配制度。其次,通过引入先进管理理念,不断提高合作社市场化运作水平,通过及时了解市场信息,调整柑橘的种植和生产,积极拓展外地市场,提高合作社的盈利能力。再次,以核心柑橘合作社为基础,联合组建区域性的柑橘生产、流通、销售一体化的运营公司,负责该区域的柑橘产业导向和柑橘生产、流通与销售。最后,进行柑橘品牌的注册与认证,通过品牌整合战略,提高产品的声誉与知名度,加强柑橘的质量监管,通过举办柑橘文化节、柑橘展销会等形式,提升品牌的价值和口碑。

本文为国家社科基金重大项目"民族地区深度贫困大调查与贫困陷阱跨越策略研究"(项目批准号:18ZDA121)的阶段性研究成果。作者为武汉大学经济与管理学院博士研究生。

新时代贵阳城市营销现状评价与对策研究

李秋秋

内容摘要：城市营销越来越受到国际社会的关注。随着全球范围内城市间竞争的加剧，越来越多的城市开始关注自身的营销问题。本文在对城市营销理论分析的基础上，对贵阳城市营销的现状进行了分析，并从转变思想观念、打造城市独特品牌、提升城市竞争优势、发展优势产业群、拓宽城市发展平台等六个方面提出了一些建议，以期对贵阳市在新时代开展城市营销提供参考。

全球化使得世界范围内的城市间竞争越来越激烈。城市营销作为提高城市吸引力和竞争力、增强文化软实力的重要手段，已经引起了各国城市政府和学界的普遍关注。当前，世界正处在百年未有之变局，我国正处于经济高速增长转为高质量发展阶段，三大攻坚战任务异常艰巨。城市作为文明的容器，承载着众多的历史责任。地处云贵高原的贵阳市，自新中国成立尤其是改革开放40多年来，经济社会已经发生了深刻的变化，国际化程度越来越高，已经发展成为“避暑之都”，2018年在全国旅游城市排名中跃居第11名，旅游总收入达到2169亿元，占整个贵阳市GDP的53%；同时，贵阳还崛起为“大数据之都”，据官方统计，截至2018年，贵州大数据企业数量已达8900多家，大数据产业规模总量超过1100亿元，大数据成为贵州的最新标签。这些新功能的产生和发展为提升贵阳的城市品位，提升国际形象，带动整个贵州省的经济社会发展具有重要意义。但我们也应该看到，贵阳在取得举世瞩目成就的同时，城市营销还显得比较滞后，甚至薄弱。因此，加强对新时代贵阳城市营销的研究具有重大的理论价值和应用价值。

一、城市营销的概念及科学内涵

当今世界，城市与城市之间的竞争日趋激烈。城市营销已经引起了各国政府和学界的普遍关注。关于城市营销的概念，众说纷纭，各国学者们分别从不同的角度给出了城市营销的界定方式。城市营销学家科特勒等人(1993)在观察了欧洲和美国许多快速发展的城市后，发现一些大城市的环境恶化、失业率上升、犯罪率上升、城市规划不当、生活质量下降、人口减少和税收短缺，致使城市逐渐衰落，因此他提出了城市营销的概念。在他看来，在全球形势剧烈变化和严峻的全球经济条件下，每个地区都需要有一个区域形象(包括有形基础设施、无形文化内涵)，通过营销手段整合资源，使该地区形成独特的风格或概念，以满足众多投资者、新企业和游客的要求和期望。

继科特勒之后，弗雷特(1993)也指出，城市营销不仅是在销售区域赢得公司和游客的流动，而且也应该被视为城市规划的基础，引导区域设定方向。城市营销应侧重于尽可能地将城市的设施和活动与目标客户的需求和愿望联系起来，营销过程涉及当地政府与客户之间的新关系，要以需求为导向而不是以传统城市规划为导向。Waitt(1999)认为城市营销对意识形态有很强的依赖性，可以利用特殊事件进行城市营销，如举办城市体育比赛、商品交易会、民族艺术节等。真正的利润不在于举办活动本身的盈亏，而在于对城市知名度与形象的强化，以及由此而带来的各种机会。

Meer(1990)、Berg(1990)、Ashworth & Voogd(1994)、Ward(1998)和其他学者从城市竞争、城市发展、城市规划乃至城市营销的角度对城市营销概念提出自己的观点和定义。例如，Berg认为，城市地区整体社会福利的提高、城市的经济促进和发展以及物质和社会规划与生产“和谐城市”密切相关，以满足不同的用户、投资者或游客的需要。换句话说，城市营销是一系列活动，旨在根据城市居民、企业、游客的需求，优化调整城市功能定位。Ashworth&Voogd给出的定义是，城市营销是根据既定目标最大化社会和经济功能的过程，并尽可能通过城市活动进行相应的战略规划，其与满足目标客户群的需求相关；Ward认为，地方销售不仅仅是某个地方的政策或行动，还是在一段时间内展现地区公共事务的企业家精神和企业家意识；Berg LVD，Braun E，Otgaar AHJ，*et al*(2002)基于Gotham和Waitt的城市营销品牌提出了自己的看法，认为营销城市的目的是通过旅游和庆祝活动来提升城市的积极形象，使城市的文化与更加广阔的空间相连。

我国有关城市营销的研究起步较晚，城市营销一般沿用了被理论界认可的菲利普·科特勒及其合作者在地区营销的系列论著中逐渐发展和形成的地区营销定义：“区域营销是指为满足区域目标市场的需求而进行的规划和设计。成功的区域营销应该使公民和企业对他们所处的社区感到满意，并且满足游客和投资者对该地区的期望。”这一定义指出了地区或城市营销的目标，概括了地区营销的顾客，并紧紧扣住了市场营销的核心概念——需求。近10年来，尽管研究城市营销的学术团队并不强大，学者也不多，但在对城市营销理论梳理的基础上，他们从城市营销战略、模式、实施思路等方面进行了比较全面的探索。王怡(2017)从城市营销特性、城市营销对象、城市营销目标与城市营销运作环境的角度对政府管理在城市营销中的作用进行了分析，并结合实例，对城市营销中政府管理方向和管理方法的发展进行了探究。齐琪(2018)对当前我国城市营销问题进行了分析，认为城市营销大多缺乏专业、深刻的认识，存在城市定位趋同化、城市营销手段同质化、城市口号单一化、城市定位多变等问题。令人欣慰的是，庄德林、许基兰、陈信康(2018)已经开始关注“一带一路”倡议与中国节点城市的营销战略问题，在分析了机遇与挑战后指出了存在的问题，认为中国的节点城市营销存在着“重宣传推广、轻战略规划”“重单体作战、轻整合协同”“重知名度提升、轻品牌化管理”和营销资源配置结构严重失衡等瓶颈性因素，并在此基础上提出了“以战略品牌管理保障节点城市品牌资产增值，以整合营销协同全面提升节点城市的营销绩效，以营销创新提升节点城市亚欧非城市网络控制力”的战略。

有鉴于此，城市营销就像将城市作为一种企业来经营，其运营商主要是地方政府；

营销的主要产品要素包括城市的基础设施和服务、城市的形象和城市的未来发展；目标市场是高素质人口、城市的工业人口和旅游人口等；城市营销的目标是树立新形象，满足现有人口和行业的需求，吸引行业人才创造就业，发展地方特色经济。在此过程中，有必要以创新的方式将城市信息传递到目标市场，最终达到促进城市经济发展、提高城市生活质量、促进城市可持续健康发展的目的。这为“一带一路”沿线城市的营销工作提供了思路和遵循。

二、贵阳城市营销的现状评价

（一）城市营销滞后被动

由于我国城市营销起步较晚，其发展尚处于探索和初级阶段。尽管我国的部分城市已经有了一定的国际知名度，但是大都是借助城市的自然风景、历史人文景观以及特色民俗民风等来打造的，缺乏城市营销所需的商业定位和城市营销品牌的推广，因此，城市营销理论研究和实践操作都不完善，并且对城市营销的理解也还存在一定误区。如城市营销缺乏系统的、有效的理论作为指导；不能区分城市规划与城市营销策划；将城市形象塑造和城市营销等同；认为城市营销只需重视经济价值，而排斥文化价值、美学价值和生态价值；城市营销的目的和手段不匹配；等等。随着全球化、信息化时代的到来，原有的城市营销理论已不能适应快速变化的城市发展，亟待需要一种全新的、系统的、综合的城市营销理论来指导城市发展，充分整合利用现有资源，以加快城市品牌的推广。

贵阳作为我国高原地区特色鲜明的现代化都市，是中国首个国家森林城市、循环经济试点城市，拥有良好的城市营销基础，虽然开展了一系列城市营销活动，但是仍显得薄弱，突出表现在营销理念和主动营销意识不强，营销机构团队不健全、营销手段老套、营销理论研究团队较弱等，尽管有学者从生态营销、文化营销、旅游营销、事件营销等方面提出了很好的建议，但落实较差，多显得被动。这些都很不利于贵阳城市形象的提升，也不能很好地满足城市向高质量发展转型的现实需要。

（二）政府定位出现偏差

由于长期受到一些传统观念的束缚，政府部门在城市发展过程中的定位出现偏差。随着我国城镇化步伐的加快，城市发展环境的变化，城市政府需要对原有的职能定位重新做出调整，以有效地对城市进行管理。作为城市营销的领导者和组织者，尽管政府部门既要搞好城市的功能定位和科学管理，又要做好城市营销的基础性工作，但是少数管理者往往习惯着眼于城市的“形象工程”，缺乏对资源的整合和有效利用，行政干预、主观作为、单纯打造“政绩工程”等现象时有发生，没有很好地把城市发展纳入市场化轨道，在城市营销和城市品牌的创建中没有注意提升城市发展水平。此外，城市发展需要公平公正的竞争环境和全社会力量的积极参与，但政府部门常常宣传缺位，没有很好地发挥社区组织在城市营销的主观能动作用。

（三）城市营销缺乏整体规划

城市营销是一项庞大的系统工程，需要做好顶层设计与分层对接。但目前贵阳城市发展中缺乏城市营销策划，如品牌规划专业化不够、城市品牌形象有待镜子塑造、品牌传播需要整合等，城市建设盲目跟风、重复建设，一些地方还破坏了城市原有的特色人文景观，因人费事时有发生。此外，在城市发展规划中，一些区县、部门仅仅寄希望于几个大型的经济项目能带动城市经济发展，只重视局部地区发展，限定了城市发展的整体思路，甚至导致了城市经济发展不平衡，出现结构性失调。现代化城市规划的全局观有待加强，应该在整合城市优势资源的基础上进行统一规划和管理，发挥城市的特色和优势，着力打造贵阳整体性的城市品牌，为城市营销创造条件。

（四）城市营销手段单一、缺乏个性

城市营销是对专业性、艺术性要求很高的行业，需要运用创新的思维和创新的手段。但在城市营销中，常常出现照搬照抄其他城市成功经验的现象，没有充分考虑贵阳自身的特点和条件，有盲目追求城市建设“高大全”之嫌，比如城市建筑缺乏个性，造成城市资源浪费，失去了城市的传统风格，这些对本土城市的经济、文化发展会造成负面影响。

三、关于做好贵阳城市营销的思考

（一）转变思想观念，正确认识城市营销

思想对行动具有指导的作用，城市营销首先应该改变观念。在理解市、区、县和政府职能部门的定位时，既要理解城市是行政单位，也要了解它是经济单位。正确的城市营销观念应该是将以前“以城市为中心”的概念转变为“以消费者为中心”的新营销理念，充分了解“城市营销是满足消费者对‘城市产品’需求的过程”。这种需求包含着两个层面，一是物质需求，二是精神需求。因此，城市营销不仅要体现城市在经济方面所发挥的价值，而且还要体现它在文化、美学和生态等方面的价值推广和社会认同。同时，城市营销不同于单纯的城市建设和城市规划，城市管理应由城市规划向导、城市建设向导转变为城市营销向导，更加注重城市发展的整体性开发与规划，以及城市营销主体的多元性和过程的连续性。随着城市营销理念的转变，政府的职能也必须相应转换。一方面，城市政府可以在改革方式上参照企业营销进行城市营销；另一方面，城市政府要树立正确的城市营销观，换而言之，就是除了在具体的政策上下功夫以外，还要鼓励企事业单位和城市居民共同参与城市营销，使三者形成良性互动的城市营销机制。

(二)挖掘城市特色,打造城市独特品牌

品牌的本质是价值、文化和个性。城市品牌的核心价值体现了城市的文化特征和个性特征,反映了城市在激烈的商业竞争社会中的生命力和创造力,更重要的是,它能够为城市中的社会成员创造更多的机会、争取最大的利益。城市品牌是城市在发展过程中凝结为城市营销的产物,体现了城市的综合风格。城市品牌的创造使城市拥有了独特的社会资源,使其在日益复杂和激烈的城市竞争中立于不败之地,极大地促进了城市的发展和繁荣。一般而言,城市品牌包括三个要素,即城市经济、城市文化和城市环境。目前,贵阳拥有自己独特的生态资源、大数据资源、人文景观、特色建筑、民族传统文化等,也有自己独特的自然环境、人居环境、人才成长环境和相应的配套服务。城市的品牌形象就是在这些差异化组合中形成的。因此,要想成功地打造贵阳独特的城市品牌,除了要优化城市资源配置外,还要根据城市的导向、城市的战略充分发挥城市自身的独特优势,树立新时代独特的城市地位。

(三)明确城市定位,提升城市竞争优势

任何产品和服务的市场竞争都与准确的定位密不可分,城市也不例外。针对贵阳的城市营销,首先必须进行准确的城市定位,如果没有明确的城市定位,城市未来的发展战略也将无从谈起。城市定位的本质是突出城市特色,展示贵阳市独特的竞争优势,在城市居民心中树立独特的城市印象,形成鲜明的城市品牌个性。城市定位是一个复杂的艺术系统工程,它是一个价值简化和个性挖掘的过程,扩展了城市的发展空间,并探索了城市的个性,主要包括主题、形象、规模、功能和个性定位。在优化城市定位时,贵阳必须首先全面分析城市发展的内部环境以及外部环境中的机遇和挑战。城市定位应适应外部发展环境,紧抓我国生态经济、大数据、环保循环经济、人工智能等带来机遇并尽量规避风险。其次,根据贵阳自身的地理位置、资源、市场、历史背景、发展潜力和总体规划,实事求是地做好定位。最后,城市定位还应考虑城市居民对城市的认知程度,尽可能使城市趋近于城市消费者的理性位置。只有这样,才能使城市定位深入人心,为城市发展奠定坚实的社会基础。总之,只有通过确定城市的定位,找到适合城市发展的核心竞争力,才能提升城市的竞争优势,确保城市的可持续发展。

(四)发展优势产业群,形成产业扩张效应

城市产业在城市营销中发挥着重要作用。工业机构的合理性对于城市经济、文化、环境、人才、技术和服务等许多方面至关重要。在贵阳城市营销中,一要根据贵阳的战略定位优化产业发展方向,加强现有优势产业,关注未来世界的潜在发展,抓住机遇提前布局;二要加快淘汰目前贵阳的不合理产业或智能化提档升级,使产业发展能够满足国家对贵阳市定位的需求。要严格按照国务院关于《贵阳市城市总体规划(2011—2020年)》批复中对贵阳市我国西部地区重要的中心城市之一、全国重要的生态休闲度假旅游城市的功能定位,做好生产、生活、生态功能区,逐步把贵阳建成贵州省的政治、经济、

文化、科教、旅游服务中心,西部地区内陆与沿海沿边开放的重要交通枢纽,国家大数据综合创新试验区,全国重要的科技创新成果转移转化示范区,全省科教文化和科技创新服务中心,全国重要的以铝、磷、煤为主的传统产业转型升级示范基地,高新技术及先进制造业基地和具有国际影响力的生态休闲度假旅游城市。在主导产业发展中,全市各级政府特别需要以资金、人才、技术、政策等为主导,以龙头产业为核心,带动产业发展,辐射整个贵州省,形成主导产业集群,形成产业扩张效应。这种产业扩张效应不仅可以为城市带来高额利润,还可以提高城市的知名度,为贵阳市的发展储备人才,使城市依靠自身优势实现良性滚动发展。

(五)加入城市群,拓宽城市发展平台

区域经济的快速发展,使中心城市、次级中心城市和小城市之间的联系更加紧密,完善发达的现代交通通信系统使得它们之间人才流、物资流、资金流以及信息流的流动速度日益加快,并逐步联结成了网状体系,形成了相对独立的城市联合体——城市群。当前,中国特色社会主义市场经济的快速发展和我国面临的百年未有之变局,给贵阳带来了更大的开放发展空间,如能借助区域经济的定位,融入经济圈,进而加入城市群,将会拓宽贵阳城市的发展平台,为城市营销的顺利开展奠定坚实基础。

(六)制定城市营销战略,实现城市和谐发展

城市营销是一种兼具社会、科学和艺术特质的系统工程。因此,为了做好贵阳城市营销,有必要进行整体规划,制定城市营销策略,使城市营销能够循序渐进,有计划地进行。要制定营销策略,就必须站在全国、全球的高度,采取系统而全面的观点。要突出特色,以最佳的资源利用率协调经济建设、文化事业和社会事业发展,使贵阳的经济建设和科教文化、社会保障、环境保护等精诚发力,实现城市的和谐发展。

总之,贵阳的城市营销是一个复杂的系统工程,需要政府、企业、事业单位和城市居民等多方的共同努力和协同配合。开展贵阳城市营销,不能照搬其他城市的营销方法,而要根据贵阳市情以及城市自身的特色优势,不断开拓创新,探索出一条适合贵阳自身发展的城市营销之路。

本文为国家社科基金重大项目“民族地区深度贫困大调查与贫困陷阱跨越策略研究”(项目批准号:18ZDA121)的阶段性研究成果。作者李秋秋为贵州中医药大学马克思主义学院副教授,西南大学马克思主义学院博士研究生。

社会治理与社会建设研究

SHEHUI ZHILI YU SHEHUI JIANSHE YANJIU

关于贫困山区养老问题的思考

吕厚超　饶荣蓉

内容摘要：解决贫困山区养老问题是新农村建设的重要环节。受经济发展落后、养老保障机制不健全、医疗服务水平低、家庭结构改变等因素的影响，贫困山区农村老人在经济供养、日常生活照料、精神慰藉等方面面临困境。本文在分析贫困山区出现养老问题主要原因的基础上，提出贫困山区养老问题的应对策略：社会层面要大力发展贫困山区经济，逐步建立和完善多层次农村养老保障体系；社区层面要切实发挥好社区养老、社区心理健康服务等作用；家庭层面需重构孝道文化，发展和谐邻里关系；老人自身也要加强学习以提高精神慰藉。

2019年暑期，笔者跟随西南大学"一带一路"反贫困研究中心主任、国家社科基金重大项目"民族地区深度贫困大调查与跨越贫困陷阱策略研究"课题组首席专家王志章教授，前往云南省红河哈尼族彝族自治州进行为期七天的暑期调研活动。先后在云南省元阳县新街镇坝达村、蔓耗镇、鸡街镇、蒙自市西北勒乡朵古村、鸣鹭镇大永胜村、大石板村、建水县西庄镇，对易地扶贫搬迁、脱贫攻坚现状、乡村振兴等方面进行深入了解。现结合贫困山区养老问题提出几点思考。

一、贫困山区养老存在的几个主要问题

受制于我国目前的社会经济发展阶段，贫困山区养老面临许多问题。第一，贫困山区经济发展落后，老人的经济供养水平普遍较低，导致老人的生活得不到充足的保障。第二，贫困山区老人享受的医疗保健水平普遍较低，老人就医需要到距离较远的乡镇医院看病，小病不医、大病难治的现象比较普遍，疾病得不到有效治疗成为贫困山区老人面临的一大威胁，对其生活质量具有极大的负面影响。第三，贫困山区老人普遍存在心理、精神慰藉缺失的情况。心理体验和精神生活在老人生活中占据重要的地位，与老人的生活质量直接相关，而贫困山区老人的生活普遍较为单调。第四，贫困山区独居老人人数多，日常生活缺乏妥善照料。家庭养老一直是农村传统的养老模式，子女是老人日常生活及疾病的主要照料者。然而，大量的青壮年子女长期在外打工，造成老人的日常生活只能依靠自我和年迈的配偶照料。

二、贫困山区养老问题的主要成因

(一)社会方面

第一,贫困山区经济发展落后,老人的供养水平较低。这是导致贫困山区出现各种养老问题的最主要的原因。在国家实施精准扶贫方略,增加扶贫投入,出台优惠政策措施之前,贫困山区的老人长期得不到社会和政府应有的重视,致使贫困山区老人的养老得不到有效保障。

第二,医疗服务水平低。这使“看病难”成为贫困山区老人的突出问题,有很多老人常年带病,有些甚至生活不能自理,生活非常艰难。贫困山区的医疗投入较少,很多贫困山区老人的居所距离镇中心太远,在缺乏儿女照顾的情况下更是雪上加霜;此外,新型农村合作医疗对老人看病的保障力度有限,尽管新农合制度在一定程度上解决了农民看病的问题,但对贫困山区老人来说看病难依然普遍存在。

第三,集中养老政策实施不利。年龄越大的老人对集中养老的意愿越高,但贫困山区养老机构很少,且大多只接受“五保户”老年人养老,对其他有入住需求的老人不予接受,难以满足其养老需求,因此,这些老人只能依旧用家庭养老来解决问题。

第四,政府对养老的立法宣传和资金支持欠缺。首先,山区人员居住分散、老年人自身文化水平低且缺乏法律意识,加之经济落后致使现代传媒介质在山区的使用率低,政府在贫困山区开展对《老年人权益保障法》的宣传有较大困难。其次,地方经济发展缓慢,地方政府缺乏全面保障贫困山区老人养老的资金。

(二)社区方面

第一,社区助老功能欠缺。在偏远贫困山区,分散居住模式使贫困山区的居民难以发挥村民邻里之间互相帮助的便利条件。此外,由于很多人都为温饱而忙碌,社区较少或很少组织志愿者定期帮助和慰问老人。

第二,养老机构少,老年人文化活动组织少。在城市居住的老人养老有多种选择,如敬老院、养老院和老年公寓等养老机构;而在边远贫困的山区,养老机构数量很少且结构单一,无法满足贫困山区的养老需求。

(三)家庭方面

第一,孝道文化的缺失。贫困山区家庭中父母从事农业生产,子女外出打工,子女的经济收入远高于父母,父母在家庭中的地位随之降低。同时,外出务工的子女与老人长期分离会冲淡与父母的感情,可能造成子女尊老、孝老思想的淡薄。

第二,家庭结构改变,提供赡养的子女减少。计划生育政策实施的几十年,贫困山区的家庭结构也在不断改变,“421”或“422”的家庭模式成为主体,家庭成员中老年人的比重增大使家庭养老的负担很重,一对夫妻必须担负四个老人甚至更多老人的养老责任，不管在经济上还是在时间和精力上，子女都很难满足照顾老人的需求。贫困山区居民经济收入低，但是抚养子女的费用却逐年增加，年轻人同时肩负着抚养子女和赡养老人的重担，压力非常大，可能会影响对老人的赡养。

第三，子女外出打工，导致对老人照料不足。贫困山区的大量青壮年劳动力涌入城市，留在农村的只剩下老弱妇孺，这不利于贫困山区老人的养老。大部分年轻人外出务工，在很大程度上减弱了家庭的凝聚力。在老人身体机能下降或生病时，无法得到应有的照顾，有的失能老人独自居住，连解决温饱都成问题。

(四)老人自身方面

第一，文化水平低，与年轻人存在思想观念差异。贫困山区老人的文化水平低限制了其文化娱乐活动的参与度，客观上也限制了其从事文化活动的能力，加之大多数子女外出打工，老年人成为家庭主要劳力，不可能有空余时间从事文化娱乐活动。此外，随着社会的发展，有些老人的思想也有所变化，认为为子女做家务、看孩子是负担，不愿意与子女住在一起；或认为子女在外打工压力大，不想成为子女的负担，因此不与子女同住；更有老人主观上虽然愿意与子女一起居住，但由于双方思想观念的差异，家庭矛盾增多，老人更情愿选择留在乡村居住。

第二，收入水平低，经济来源单一。首先，老人的养老原本主要依靠传统的土地养老和子女养老，然而随着年龄增大，老人已经不能进行劳累的土地耕种，原本可以依靠自给自足的小农经济解决吃饭问题，但随着身体素质变差也难以为继；其次，居住在贫困山区的老人，由于终生务农，缺乏稳定的养老保障。

第三，老人的生活自理能力差。随着年龄增大，身体机能下降，导致部分失能，如耳聋、视力障碍和行走不便等。居住在贫困山区的老人，由于交通不便，经济来源有限等问题，生病不及时就医，致使小病累积成大病。由于贫困山区老人缺乏定期的健康体检，很多慢性病发现晚，最终使老人身体变差，甚至生活不能自理。

三、贫困山区养老问题的应对策略

由于各种因素的交互作用，贫困山区的养老问题还会继续存在。贫困山区的经济长期处于落后状态，农民收入水平低，这是造成老年人贫困和养老问题的根源。由于养老保障机制不健全、家庭结构改变、传统孝道缺失等原因，致使农村家庭养老的功能越来越弱，不仅加剧了贫困山区老人的贫困问题，也造成了贫困山区老人养老的困难。这需要各方力量介入，采取有效的措施来应对贫困山区老人的养老难问题。

(一)社会方面

随着土地养老功能减弱、家庭结构小型化、劳动人口大量流出，使得家庭养老功能弱化，这些变化需要政府、社会各方面重视，共同解决贫困山区老人的养老问题。

第一，大力发展贫困山区经济的同时，逐步建立和完善多层次的农村养老保障体系。经济发展是解决贫困山区养老问题的关键。建设社会主义新农村的背景,为农村经济的发展创造了良好的机遇,贫困山区更应牢牢抓住这个机会,将各项政策和措施切实落到实处,因地制宜发展特色经济,为老人贫困问题的解决提供物质保障。首先,政府要增加经费投入,在原有基础上逐步完善敬老院等设施,提高服务水平;大力发展敬老院院办经济,开展一些老人爱好的种养项目,既能缓解入院老人的急躁心情,又能弥补敬老院粮食、蔬菜的不足,进一步保障孤寡老人的生活。其次,坚持政府引导与村民自愿,发展社会化的养老保险,政府应加大对农村社保资金的投入,积极鼓励商业保险进入农村,多渠道地为贫困山区居民养老提供保障。最后,要建立和开展农村社区服务工作,加强贫困山区基层组织特别是妇女、青年组织建设,使养老问题落到实处。对困难的孤寡老人,应加大集中安置力度,以解决老人的后顾之忧。

第二,道德与法律并举,实现"孝道"与"责任" 的统一。尊老、敬老、爱老、养老固然是中华民族的传统美德,但并非所有人都能在实践中自觉地赡养老人,农村的敬老、孝顺观念有弱化的趋势。首先,广泛开展争当"好媳妇""好婆媳""孝心儿女"和争创"十星级文明户"等活动,努力营造弘扬中华传统美德、争做尊老爱老模范的良好氛围。通过各种方法和途径,形成"以尊崇孝道为荣、践踏孝道为耻"的风尚,让老人安度晚年。其次,加强社会敬老宣传教育。抓好孝道教育,形成浓厚的社会氛围。在各种媒体宣传中,应增加"孝敬父母光荣"的内容,在中小学教育中,应当明确地提出"敬老"是人的基本伦理,增加感恩教育的内容。最后,国家应以法律的强制性去规范和约束公民赡养老人的行为,各级政府尤其是村级组织应当承担起宣传和贯彻《中华人民共和国老年人权益保障法》等法律法规的责任。老人在合法权益受到侵犯时,也要敢于拿起法律的武器维护自身的利益。

第三,制定和执行各项政策时适当向贫困老人倾斜。贫困老人,尤其是贫困山区的贫困老人,是社会最弱势的群体之一。因此,政府在制定和执行各项政策时,要适当地向贫困老人倾斜。贫困山区的基层组织,要竭力为贫困老人解决实际困难。同时加强对贫困山区基层干部的教育,使其在执行政策时切实考虑老年人的利益。此外,在新型农村合作医疗的推行中,也要在各个环节优先为贫困老人考虑;开展医养结合的养老方式,有条件的地方应建立村卫生室,方便老人就近看病就医;没有条件建立村卫生室的可以借鉴镇政府对各村实行包村干部管理制度的模式,安排镇卫生室工作人员定期为各村老人开展义诊活动和健康教育。

(二)社区方面

第一,发展农村社区志愿者队伍。由于子女外出打工等原因,许多贫困山区的老人缺乏关爱与帮助。因此,可以培育和发展贫困山区志愿者队伍,积极动员共产党员、公务员、共青团员以及身体健康的离退休人员等投身于社区志愿服务,组织志愿服务队伍为社区孤寡老人提供日常照料与帮助。

第二,形成孝文化的舆论导向,用道德约束来补充立法的不足。随着社会的发展变迁,我国传统的孝道思想已经日渐淡薄。迫于经济压力等,许多子女甚至拒绝赡养父母，不孝行为时常发生。因此，形成孝文化的舆论导向，既需要立法，也需要道德引导，应该大力宣传孝文化，形成一种舆论力量，对于不孝行为，应加强对其子女的德育教育，以防微杜渐为重点。

第三，发挥社区照顾的养老作用。社区照顾，即通过一定的社会组织，整合社区内全部的社会资源，运用正规照顾和非正规照顾网络，为需要照顾的老人在家庭或社区中提供全方位照顾。发挥社区照顾的作用，一方面要加强与老人子女的沟通合作，以提供针对性的帮助；另一方面，要加强社区养老体系的完善，提高社区居民的参与水平，提高社区照顾服务水平。

第四，切实开展好社区心理健康服务工作。心理健康，是现代人健康不可分割的重要方面。在心理健康状态下，主体能做出良好的适应，充分发挥身心潜能。良好的心理素质有益于增强体质，提高抗病能力。因此，心理健康对于老人来说更为重要。应在社区内对老人加强心理健康教育，定期组织老人进行心理健康评估，经常开展团体活动，巩固社区老人的交际圈。对于孤寡老人等特殊群体，应定期上门进行慰问，同时对其给予相应的帮助，让老人获得充分的安全感和幸福感。

(三)家庭方面

家庭是心灵的港湾，对老年人更是如此。对大多数传统的老人来说，居家养老是他们最愿意的养老方式。首先，应处理好家庭成员之间的关系，形成充足的养老人力资源，良好的家庭成员关系有利于老人养老，有利于老人的身心健康。其次，邻里之间和睦相处，常言道："远亲不如近邻"，邻里之间的和谐相处有利于老人养老，有助于老人及时获得帮助和关怀。

(四)老人自身方面

除了上述应对措施外，老人自身也要提高应对能力。首先，加强学习，老有所乐。随着科技的发展，生活中很多信息的获取都要通过学习，老人需要加强学习，提高自己的文化素养。参加多样的文化生活，不仅可以丰富知识，也可以给其带来精神的愉悦。其次，提高思想认识。老人要正确认识"空巢"现象，学会适应这种现状。最后，加强老人之间的横向照顾。配偶间的相互扶持对老人很重要，老人相互照顾对养老形成了人力支持，加强老人之间的横向照料对贫困山区老人养老具有重要意义。

总之，受经济发展落后、养老保障机制不健全、家庭结构改变等因素影响，贫困山区老人长期处于物质资源、文化资源匮乏的生活条件下，其贫困问题和养老问题亟待解决。因此，需要结合政府、社会、社区、家庭、个体等多方力量，采取有效措施来解决这些难题。

本文作者吕厚超为西南大学心理学部教授、博士生导师，中国社区心理学服务与研究中心副主任，研究方向为时间人格和应用心理学等；饶荣蓉为西南大学心理学部硕士研究生。

强化主流媒体引领，激发正能量高效传播

刘丹凌　邹婷婷

内容摘要：新媒体语境下，互联网和移动互联网及其终端技术的高速发展，极大地拓宽了人民群众获取信息、传播信息、交往互动的平台和渠道，在赋予人民群众话语权、监督权、参与权，激活舆论空间的同时，也带来信息门槛矮化、信息把关弱化、传播权力“偏移”、意见领袖“下沉”等问题，致使舆论场域呈现出爆点多、燃点低、声音杂、迁移快等特点，部分虚假信息覆盖真实信息，负面情绪湮没正面情绪，主流价值、核心价值建设遭遇困境。因此，强化舆论引导，激发正能量传播是目前宣传工作的重要使命。

一、增强传播主动性，提升正能量效能

在新媒体技术的支持下，信息传播速度和传播规模的空前发展，极大便利了人民群众的生活和工作。然而，一些虚假、色情、暴力、低俗的负面信息也在呈指数级膨胀，不仅耗费了大量媒体资源，拥塞了信息渠道，还入侵了生活空间，弱化了主流价值的建设，并在一定程度上造成信仰迷失、情怀稀释、信念模糊等问题。因此，主流媒体应增强角色意识、占位意识、引领意识，积极、主动、适切地介入重要问题、典型现象、重大事件、重点人物的宣传报道工作，抵制负面价值和负面情绪的扩散和蔓延，充分发挥主流媒体的舆论引导力、社会公信力、传播影响力，凸显社会主义核心价值观，传播正能量。

（一）强化责任意识，形塑正面价值观

当前，正能量容易被唯利是图、信念模糊、盲目崇拜等一些负能量裹挟，部分群众难以在信息洪流中抓取主流信仰，带来盲信、盲从、价值观扭曲等问题。主流媒体应增强社会责任意识，积极引领社会思潮，强化核心价值的引领，净化公共舆论空间，推进和谐社会建设。具体而言，主流媒体应提升议程设置能力，加强主流文化的宣传力度、扩展宣传渠道、优化宣传策略、丰富宣传手段，全方位培育和践行正能量传播，建构正面认知，引导人民群众树立正确的价值观。

（二）创新传播表达，挖掘正能量内涵

社会多元化、终端多样化、渠道多级化，人民群众的信息需求也更加复杂多样，创新传播内容、传播渠道和传播视角是主流媒体占领舆论场域的重要途径。首先，创新传播内容，开阔引领视野，深挖历史文化、生态保护、公共服务等具有社会意义、时代价值和

民生关切的主题，挖掘其中的正能量内涵，推进正能量的传递、扩散和增量。其次，创新传播途径不固守于单一渠道，充分发掘报纸、网站、电视台、客户端等不同媒体渠道、媒体终端的特征，用融合创新的传播手段以及新媒体语境话语范式制定适合不同渠道的舆论引领战略，提升舆论影响效力，高扬社会主旋律旗帜。最后，以平等的视角深入实际，以人民群众喜闻乐见的形式进行传播，而不是“一厢情愿”灌输。此外，应始终坚持党性原则，坚持正向引领，防止“高级红、低级黑”，积极抵制负能量的传播和扩散，或者引导其转向正能量，营造风清气正的舆论场。

二、坚定文化自信，彰显正能量魅力

习近平总书记多次强调坚定文化自信是更基础、更广泛、更深厚的自信，无论我们走得多远，都不能忘记来时的路，提出培育和践行社会主义核心价值观必须立足中华优秀传统文化。积极发挥主流媒体的喉舌作用，全力传播中华民族优秀传统文化，是不断为正能量“内容池”注入新鲜血液，激发正能量生机和力量的重要路径。

（一）深耕传统文化，激活正能量源泉

中华文明延续上下五千年，传统文化是孕育正能量的源泉，也是中华民族改革创新的思想渊源，积淀着中华儿女最深沉的精神追求和理想信念。首先，加强对传统文化的保护力度，凸显传统文化的地位，让人民群众更充分、更全面了解和认识传统文化，唤起人民群众的认同感、自豪感。其次，创新传统文化的宣传形式，积极利用纪录片、文创衍生品、综艺节目、微电影等新形式传播传统文化，如《中国诗词大会》《上新了故宫》等文创节目为传统文化的弘扬和继承提供新思路，让人民群众能够体验高雅文化的熏陶、感知高雅的魅力。实现新时代中国特色社会主义建设，既需要物质基础丰富，也需要精神文化引领，应该让理想信念的明灯照亮时代发展的道路，激发全社会团结奋进。

（二）塑造时代楷模，凸现榜样力量

在文化多元、价值多元，强调主体性和自我价值的时代语境下，塑造时代楷模，激发榜样的示范效力和带动效力，对于激发正能量，营造良好的社会氛围具有特殊的意义。首先，主流媒体应充分发挥典型人物、先进事迹的“标杆”效应，多手段、多路径、多方位地宣传时代楷模，充分展示社会当中的真、善、美，激发人民群众的道德感受力、自我约束力和社会行动力。其次，表现方式上注重真实、质朴、平易近人，不夸大、不美化、不拔高，避免大话、套话、官话，突破模式化、同质化，探索以事明理、以情动人，让人民群众易于接受、乐于发扬，形成正能量传播的跌宕、扩展效应。再次，丰富时代楷模的塑造形式，将楷模事迹改编为影视作品、书写成文学作品、制作为音乐作品等，满足人民群众不同的需求，扩大时代楷模影响力。需要指出的是，对时代楷模的关注不应局限于做出巨大贡献的英雄人物，也应聚焦“小人物”，突出“草根”英雄的时代意义，激发人民群众的共鸣共振。

三、打造全媒体矩阵，形成正能量叠振

全媒体时代传播渠道多元，人民群众获取信息的途径不再局限于单一媒介，应充分考虑群众的媒介使用习惯，与时俱进，构建多角度、多方位、多层级的正能量传播格局，做好正能量释义、传播内容选择、舆论走向把控，让正能量更强劲、主旋律更高昂，以实现传播效果最优化，促进向善向上的社会风尚建设。

（一）淬炼传统媒介优势，纵深正能量影响

与新媒介相比，传统媒介具有内容生产力强、内容剖析力强、内容可读性高、群众基础牢、知名度广等优势，是应该高度重视的传播渠道。首先，在理念上不能丢弃传统媒介宣传阵地，有效促进传统媒介的转型升级，激活传统媒介生命力是推动正能量传播的基础条件。其次，积极利用传统媒介的原创性、首发性优势，推动高质量、高水平、正能量内容的生产和传播，引领积极向上的社会思潮是正能量传播的核心议题。尤其要利用传统媒体的权威性、影响力，做好重大事件、重大典型、重大社会问题的深度报道，深化内容可读性，提升人民群众的思想内涵，巩固壮大主流思想舆论，弘扬主旋律，传播正能量。

（二）开掘新媒介技术，延伸正能量晕圈

主流媒体要顺势而为、应势而动，紧跟时代潮流，加快数字化转型，用网络化时代人们熟悉、方便和习惯的方式唱响主旋律，高昂正气歌。首先，充分利用新媒介技术，营造出全媒体时代正能量传播的多屏融合、跨屏融合格局，包括电视机、计算机、手机、其他移动终端的联合，打造全景式传播场域。其次，积极运用短视频、H5 页面、直播、虚拟现实技术、5G 技术等新媒体技术进行多层化、可视化呈现，让正能量直观化、可感化。最后，高效创新正能量呈现模态，运用微电影、综艺节目、新闻游戏、网络短剧等新形式阐释、叙说正能量，将严肃生硬的“说教”转化为生动活泼的柔性传播，多种模态并行，实现多媒体呈现、多资源聚合、多功能开发的全媒体传播矩阵，让正能量“声振林木，响遏行云”，延伸传播效果晕圈。

四、加强互动思维，粘合正能量迷群

正能量传播从不缺乏受众，但如何长久留住受众的注意力，并将这种注意力转化为接续正能量的实际效能是媒体应该思考的时代新命题。互联网技术接通了传播互动渠道，增强了用户的主动性、能动性，在这种技术和应用的支持下，人民群众更加关注国家大事、重点决策、时政热点，当家作主的意愿更加强烈。探索互动传播新形式，增强用户黏合度，是新时代助推正能量传播的有效策略之一。

（一）完善互动模式，激发正能量接续

在传播交往关系深刻变迁，传受界限消弭，互动成为新常态的背景下，主流媒体应进一步强化互动思维，拓展互动渠道，激发人民群众的参与意识，推动认知效果向行动效果的演进。一方面，有效运用传统的互动模式，采用短信、电话访谈、邮件、书信等形式与人民群众互动。另一方面，高效利用社交媒体等新媒体手段，充分发挥其传播迅速、反馈及时、跨越时空等优势，构建与人民群众高效率、高频率、多层次、多维度的长效互动机制，实现正能量传播效果最优化。此外，积极利用新媒介技术，营造全覆盖的互动拟态场景也是有意探索，比如运用 3D 投影技术让时代楷模“现身说法”，与人民群众“面对面”互动；再如深化正能量传播，虚拟环境与现实社会融合，利用先进技术延伸身体在场感，实现通过屏幕就能换军装、升国旗等“触摸”正能量的虚拟场景，激发参与热情与二次传播意愿，实现接力传播，促进互动性传播格局的建设与普及。

（二）关注互动效果，扩伸传播涟漪

在注重拓展互动手段的同时，也应该密切关注互动效果，切实优化正能量传播。首先，建立全面客观的互动效果评估体系，检验关于正能量的传播广度、传播深度、传播频度，关注人民群众的参与度、体验感。其次，利用评估效果切实检验互动手段的效用，及时发现问题，不断探索和改善互动形态，增强用户的黏性，构建交流和互动的良性平台，确保正能量的有效输出，扩伸正能量传播影响的涟漪。

正能量不仅是社会主义核心价值观的具体表征，也反映着人民群众对未来的美好期许，主流媒体应明确社会使命和责任担当，用实际行动响应习近平总书记提出的“弘扬主旋律，传播正能量”重要指示，推动和谐社会、健康社会的建设。

重庆市社会科学规划项目“新传播革命语境下的媒介焦虑研究”（项目批准号：2017YBCB058）及全国“‘文化名家’暨‘四个一批’人才”自选课题“正能量传播”的阶段性研究成果。作者刘丹凌为西南大学新闻传媒学院教授、硕士生导师，文艺学博士，西南大学公共文化研究中心研究员，重庆市学科技术带头人后备人选，研究方向为跨文化传播、媒介与社会等；邹婷婷为西南大学新闻传媒学院硕士研究生。

重庆市基层公共文化人才队伍建设的对策
——基于重庆三区一县的调研[①]

何玗璠　吴江

内容摘要：人才是第一资源，基层公共文化人才是基层公共文化发展的组织保障。课题组[②]通过对重庆市北碚区、万州区、武隆区和忠县公共文化服务体系建设的调研，发现目前重庆市基层公共文化人才存在人力不足、人才匮乏、人才流失的现实困境。对此，本文从加强基层公共文化人才的顶层设计、壮大基层公共文化人才队伍、完善基层公共文化人才发展机制、优化基层公共文化人才结构四个方面提出进一步加强基层公共文化人才队伍建设的对策建议。

公共文化人才是促进公共文化发展的第一资源和第一动力。近年来，重庆市持续实施科教兴市和人才强市行动计划，强调在公共文化建设方面的人才保障，并在2018年10月31日出台的《重庆市科教兴市和人才强市行动计划(2018—2020年)》中明确指出要统筹实施一批基层人才项目，选派一批包含文化人才在内的专业人才到基层、农村服务，着力加强基层公共文化人才队伍建设，助推基层公共文化发展。课题组通过对重庆市北碚区、万州区、武隆区和忠县开展公共文化服务体系建设的调研，发现所调研的四个区县均已基本建成公共文化服务标准化体系，并在加强基层公共文化人才队伍建设方面，如基层公共文化人才的培训、人才队伍结构优化以及体制外文化人才的培养等已有较大成效。但仍存在基层公共文化人才不足、年龄结构失衡、人才发展机制不够完善等问题。

---

① 三区一县指课题组调研的重庆市北碚区、万州区、武隆区和忠县。

② 2019年7月29日～8月28日，西南大学公共文化研究中心承担的重庆市委改革办2019年改革咨政调研计划项目“重庆市城乡一体融合发展体制机制改革中公共文化治理与政策创新研究”、西南大学2019年中央高校基本科研业务费专项资金创新团队项目“新时代公共文化服务均等化研究”课题组在重庆市北碚区、万州区、武隆区和忠县开展公共文化服务体系建设的调研。课题组分别对各区、县的文旅委、农业农村委、发展改革委、宣传部、财政局、人力社保局、博物馆、图书馆、文化馆、教委等党政机构部门和部分镇街村社的公共文化服务体系建设情况、公共文化人才队伍建设情况等开展了深度访谈。访谈干部近320名，随访群众80余名，共计访谈对象400余人。

一、重庆市基层公共文化人才队伍建设困境

(一)人力不足,“做不了”事

在实地调研中发现,四个区县基本建成了公共文化人才体系,形成区县—街道(乡镇)—社区(村)公共文化人才配备的“闭环”,但在实际的基层公共文化人才队伍建设中,由于编制、年龄结构以及人事权限等方面的问题,人力不足、“做不了”事的现实困境依旧存在。

一是大量混编、混岗、人才抽调现象导致人力不足。在实地的访谈调研中,课题组发现四个区县在基层公共文化服务中,基层公共文化人员的混编、混岗、人才抽调现象尤为普遍。在基层工作中,由于工作重心和工作量不同,并且跟扶贫、经济建设和环境保护等工作的硬性指标相比,公共文化方面的工作更偏向软性指标,因此部分文化服务中心的编制和人员经常因工作需要被挪到其他单位、部门使用,例如某乡镇文化服务中心的事业编制 7 人,实为 2 人,其余编制和人员均被区文旅委、乡镇党政办、社事办抽调使用。类似混编、混岗情况的频发一定程度影响了基层公共文化工作的人员配备以及基层公共文化工作的正常开展。

二是基层公共文化人员年龄结构不合理,人员年龄普遍较大导致人力不足。根据课题组访谈调查结果,基层公共文化人员的年龄结构失衡现象较为常见,工作人员年龄普遍较大,在访谈中有工作人员曾表示单位实际工作 20 人,50 岁以上的有 17 人,几乎无人能做数字化、信息化等方面的工作;并且在一些地方甚至视公共文化部门为“养老单位”,严重制约了基层公共文化人才队伍建设,影响了基层公共文化服务供给。

三是基层公共文化部门的人事权限问题导致人力不足。事业单位的性质决定了在基层公共文化工作中行业部门仅管业务,并无人事权限,人事任免基本由本级政府决定。因此,在这种“仅指导业务,不管人财物”的管理模式下,基层公共文化部门人员大多以“先处理街道、乡镇安排的事”的工作心态处理基层公共文化相关工作,一定程度上也限制了基层公共文化部门人力资源的利用。

(二)人才匮乏,“用不了”人

调研发现,四个区县均十分重视人才保障工作,并着力推进相关人才引进政策,但对公共文化人才的重视程度均不够,并且由于招考制度、基层队伍素质等方面的限制,“人才匮乏”成了基层公共文化人才队伍建设的通病。

一是招考和引进人才的限制导致人才匮乏。首先由于公共文化服务的特殊性,大部分岗位需要与具体业务对口的专业人才,但由于公招时无法设置部分必要的限制条件,如博物馆讲解员的身高条件等,并且用人单位在公招时的自主权太少,带来部分“高分低能”的“考试型”人员,导致招聘结果难以满足用人单位的需要,并且这类“非专业型”人员工作适应时间较长,影响基层公共文化人才队伍建设的进度。其次,区县对高

层次人才比例有严格限制，一定程度上也影响了中高级公共文化人才的引进，导致基层公共文化人才队伍依旧以初级人才为主，中高级人才占比普遍低于30%。

二是基层公共文化部门队伍素质参差不齐导致“用不了”人。首先是基层公共文化部门人员学历水平参差不齐，差异性较大的学历水平一定程度上影响了部门人才队伍建设。其次是基层公共文化部门人员专业性水平低，难以适应数字化建设发展，由于区县干部的数字化工作水平不高并且大多人员的年龄偏大，其自身能力跟不上基层数字化公共文化服务的要求，从而导致部分基层公共文化部门数字化建设几乎无人推进。

（三）人才流失，“留不住”人

在调研中发现，目前基层公共文化人才队伍建设的另一大现实困境是基层公共文化部门岗位比例设置不合理，职称评定机制不健全，编内编外人员薪酬差异大导致的人才稳定性低、人才流失、“留不住”人。

一是岗位比例设置不合理，挫伤公共文化人才的工作积极性导致人才流失。在公共文化这一专业性要求较强的领域，岗位比例设置关系着公共文化部门的自身定位与长远发展，但从调研访谈的情况来看，基层公共文化部门专业技术岗的比例以及中高级职称的比例设置都存在不合理的现象，一些部门并未按照在职人员的比例来合理设置专业技术岗位，导致不少单位专业技术岗编制满员时，只能以临聘人员方式聘请专业人才，直接影响公共文化年轻人才的发展，挫伤其工作积极性，导致人才流失。

二是部分区县专业职称评定机制存在问题导致人才流失。根据调研访谈资料，由于受限于行业主管部门，部分区县的乡镇文化服务中心无评定副高职称的资格，但处于同一级别的农业服务中心却有评定副高职称的指标，由此容易导致基层文化服务中心干部的工作积极性不高，经常出现“工作一辈子，仍然是中级职称”的现象，并且有时甚至会占用农业服务中心的副高职称指标。这种方式并不能有效解决文化服务中心专业职称评定的上限问题，从制度层面改变基层专业职称评定机制才是解决良策。

三是大部分公共文化部门未能实行“同工同酬”。在实地的调研访谈中发现，编外人员工资待遇远不及正式职工的现象普遍存在，由于编制不足以及部门岗位的特殊性，基层公共文化部门不得不使用编外人员来解决部门人手紧缺问题。然而，在实际的工作中，工作量与工作内容大致相同的人员，却因编制问题导致待遇差距较大，以至于大量的基层公共文化人才望而却步，较大地影响了编外基层公共文化人才的工作热情，导致一部分基层公共文化人才将现单位作为跳板，消极怠工。

二、加强重庆市基层公共文化人才队伍建设的主要对策

“千秋基业，人才为本”。针对基层公共文化人才队伍建设的现实困境，以加强基层公共文化人才的顶层设计为引领，通过壮大队伍、完善基层公共文化人才发展机制、加快基层公共文化人才分类建设来解决当前人才队伍建设中的突出问题，推动基层公共文化人才队伍建设制度完善、机制合理、结构优化。

（一）统筹规划，加强基层公共文化人才的顶层设计

一是制定并完善重庆市基层公共文化人才队伍建设中长期规划，以文化专业技术人才作为队伍建设的重点，以业余文化骨干、文化志愿者为辅助力量，从而有效解决目前基层公共文化人才短缺、人力不足、队伍规模偏小的问题。二是充分认识到基层公共文化人才的重要性，树立科学的基层公共文化人才观，珍惜基层公共文化人才资源，培养一支“懂文化、爱文化、享文化”的基层公共文化人才队伍。在基层公共文化服务领域营造尊重基层公共文化人才的工作氛围，真正做到关心基层公共文化人才成长，支持基层公共文化人才工作，扶持基层公共文化人才发展。三是加强基层公共文化人才队伍建设的宏观指导，将基层公共文化人才队伍建设纳入基层党委、政府重要议事日程和目标考核评价体系中，建立科学的决策、协调和督促落实制度。四是进一步制定并出台重庆市加强基层公共文化人才队伍建设的意见，针对部门特点，并以基层公共文化部门在职人员的比例为基础，合理设置基层公共文化部门岗位，优化专业技术岗与行政岗的岗位比例。

（二）壮大队伍，加大对体制外公共文化人才的培养力度

一是打破体制和身份的限制，将体制外的民间艺人、“非遗”传承人、业余文化骨干、文化志愿者等纳入基层公共文化人才储备范畴，纳入基层公共文化业务培训规划，壮大基层公共文化服务供给队伍，出台相关激励办法和制度，使他们在职称评定、政府奖励、支持资助等方面基本享受同等待遇。二是加强基层公共文化志愿者队伍建设，进一步完善相关选拔、培训、服务、激励、考核等制度，提升基层公共文化志愿服务的质量和效率。三是加强与高校的合作，共同实施文化课堂等志愿服务项目，充实基层公共文化人才队伍，将其纳入基层公共文化人才队伍建设，提升基层公共文化服务水平，推动基层公共文化服务进一步发展。

（三）以用为本，完善基层公共文化人才发展机制

一是选择部分区县进行基层公共文化人才管理体制改革试点，探索将现有的基层公共文化人才由横向块状的行政管理转向纵向条形的专业管理，将乡镇、村、社区的文化人员管理权限上移，纳入县级文化行政管理部门，避免“业务部门只管业务，管不了人财物”的尴尬管理困境，从而确保人才的职业化、专业化。二是合理设置基层公共文化人才的职称评定范围，实现同级的公共文化人才与其他人才的职称评定范围一致，改变目前乡镇文化服务中心无评定副高职称资格的现状，破除基层公共文化人才的自我发展瓶颈，缓解目前其他人才指标被占用的尴尬困境。三是加强校地合作，围绕基层公共文化人才素质和能力提升，建立基层公共文化部门与基础教育、职业院校、高校的公共文化人才教育和培训体系，加强基层公共文化人才与高校师生的联动，实现“两进”“两推”的合作模式，即基层公共文化人才进高校培训，高校师生进基层实践，从而推动基层公共文化人才培养发展，推动高校师生深入基层锻炼。四是加强基层公共文化人才培

训，特别是针对数字化水平提升方面的培训，缓解基层公共文化发展中数字化建设“断节”的现状，通过提升基层公共文化人才参与数字化建设的能力，带动基层公共文化数字化发展。五是提高优秀编外基层公共文化人才待遇。目前基层文化单位编制数量有限，并且大多数单位编制已是饱和状态，因此不少单位通过招聘临时人员来缓解基层公共文化工作压力。在实际工作中，不少编外人员的工作质量与水平基本等同甚至高于编内人员，但由于薪酬限制导致优秀编外基层公共文化人才工作积极性降低，稳定性差。因此在完善人才发展机制时应减少编制对于薪酬的影响，对专业技术水平较高并且工作能力较强的优秀编外人才采用激励机制，以相应专业技术岗位待遇为基准，提高其工作待遇水平，留住优秀编外基层公共文化人才。

(四)优化结构，引领基层公共文化人才队伍分类建设

基层公共文化人才队伍的整体效能与人才结构息息相关。要实现基层公共文化人才队伍建设向优化结构转变，需要针对人才队伍的不同特性进行分类建设。一是实施基层公共文化领军人才培养计划，培养一批“懂文化、会管理”的复合型人才，并对优秀基层公共文化人才在相关考核、晋升政策上给予支持。二是加强基层公共文化中高级技术人才的业务能力培训，以业务能力带动基层公共文化供给水平，提高基层公共文化部门的专业化水平。三是对当前基层公共文化人才队伍中的“老人”进行“补课”，即针对该公共文化部门的现实发展情况，特别是针对数字化、信息化方面的新操作、新做法，对人才队伍中的“老人”进行基础培训，缓解当前人才队伍建设中“脱节断代”的尴尬现实。

本文为西南大学公共文化研究中心承担的重庆市委改革办2019年改革咨政调研计划项目“重庆市城乡一体融合发展体制机制改革中公共文化治理与政策创新研究”(项目批准号：渝委改办〔2019〕3号)、西南大学2019年中央高校基本科研业务费专项资金创新团队项目“新时代公共文化服务均等化研究”(项目批准文号：SWU1909101)的阶段性研究成果。作者何玗璠为西南大学政治与公共管理学院硕士研究生；吴江为西南大学政治与公共管理学院院长、教授，管理学博士，研究方向为地方政府治理。

切实提升海归教师工作满意度助推西部高校“双一流”建设

皇甫倩

内容摘要：人才引进是高校建设和发展的重要环节。占国土面积56%的西部地区，是“一带一路”倡议和长江经济带国家战略的重要节点，后发优势凸显，但其高等院校总数仅占全国高校总数的22.9%，其中“211工程”（含“985工程”）院校的总数仅为25所，高水平人才队伍及高层次学术平台严重缺乏、创新能力严重不足的现状在很大程度上妨碍了海外人才的引进、培育和利用。基于这些问题，本文从工作因素、生活支持、待遇薪酬以及母国环境与文化的适应等四个方面分析了影响海归教师工作满意度的因素，并分别从国家层面、地方政府层面以及高校层面提出了提升海归教师工作满意度的相关策略，旨在对西部高校提升现有海归教师的工作满意度提供参考，从而助推西部高校“双一流”建设。

习近平总书记指出，人才是实现民族振兴、赢得国际竞争主动的战略资源。由中国与全球化智库（CCG）王辉耀、苗绿研究编著、社会科学文献出版社出版的国际人才蓝皮书《中国留学发展报告（2016）No.5》指出，随着世界形势的变化以及美国政府移民政策的调整，截至2016年底，我国留学回国人员总数达265.11万人，形成了新中国成立以来最大规模的留学人员“归国潮”。但报告同时指出，超过六成的留学归国人才对工作的满意度较低，部分留学归国人员“再归海”的意愿强烈。作为新时期我国高校发展的目标和要求，西部高校“双一流”建设面临很多现实困难。如何在不利条件下，抢抓时代机遇，切实提升留学归国人才工作满意度，让人才“来得了、引得进、用得好、留得住”，是摆在西部高校面前的一道现实难题。

一、留学归国人员工作现状

近几年，海归光环在媒体报道中已经逐渐暗淡。一方面，留学归国人员数量庞大，尤其是党的十八大以来，回国人数占留学总人数的70%，形成了新中国成立以来最大规模的留学人员“归国潮”。另一方面，随着国际留学生的数量不断增加，各国收紧工作签证制度，国际留学生完成学业后在留学所在国继续工作的可能性在逐渐变小。因此，留学生无论是在国内还是国外就业都面临着竞争加剧的现实情况。与此同时，由于国内外学期制度不同，容易错过招聘季；不了解国内企业用人标准与需求以及缺乏社会网络优势等原因，海归人员回国就业后，“所学”与“所用”之间存在较大差距。有研究表明，超半数被调查的海归人员认为工作内容与海外所学的匹配程度一般，仅有15.1%的被调查者认为工作内容与海外所学完全匹配。此外，随着留学方式的多样化，留学生数量上的增多对应着自身水平素质上的良莠不齐，加上国内高校学生外语能力的提升，海外留学背景本身已不再是就业市场中绝对的加分项。《中国留学发展报告(2016)No.5》调查显示，超过六成的留学回国人员在基层岗位工作，其实际薪酬低于期望薪酬，其中，仅有26.4%的被调查者第一份工作起薪高于一同进入单位的国内学生。

而西部高校由于受到自然地理环境、区域经济发展状况、学术环境、引才待遇等影响，海归教师工作的满意度更低。例如，由于政府对产学研发展的政策支持有限，资金支持力度相比东部差距较大；科技研发与应用平台功能发挥不佳，优势学科正逐步丧失其传统影响力，导致海归教师的事业发展处于“巧妇难为无米之炊”的窘境；国内独有的“人情文化”也让许多归国人员难以适应；等等。

二、影响留学归国人员工作满意度的因素

工作满意度是指留学归国人员对其所从事工作以及工作条件与状况等带有情绪色彩的感受与看法，它是高校运行状况的一个重要评价指标。近年来，我国高校引进的海外人才规模持续增长，人才跨校、跨地区流动成为常态，深入探讨西部地区高校海归教师工作满意度的影响因素，对分析高校归国人才聘用政策和人才流动原因，切实提升海归教师工作满意度，从而助推西部高校“双一流”建设具有重要的意义和价值。

(一)工作因素

这里的工作因素不仅是指高校海归教师与领导、同事及科研团队内部的合作、沟通与交流情况，以及单位、科研平台和科研团队对海归教师产生的影响；也指的是高校为海归教师提供的办公条件、文体娱乐设施等方面的物质支持；此外，还包括职业本身的自主性、稳定性、压力大小、工作目标实现程度、成就感和责任感等。有研究表明，在被调查的897名留学归国人才中，有73.1%的被调查者认为好的平台和科研资源对于职业发展具有重要的作用，然而，据统计，西部地区“985工程”和“211工程”院校仅有25所。其中，国家重点学科、重点实验室和工程技术研究中心等国字号的科研平台共127个，博士后流动站690个，仅为东部的25%和26%。国际级重大科研平台的缺乏，高端人才承载力的薄弱，是西部地区海归教师工作满意度低的重要因素之一。此外，81.9%的被调查者认为团队合作更有利于学术发展、职业提升，80.6%的被调查者认为拥有较大的工作自主性是影响其职业满意度的重要因素。

(二)生活支持

生活支持，是指高校为海归教师及其家人所提供的户籍政策、住房政策、配偶工作政策和子女就学政策等方面的支持。研究表明，对于海归教师来说，住房问题是影响其

职业满意度最重要的因素，占到被调查总人数的86%；其次是子女入学问题，占到了28.1%，主要表现为：一是子女无法适应国内传统学校的教育模式，很难融入体制内的学习体系；二是子女没有学籍，无法入学。调查指出，随着年龄的增长，在配偶工作和子女入学等方面遇到困难的青年海归教师所占比重明显增大，这说明了“安居”对于青年海归教师“乐业”的重要影响。

（三）薪酬待遇

薪酬待遇，是指海归教师的工资收入，获得的科研启动经费情况，是否享受人才引进政策所提供的补贴、奖金等福利待遇，以及对未来加薪的预期。调查发现，“提高人才薪酬福利待遇”成为海归教师最为关注的方向，比例高达65%；此外，79.2 %的海归教师认为薪酬待遇对于职业满意度来说“非常重要”或“比较重要”。由此可见，薪酬待遇不仅是影响人才持续、稳定发展的重要问题，也是影响高校海归教师工作满意度的基本条件。

（四）母国环境与文化的适应

母国环境文化的适应主要指海归教师回国后对所在城市经济发展水平、公共服务水平、自然环境，以及人际社交、日常生活等方面的行为和心理上的重新适应和调整。有相当一部分海归教师由于曾较长时间生活在国外，对国内的某些理念、体制机制与环境等不太适应，尤其是科研条件、学术氛围和人情世故等，都需要一个磨合期，而这些都是影响他们职业满意度的重要因素。

三、提升留学归国人员工作满意度的策略

西部高校推进“双一流”建设，实现高等教育内涵式发展，核心主体是人才，根本途径是释放人才活力，本质要求是促进人才的全面发展。在具体工作实践中，西部高校要从自身实际出发，不断整合各类社会力量，大力为西部地区各类人才创造良好环境、打造岗位发展平台，写好西部高校人才队伍建设的“大文章”，从而助力西部高校乃至西部地区经济社会发展。

（一）国家层面

在国家层面，要研究制定更加贴近西部高校人才发展的专项政策，在重大平台建设、精准对口支持、培养补偿机制、专项资金资助、学科布局优化等方面进一步加大支持力度。一是加大重大人才平台建设，如设置西部国家级的人才项目，定向自主，并设置最低服务年限，吸引优秀人才在西部高校安心工作。二是探索精准对口支持机制，加强东西部高校之间学科和人才的精准对口支持。西部的省属地方高校学科建设比较落后，东部具有优势学科的高校可以选择一所对应的西部高校进行学科对接支持。三是建立健全人才补偿机制。人才流动无序，西部地区往往出现高校花了重金和大量精力

培养起来的高端人才，很容易就被东部高校挖走。因此，应该建立起类似于欧美足球运动员“转会”的机制，而这个“转会”机制就要靠政府来建立并完善，如果完全靠市场就只能是单向流动。如可以建立政府主导的区域人才培养补偿办法，实行“人才转会”机制，补偿资金再用于培养和引进高端人才，这样才能在一定程度上稳住和培养西部的高端人才。四是实施西部专项资金资助，实施更具吸引力的薪酬制度，同等条件下，西部高校高端人才收入不低于东部高校，差额部分由国家专项资助，这样才能体现出政策向西部倾斜。五是大力推进学科布局优化，积极落实国务院《关于加快中西部教育发展的指导意见》。尽管现在西部有“双一流”高校，但发展局限性大，有些省份至今没有部属院校，而地方政府由于财力薄弱，想要建设一流大学十分艰难。因此，可在每个省遴选一批重点建设的一级学科和特色学科，实施“一省一直属高校”的建设，以更好引导西部高校的特色发展。

（二）地方政府层面

一是进一步下放高校办学自主权。全面推进关键领域和关键环节改革，对地方院校在人事分配制度方面进一步放权，进一步明确主管部门和高校的权限关系。同时，要下放编制管理权，由高校自主开展编制管理；下放岗位设置权，由高校自主确定岗位总量和岗位结构比例。二是搭建高水平产学研协同创新平台。地方政府的支持紧紧围绕高端产业和产业高端发展需求，另选一批具有发展潜力的学科，支持其与国内外领先的高校、研究中心合作。加强关键技术协同攻关，在短时期内提升产学研的整体水平，实现地方和高校双赢。三是着力完善人才公共服务体系。在子女入学、税务、医疗等方面，给予留学归国人员更多的便利。如对高端留学归国人员的配偶一同回国并愿意就业的，接收单位要优先安排合适的工作，确有困难的，由当地政府有关部门及时协调解决；随迁子女入托、入学的，可自主选择驻地公办或国际学校就读，由教育行政部门协调办理入学手续；对海外高端引进人才的子女参加国内中高考的，可按照招收外国留学生或归侨子女的相关政策予以优先或降分录取等。

（三）学校层面

一是着力营造宽松和谐的工作环境和自由的学术氛围。受到外国学术氛围的影响，高校海归教师普遍更注重宽松和谐的工作环境和自由的学术氛围等“软环境”。因此，高校一方面在制定或修订政策时，应更加重视长期利益和短期利益的平衡，避免政策导向短期化、功利化，创造更加宽松的学术环境；另一方面可以在广泛征求海归教师意见和建议的基础上，适当借鉴国外一流大学的管理经验与模式、考核制度以及评价标准，加强质量导向，减少短期的、过于量化的评价指标，为海归教师的职业发展创造一个宽松自由的环境。二是鼓励团队合作，多渠道搭建交流与合作平台。有调查发现，33.33%的海归教师认为国内高校缺乏基于共同兴趣与目标进行科研合作的理想团队；20.37%的海归教师则表示无法融入国内高校的科研团队与科研环境；12.96%的海归教师认为国内高校提供的科研交流机会较少。由此可见，缺乏团队合作与交流是海归教师面临的普遍问题。诚然，当前不少高校已经通过举办各种学术沙龙、论坛和会议等方式，尽可能地给海归教师创造探讨学术、开展合作与交流的机会和平台，但是这与广大海归教师的实际需要还存在着较大的差距，需要学校制定更加完善的学术合作与交流制度以及更具吸引力的激励政策以引导海归教师与本土教师开展深度沟通、交流与合作。三是多措并举，加强机关效能建设。海归教师们普遍反感高校机关工作制度或流程朝令夕改、行政主导的现象。有些工作的行政手续异常繁杂，往往会让海归教师将大量的精力浪费在各种填表、审核等琐事当中，而无暇专心于科研。难怪有人抱怨"不是行政为老师服务，而是行政为老师惹事"。这说明，高校有些行政工作亟待进一步优化服务流程，减少不必要的烦琐手续对人力资源造成的损耗。再者，部分海归教师在国外生活多年，对国内的有关政策、环境和高校的实际情况需要有一个熟悉、了解和适应的过程。当他们遇到困难和问题到相关部门寻求帮助时，即使暂时不能解决问题，工作人员也应给予他们耐心细致、春风化雨般的关心，以化解他们的不满情绪。否则，就容易加深海归教师对高校相关政策和工作的误解，导致优秀人才的流失。四是实行"人文关怀"政策。高校可以从三个方面着手改进：第一，大力推进"安居工程"。虽然西部地区的房价没有东部沿海地区那么高不可攀，但是相较于当前高校教职工的收入依旧差距不小。此外，不少青年海归教师正处于成家立业的年龄段，优惠的住房政策能够有效缓解其生活压力，可以有效地提升其工作的满意度。第二，改善薪酬体系，提高薪酬待遇。工资待遇是改善海归教师生存状况的核心，海归教师直接关注工资待遇的占到总人数的23.4%，提高待遇的诉求在生存状况大类中占到94.4%，出现527次。因此，应该进一步发展激励性质的绩效薪酬体系，如加大科研奖励的力度，为教师提供更多实质性的物质津贴等。第三，合理安排海归教师的工作任务。科学家创造力最鼎盛的时期是30～40岁之间，不同学科略有差异。西部高校花重金引进的海归教师，其根本目的还是希望他们能够致力于科学研究，推动学科发展。因此，各个院系在安排具体的工作任务时，可以在充分尊重教师个人兴趣的基础上，考虑适当减少海归教师的教学任务，让他们有更多的精力投入到科研当中，真正做到人尽其用。

在当前留学归国人员大量"回流"的今天，如何抓住机遇，"引得进、用得好、留得住"留学归国人员，是西部高校需要特别关注的问题。只有国家、地方政府和高校共同努力，为留学归国人员，尤其是为高端归国人才创建出一个能够充分发挥其才能、实现其人生价值且没有"天花板"的舞台，才能让其心甘情愿扎根西部，为祖国教育科研事业尽其能，为西部发展做贡献。

本文为重庆市高等教育教学改革重大项目"'三方协同'模式下卓越化学教师人才培养机制的实践与探索"（项目批准号：191009）的阶段性研究成果。作者为西南大学化学化工学院副教授、硕士生导师，研究方向为高端人才政策、课程与教学论。

城乡公共文化服务体系建设中的问题诊断与政策建议

吕子尧　王志章

内容摘要：随着物质水平的不断提升，城乡居民对文化的消费需求日益增强。当前在城乡公共文化服务体系，统筹城乡公共文化建设上还存在诸多问题。本文通过对当前城乡公共文化服务体系建设中存在的问题进行诊断，提出如下建议：完善人才管理体制，加强人才的引进和培养；完善公共文化服务中城乡居民评价反馈机制；提高村民对村规民约的认识，完善村规民约的合理性；文化结对帮扶深入化、精准化；完善城乡居民公共文化需求收集机制。

党的十九大正式指出我国社会的主要矛盾已经转化为“人民日益增长的美好生活需要与不平衡不充分的发展之间的矛盾”。主要矛盾转变了，但我国处于并将长期处于社会主义初级阶段的基本国情没有变，我国的“城乡二元结构”特征没有变，人类个体需求包含的物质与文化两个层面也没有变。正如古希腊哲学家伊壁鸠鲁认为的，追求幸福是人类的天性，对幸福感的诉求是人类向前迈进的驱动力；亦正如“伊斯特林悖论”一样，经济收入的增长不一定会增加居民的幸福感。随着物质生活水平的提高，各种公共文化服务需求逐渐进入城乡居民的消费需求清单。为顺应这一需求，2019 年 4 月，中共中央、国务院《在关于建立健全城乡融合发展体制机制和政策体系的意见》中指出：“健全城乡公共文化服务体系。统筹城乡公共文化设施布局、服务提供、队伍建设，推动文化资源重点向乡村倾斜，提高服务的覆盖面和适用性。”

公共文化是由政府主导和社会参与，传播和推广先进文化，提供精神食粮的各种公益文化机构和服务的总和，它不断满足人民的文化需求，从而保护人民的基本文化权益。它强调的是服务全社会公众的公共行政职能，其目标是建立一个人人参与文化、享受文化、创造文化的良性循环发展体系。随着国家对文化重视程度的提高和政府支持力度的加大，我国公共文化服务水平不断提高，公共文化服务建设也在稳步增长，虽然总体水平在不断提高，但在健全公共文化服务体系过程中仍存在着很多亟待解决的问题。

一、城乡公共文化服务体系建设中的问题诊断

(一)专业的城乡公共文化对接人才缺乏

首先,乡村文化机构设置与职能不匹配,导致城乡公共文化管理不能对接。乡政府直接管理文化站,而文化主管部门主要提供业务上的指导,这导致了文化站要双头对接,不仅需要负责组织开展文化活动,还要承担一些行政上的事务,如此庞大的工作量必然会导致工作质量的下降,草草应付文化活动的组织与开展。并且文化站的编制较少,工作人员长期固定,缺少学习和晋升的机会,导致了人员缺乏活力、积极性和创新性。

其次,随着机构改革的进程逐渐推进,文化站将承担越来越多样化、综合化的任务,文化站必然会面临专业人才的缺乏。人才建设队伍中存在非专业或低学历人员,缺乏基本的知识,接受新事物的能力较弱,从而没有能力能胜任所在的职位。尤其是缺少文艺创作、文化活动组织和管理方面的专业人才,导致公共文化设施缺乏管理与公共文化服务水平不高,难以给群众提供高质量的文化服务。

(二)公共文化服务中城乡居民评价反馈机制的不健全

首先,评价与反馈机制是一个双向互动的过程,需要城乡居民广泛参与、广泛关注。从公共文化服务的前期调研和供给端来讲,前期的调研没有贴合民众生活与需求,供给的产品与服务自然不能吸引民众参与。从民众的评价和后期的反馈而言,民众参与的文化活动少,在评价的时候自然就不清楚实际情况,表格内容显得抽象难懂,这个问题在全国各个地区都有,在农村和城市地区都存在。根据调研过程中的交流和收到的书面结果,在参与多次类似的评价之后,民众就会疲于应对,开始随意评价、跟风评价、一律高(低)分评价;此外,据基层文化工作人员的反映,由于逐年反馈的建议没有实际见效,需求的落地效果不明显,民众参与评价或反馈的积极性被打击,参与度随着考评工作的开展逐年走低,如果继续运行现行的考评机制与调研方法,无异于"竹篮打水一场空"。

其次,民众在评价后得不到有效的反馈。对现有的公共文化服务效果进行评价的方式主要包括两种,一是看设施兴建、图书资料的数字类结果水平,二是调研询问文化服务受众的满意度水平。从重庆城市和乡村文化服务的实际来看,不难发现:在政府和基层文化工作人员的努力建设下,80%以上的城市社区具备智能化、数字化文化场馆与服务,70%以上的农村地区配备了较高水平的文化场所和体育娱乐设施,评价中所列的数字类结果已经基本令人满意,数字在最终的评价结果中也很具说服力。但是,回到考核和评价工作的实际,也不难发现,来自于普通民众的、最基层的评价结果似乎显得人微言轻,尤其是民众反馈的需求,因为是个例或难度太大而很少收到实际回应。因此,在现行的评价机制内,民众的评价结果权威性不足,需求与意见反馈的实际应用率较低。

(三)村规民约与城市法律存在内在冲突

村规民约在制定层面，普遍存在公开透明度不高，缺乏规范性、民主性等问题，往往受制于国家行政权力的影响，而无法体现基层自治。根据《中华人民共和国村民委员会组织法》的规定，村规民约或村民自治章程等由村民会议制定修改，但实际上，由于城镇化的推进，乡村大部分的村民都外出务工，村组在制定村规民约时，根本无法动员足够的村民参与，最后只能根据乡镇“范本”直接拟定，当前农村地区的“空心化”对村规民约在制定方面造成了现实障碍。村规民约在内容层面的尺度很难把握，其作为基层自治的重要工具，不能背离国家法律法规，目前很多村规民约没有国家法律的指导，存在违反国家法律法规的内容。这使村规民约失去了其公平性、法治性，没有维护村民的根本利益，直接导致村规民约无人遵守，失去了作用。

(四) 文化结对帮扶表面化和形式化

表面化是各领域扶贫工作容易出现的通病，授之以鱼不如授之以渔，正确有效的帮扶方式是要把帮扶地的内生活力和内在动力激发出来，信念观念、精神层面的觉醒和树立往往比简单的物质帮扶更为重要。2019 年，重庆市文化旅游委员会计划提档升级 6 个街道、33 个乡镇、84 个社区、483 个村的综合文化服务中心，配置 500 个村综合文化服务中心设备，为每个深度贫困乡镇至少送 1 台市级文艺演出、6 台其他文艺演出，为每个村至少送 4 场流动文化服务。如果文化帮扶仅仅局限于设立图书室、休闲娱乐场地、文化物资输送、设备捐赠、文化娱乐活动下乡等形式，只扶表面化“硬件”而不顾深层次“软件”，只求外显效果而不去内化生根，那么文化帮扶工作就只能浮于表面，无法深入到位，无利甚至有害于省市和县乡文化发展水平差距的缩小。

在当前结对帮扶开展过程中，有些文化工作者和志愿者队伍仍存在“打一枪换一个阵地”、为扶贫而扶贫的思想，做出声势浩大而隆重的形式后就离开，什么都没有留下，帮扶项目的建立和阵地的建设尚无明显成效，致使文化帮扶似乎沦为形式化的过场，效果并不显著，影响并不深远，没有达到真正的文化扶贫目的。

(五)城乡居民公共文化需求收集机制不健全

一方面，公共文化服务中城乡居民真正的文化需求无法得到有效满足，供给端与需求端出现失衡，呈现出一种结构性“文化资源贫困”。近年来国家在公共文化服务上的投入呈日益增长态势，以 2017 年为例，全国文化事业费 855.80 亿元，比上年增加 85.11 亿元，增长 11.04%；全国人均文化事业费 61.57 元，比上年增加 5.83 元，增长 10.50%。文化事业费占财政总支出的比重为 0.42%，比重比上年提高 0.01 个百分点。另一方面，城乡居民文化消费不足，供给与消费脱轨，体现为自上而下的“供给失灵”。根据重庆市人民政府网站的相关数据，重庆市人民政府对法规意见征集情况反馈为 10 条，其中没有与文化相关的法规，面向城乡公共文化服务的需求收集法规尚不健全，方式尚不全面科学，过程尚不规范。主要体现在以下方面：

需求收集的制度空白化。尽管重庆市在城乡居民公共文化服务需求收集上存在一定的原则性规定，例如《重庆市实施〈中华人民共和国公共文化服务保障法〉办法》中第二十条“文化需求征询”中提出“市、区县（自治县）文化主管部门应当定期组织开展公民文化需求征询”，但这些原则性规定并未真正落实为统一完善的制度设计，目前尚未见有关文化需求征询的制度安排，需求收集制度存在较大空白地带。

需求收集的方式传统化。重庆市各层级政府已建立起线上线下较为全面的需求反馈渠道，例如政府门户网站中的市民信箱、线下的意见征集箱、意见反馈电话专线等。问题在于这些方式仅仅是传统介质与传统互联网技术的运用，对城乡居民公共文化服务需求缺乏更为科学合理的收集与分析。居民文化需求收集的方式落后于信息时代大数据等新兴技术的快速发展，影响居民文化需求收集的效率与质量。

需求收集过程的形式化。重庆市各区县缺乏开展文化需求收集活动的主动性，即使开展此类活动也存在较大的随意性，更有甚者仅为了应付上级文化主管部门的检查工作而开展文化需求收集活动，不免存在“形象工程”的现象；同时，缺乏来自社会各界和其他部门的监督，各区县不能有效收集城乡居民的真实文化需求，缺乏实质意义。

二、对策和建议

（一）完善人才管理体制，加强人才的引进和培养

建立城乡统筹的公共文化资金供给机制。每年财政都会增加对于文化事业的拨款，基于此，应提高基层文化工作人员的待遇，适当提高其基本工资，还可以制定奖励补贴政策，鼓励基层文化工作人员积极参与基层综合性文化服务中心的管理和服务，提高他们的积极性与创造性。首先，围绕专业人才文化素质和能力提升，建立多层次的文化人才教育和培训机制。对系统内的文化工作人员，要建立基层文化骨干培训制度，通过开展远程教育、进修、交流、挂职等多种学习方式提高其专业素养，为他们提供更多学习和深造的机会和空间。对于文化联络员，通过参与专家讲座、研讨会、专业培训等方式提高他们自身能力和管理水平。其次，还应优化人才队伍的学历结构和年龄结构，初步提高公共文化人才中本科及研究生学历人才的比例，扩大中青年的比例。最后，通过聘任制方式引进高层次的人才，并制定严格的考核标准，针对当地公共文化基础设施建设做顶层设计，同时给基层文化人员开展讲座、提供指导。

（二）完善公共文化服务中城乡居民评价反馈机制

政策层面，落实公共文化服务的考评重点。公共文化服务的评价与反馈，需要文化工作人员和参与民众的共同支持。在制定考核内容时，需要明确政策目标内容。公共文化服务的目标是满足人们日益增长的精神文化需求，在公共文化服务的考核中，重点就应该是考核需求的满足程度以及民众的文化获得感。在现阶段，我国大部分地区的公共文化设施建设已基本完备，更应该在考核内容中明确政策目标，在考评工作中落实

政策重点。因此,在政策层面强调对公共文化服务效果进行评价与反馈的重要性必不可少,尤其是强调文化获得感和居民实际精神文化需求的满足感至关重要。

民众参与层面,简化普通民众的评价内容体系。评价与反馈的民众参与度低,就是因为活动参与度低导致的评价内容抽象。在制定评价问卷或表格的前期,要分群体和地区,简化评价的内容体系。针对城市居民的评价内容,要充分考虑出入文化场所人员的教育水平,在高校、院所较多的区域,调研的方式会有明显的区别,调研内容的难度与深度就可以适当增加;在农村地区,评价内容则应更多地使用白话,将中心放在满意与否和了解需求上。

民众需求层面,参考反馈结果进行服务更新。民众的评价与反馈是公共文化服务供给的直接信息源。在执行完公共文化服务效果的评价之后,要综合整理各个意见建议,尤其是需求类反馈要重点落实,为下一步的调研、评价和工作开展奠定基础。民众的评价与反馈需要双向互动,反馈结果的高应用率会直接带来民众认可度和参与度的上升。因此,在建立居民评价与反馈机制的时候,要十分注意反馈结果的应用,抓住了解需求的机会,提供“对口”的公共文化产品与服务。

(三)提高村民对村规民约的认识,完善村规民约的合理性

村规民约应结合每个村的风俗文化,制定时基层组织应集思广益,充分做好调研工作,理解村民的诉求并在不违背国家法律法规的基础上,尽量满足更多村民的需求。其中结合各村具体民情是加深村民对村规民约认同感的重要部分,一定要发挥风俗习惯、优秀传统文化基因的作用。除了提高村民、村干部对于村规民约的认识,还应加强其对于国家法律法规和政策的认识,村民们知法、懂法才能完善村规民约,使其既能发挥积极作用体现规范性也能合理地体现其契约性的成分。建议村规的内容应符合宪法和法律法规的精神,村民自治组织制定和实施的限制性措施应符合村民自治的程序和规范,而且必须有严格的村规审查和归档程序,更重要的是要审查制定或修订村庄规章制度的过程或内容是否合法、符合实际和可操作。不仅要充分利用现代治理理念和方法,还要充分发挥传统农村治理资源的作用,推动文明农村风土人情、法律法规和村规相适应的建设。在乡村社会结构转型的背景下,要注重农村结构的差异,构建农村规章制度作用机制,不要采取统一的固定方式,而是要根据实际情况进行调整和实施。

(四)文化结对帮扶深入化、精准化

建立起一套全方位、体系化的结对帮扶制度,在硬件帮扶到位之后,要持续关注帮扶地后续的文化建设,包括文化机构的管理运行、文化从业人员的人才队伍建设及其服务效能等方面,注重帮扶地文化软实力的建设。鼓励各类文化工作组织和志愿者组织以做出成效、打出品牌、勇于趟渡文化帮扶深水区为帮扶指向。在帮扶前要设定好预期目标,且目标要有深度有长效性,不是简单地举办几场活动、上访几户人家、做几次问卷调查就结束,而是要提前做好年度、季度规划计划,通过建立结对帮扶机制,采取点对点的对口帮扶,把结对帮扶任务细化到组织,再由组织把任务细分到人,或鼓励文化工作

者和志愿者长期扎根基层开展帮扶，或在各帮扶地建立定点帮扶基地，或开展文化项目帮扶，以建立常态化的文化帮扶机制，在一个帮扶地做出成效、达成目标后再转战下一个帮扶地，打好文化扶贫“阵地战”“持久战”。

（五）完善城乡居民公共文化需求收集机制

加快公共文化服务需求征询制度建设。文化相关部门要加快推进落实相关文件中文化需求征询方面原则性规定的进程，明确各层级政府中公共文化服务需求征询的责任主体、方式与客体，解决谁来征询、如何征询与征询谁的问题。出台需求征询相关的政策文件，填补文化需求征询的制度性空白。积极运用大数据等新兴技术创新文化需求收集方式，建设智能文化需求挖掘终端。借助文化数据平台搭建智慧文化需求数据系统，根据城乡居民对线上文化服务浏览与使用的数据，精准追踪、分析、预测个体文化需求，提高文化需求收集方式的科学性与效率。各层级文化相关部门在需求收集的过程设定标准、划定底线，促进文化需求收集过程与结果公开透明，加强政府自身、媒体、居民、社会等多方面的检查监督，进一步规范公共文化服务需求收集过程。

本文作者吕子尧为西南大学政治与公共管理学院硕士研究生；作者王志章为西南大学经济管理学院教授、博士生导师，西南大学“一带一路”反贫困研究中心主任，贵州财经大学特聘教授，长江师范学院武陵山片区绿色发展协同创新中心、武陵山区特色资源开发与利用研究中心兼职教授，研究方向为区域经济发展与反贫困。

重庆武隆破解农村公共文化服务供需矛盾的对策

覃辉鸿　吴江

内容摘要：农村公共文化服务是农村公共服务的重要组成部分，农村公共文化服务供给关系到农村居民日益增长的精神文化需求能否得到切实满足以及农村社会发展的和谐与稳定。本文基于对武隆区的调研，发现政府对农村群众的公共文化服务需求了解不足，加大了农村公共文化服务供给与需求的矛盾，造成了农村基础性公共文化服务的无效供给、高品质的实际需求公共文化服务供给不足、公共文化服务需求回应度较小等主要问题，揭示了供给与实际需求不符、财政保障力度不足、文化诉求渠道不够畅通三个方面原因，从精准对接农村群众实际需求、多供给主体保障资金到位、拓宽文化诉求表达渠道三个方面提出破解武隆区农村公共文化服务供给与需求矛盾，实现农村公共文化服务有效供给的基本对策。

在推进和完善公共文化服务体系进程中，重庆市武隆区始终坚持中国特色社会主义文化自信和先进文化前进方向，以习近平总书记文化建设“六个一”总体布局为引领，紧紧围绕“五个建成”战略目标，着力依法治文、依法兴文，坚持文旅融合发展，推进武隆文化事业大发展大繁荣。调研发现，目前武隆区已经完成文旅融合体制机制改革，公共文化服务基础设施逐步完善，明确了文化治理的各单位职责，并深入落实到基层公共文化治理工作中。全区公共文化治理各项工作取得了明显的进展和成效，但同时也面临着诸多问题和痛难点，尤其是资金落后、地理条件差、基础设施不健全的农村地区，公共文化服务供需矛盾尤为突出。因此，要从政策保障、财政支持、人员培训等多方面着手，重点解决农村公共文化供需矛盾，完善武隆区公共文化服务体系建设。

一、武隆区农村公共文化服务供需矛盾的主要表现

随着公共文化服务体系的不断完善，农村公共文化服务建设得到了快速发展，武隆区政府对农村公共文化服务的供给也取得了良好的成效，但是在农村公共文化服务建设过程中供给与需求的矛盾越发突出，主要表现在以下三个方面：

（一）基础性的公共文化服务低效供给

公共文化服务的低效供给指的是公共文化服务和产品的提供没有取得预期应有的效果。调研发现，武隆区农村基础性公共文化服务的低效供给主要表现在农家书屋建

设和惠民工程系列活动。第一是农家书屋的低利用率。截至 2019 年 6 月，全区城乡公共文化服务设施不断完善，各乡镇农家书屋建设已实现全覆盖，顺利完成 26 个乡镇(街道)综合文化站和 186 个农家书屋建设。但是农家书屋总体使用情况不容乐观，农家书屋的书籍主要有儿童、文学、历史等类型，其中使用频率相对较高的是儿童书籍，其他很多书籍甚至没有打开过，农家书屋使用频率较低，形同摆设。同时，对于农家书屋的管理也较为缺乏，主要是由乡镇工作人员进行兼职管理，没有设专人管理，限制了农家书屋真正作用的发挥。第二是文化惠民工程送电影下乡活动的低效性。随着网络信息的发展，农村群众对于观看电影的需求已没有原来的高涨热情，送电影下乡已经不能很好地满足农村群众的公共文化需求，因为相比政府提供的电影进村活动，群众使用自己的手机和电视观看影片更为便捷。因此，去观看电影的群众也越来越少，但是政府出于工作指标又必须按时按量地提供这一服务，这不仅没能满足农村群众的公共文化需求，还因此耗费了大量的公共文化资源。

(二)高品质的公共文化服务供给不足

公共文化服务的供给不足指的是政府提供的公共文化服务不能很好地满足人民群众的需求。随着农村经济社会的不断发展，农村群众生活水平日益提高，在保证物质生活的前提下，精神文化需求日益提升，休闲活动也不再是单一的打麻将等娱乐活动，对高品质的精神文化追求逐渐提高。农村群众逐渐青睐于健身养生、技能培训、歌唱表演、戏曲表演等形式的公共文化服务，简单的送图书、送电影已经不能很好地满足农民群众的文化需求。政府作为公共文化服务提供的核心主体，要致力于保障人民群众的公共文化权益，提供足够的公共文化服务来满足人民群众日益增长的公共文化需求。2019 年 1—6 月，武隆区图书馆、博物馆、文化馆在城区举办过多项公益培训、讲座和表演，区图书馆开展全民阅读推广活动 21 场次；区博物馆完成义务讲解和公务讲解 110 余场；区文化馆 2019 年春期免费艺术培训班从 2018 年的 13 个班增至 18 个班，馆内开展形式多样的专题讲座 20 余场次。然而由于经济、路程、设备、人员等方面的限制，对农村的这部分公共文化服务提供较少，送展览进社区、学校、乡镇仅 10 场次，文物知识进课堂仅 2 次，并不能很好地满足农村群众，尤其是儿童等特定群体日益增长且多样化的高品质公共文化需求。

(三)公共文化服务需求回应度较小

公共文化服务需求回应度主要是指政府等公共组织及其工作人员对于群众所产生和表达的公共文化服务需求的回应程度。武隆区公共文化服务需求回应度较小主要表现在群众自身缺乏表达行为、缺乏完整的表达渠道和专业管理人才的匮乏。第一，农村群众缺乏表达行为。随着农村文化生活及形式日益丰富，群众对于公共文化服务的质量也有新要求，简单的文娱活动并非最迫切的文化诉求，但是农村群众在产生公共文化新诉求的同时，会因为受到自身知识水平、地理环境等因素制约，不知如何表达自己的文化需求，缺乏表达行为。第二，缺乏完整的表达渠道。农村地区普遍没有形成一个完整的表达渠道和机制能够让人民群众很好地表达自身不断变化的文化需求。而在产生文化诉求或者其他日常生活诉求后，使用最为频繁的渠道就是向乡镇工作人员表达自己的意愿，工作人员再逐层上报，因此这一渠道的反馈度往往很低。第三，专业管理人才的匮乏。在群众缺乏表达行为和诉求渠道不够畅通的情况下，群众往往依赖于乡镇的工作人员表达文化诉求，但是农村地区往往受到财力薄弱、地理条件差等因素的制约，文化专业管理人才不足，村干部往往身兼多职，有心无力，不能及时地表达人民群众的各项诉求。这就导致了农村公共文化服务需求回应度较小的局面，因此，政府在提供公共文化服务的过程中会更偏向政府等公共部门自身所考虑的因素，没能很好地权衡群众的诉求，在耗费公共文化资源的同时还没能很好地满足群众文化需求。

二、武隆区农村公共文化服务供需矛盾的原因分析

根据以上阐述，发现全区农村公共文化服务供给与需求矛盾仍较为突出，这是由多方面原因造成的，本文主要从以下三个方面进行分析：

（一）供给与实际需求不符

通过实地调研，造成公共文化服务低效供给的主要原因是政府对农村公共文化服务的供给形式和类型都较为单一，没有根据地区的个性来提供公共文化服务，其中以农家书屋、文化惠民工程中的送电影下乡最为典型。第一是农家书屋的建设。由于受到"送图书即送文化"观念的影响，认为送图书下乡就是送文化，但是农家书屋的建设并没有取得预期的效果，一方面是由于农村群众的文化水平都不高，没有形成自主阅读的习惯和意识，特别是目前农村"空心化"现象普遍较为严重，村里的群众都是老人和小孩，闲暇时间都以打牌、玩麻将等娱乐活动为主，农家书屋没有专人负责，造成了农家书屋设施的闲置。另一方面是书籍的种类也不太符合农村群众的实际需求，应注重多提供与农业相关的书籍。第二是文化惠民工程中的送电影下乡活动。由于经济社会的快速发展以及网络信息化时代的到来，农村地区也早已普及网络，群众的观影需求没有那么迫切，同时还因为送电影下乡中的影片片源重复、更新速度慢、播放场地受限等因素的限制，对群众更加没有吸引力，但是这个惠民活动属于政府绩效内容，是必须按指标完成固定的任务，因此不仅浪费了大量的人力、物力、财力等资源，还无法满足人民群众的实际需求。

（二）财政保障力度不足

随着农村经济社会文化等方面的发展，单一的公共文化服务供给类型无法更好地满足农村群众的文化需求，农村群众对于公共文化服务的需求已经不断趋向个性化和多样化，特别是养身健身、教育培训、文艺演出等高品质文化需求。但由于高品质的文化需求对资金、技术、人才等软硬件设施要求较高，需要有充足的资金作为保障才能有效地供给。而政府作为主要的供给主体，受到人力、财力、物力等资源的限制无法向农

村地区提供更高质量、更丰富的公共文化服务。如武隆区财政每年对文化专项活动的经费投入仅为70万元左右，与邻县相比差距较大（涪陵、南川、丰都、垫江等区县的投入均在300万元以上）。图书馆专项经费严重不足，本地财政对二级图书馆拨款每年应达到350万元，用于全民阅读推广活动及购书经费等，实际上，本地财政2019年拨款仅20万元，其中用于农村地区的经费则更加少。由于总体财政保障力度不够，加之农村地理条件比较差，例如武隆区市级深度贫困乡后坪乡，距武隆区108千米，全乡主要为高山丛林地貌，因此在农村举办文化活动成本较高，文化活动的举办受到很大的限制。农村公共文化服务基本支出没有良好的保障，导致对农村群众实际需求的高品质、多样化的公共文化服务供给不足。

（三）文化诉求渠道不够畅通

农村群众对公共文化服务需求的回应度较小主要有以下三方面原因：第一，农村群众缺乏表达意识。由于农村群众受到自身素养、知识水平等因素的限制，没能形成文化表达的意识，即便是有新的文化需求也不知道要如何正确表达，以及向谁表达自己的诉求。第二，缺乏民意表达机制和渠道。农村表达渠道的不畅通，导致真正有表达诉求的群众不知道通过什么方法、哪种形式提出自己的想法。其中使用最为频繁的渠道就是向村干表达自己的各项诉求，但往往会因为乡镇工作人员工作量较大及过程复杂等导致这一渠道的反馈度很低，因此群众即便有诉求也很难得到回应。第三，农村在文化工作方面普遍存在文化专业人才和管理人才的欠缺。武隆区乡镇文化站有编制86人，但实际在岗的仅有74人，没有涉及音乐、舞蹈、摄影、文物保护等方面的专业人才。根据中共中央办公厅、国务院办公厅《关于加快构建现代公共文化服务体系的意见》文件要求，每个乡镇文化站（中心）编制人员不少于1～2名，但实际普遍存在其他岗位的工作人员兼职管理文化工作的现象，一人身兼多职，且乡镇工作人员流动性较大，文化活动的开展和管理难以得到保证。

三、破解武隆区农村公共文化服务供需矛盾的对策建议

公共文化的供给与需求是密切相关的，要不断围绕不同群体的需求提供公共文化服务，满足人民群众日益增长的精神文化需求。武隆区政府应关注不同时期农村群众文化需求的侧重点，精准对接群众实际需求，形成多元化供给主体，确保资金到位，丰富供给形式和内容，完善人才队伍建设，不断提高公共文化服务供给效能。本文从以下三个方面提出对策建议：

（一）精准对接农村群众实际需求

提高武隆区农村基础性公共文化服务的供给效能，可从以下两方面着手：第一，深入基层对接实际需求，结合新媒体拓宽文化服务范围。针对农家书屋建设及低利用率的问题，工作人员应深入基层农村，贴近人民群众，准确了解农村群众对所提供公共文

化服务的满意度，明确群众真正需要的文化服务。对于已经投入的文化资源，例如农家书屋等基础设施阵地的建设，可以结合网络和新媒体进行网络文化服务，根据群众的兴趣爱好拓展服务范围，提高农村群众使用书屋的自觉性，加大对农家书屋等阵地的管理力度，提高书屋利用率，实现其文化功能。第二，根据地区个性搭配公共文化服务类型。对于相对贫困、发展较为落后的农村地区，例如武隆区市级深度贫困乡后坪乡，仍然要注重提供基础性的公共文化服务，采取文化事业发展与脱贫攻坚相结合，充分整合多种资源，加大基础设施阵地建设，继续实施送电影下乡等文化惠民工程，但要加快影片更新速度，增加影片类型，充分保障农村群众的基本文化权益。对于经济发展较快的农村地区，特别是文旅融合工作做得较好的乡镇，例如仙女山镇、白马镇、羊角镇可以选择提供符合群众需求的高品质公共文化服务，特别是健身养生、讲座培训、戏曲表演等形式的公共文化服务。但需要注意的是，在城乡一体融合背景下，在注重个性提供不同公共文化服务的同时，更要逐步缩小城乡之间、各乡镇之间的差距，促进农村公共文化繁荣发展，完善农村公共文化服务体系建设。

（二）多供给主体保障资金到位

武隆区农村高品质公共文化服务供给不足主要受到财政的限制，在人民群众文化需求日益多样化的情况下，更应加大政府对文化活动专项资金的投入，支撑农村公共文化活动的顺利开展。第一，应增加政府购买服务的方式。通过外包的形式，与民间团体合作，积极引入社会资金和技术，充分开发使用民间民俗文化资源来开展送文化下乡活动，丰富农村公共文化服务种类。还可以鼓励和引导社会多主体参与，通过兴办实体、赞助活动、捐资捐物等多样化方式来提供公共文化服务，充实公共文化服务内容和形式。例如红叶民乐团、灵动舞蹈团、民族歌舞艺术团、莲萧腰鼓队、五菱合唱团、童声合唱团等业余文艺团队常年在文化馆开展各类培训活动，最大限度地满足农村群众公共文化服务需求。第二，开发本土资源打造文化品牌。充分开发本土资源和文化，深入挖掘“纤夫文化”，依托“印象武隆”演艺项目，结合武隆的山水旅游，将文化元素不断融入旅游当中，推动文旅融合发展。充分开发农村的民俗文化资源，建设特色文化小镇，例如羊角古镇，抓好非遗传承工作，加强文创产品开发，打造文化品牌。加快当地经济发展，为农村公共文化建设提供保障，从而更好地满足群众多样化、个性化的公共文化服务需求。

（三）拓宽文化诉求表达渠道

要不断完善群众表达机制，拓宽表达渠道，保障群众诉求的有效表达，满足群众的实际文化需求，提高公共文化服务供给效能。第一，不断培养群众自主表达诉求的意识。让群众善于表达、敢于表达，知道自己实际的文化诉求是什么，并且能够正确地表达出来，这是精准对接需求的第一步。第二，完善表达机制，拓宽表达渠道。要让群众的诉求有渠道进行表达，不能仅仅依靠乡镇干部上传下达这一传统渠道，更应结合时代特点，构建数字化平台，充分使用政府官方微信、微博、App 等，简化使用流程和操作方式，将线上线下两种渠道结合，让群众在足不出户的情况下就能将自身的文化诉求直接向上传递，这将促进政府等公共组织及工作人员更加了解不同地区农村群众的实际需求。第三，要加强人才队伍建设。实施好中央组织部、教育部、原文化部等共同印发的《边远贫困地区、边疆民族地区和革命老区人才支持计划实施方案》中的文化工作者专项、中央人才工作协调小组批准通过的《青年海外高层次人才引进工作细则》中的文化艺术人才等项目，引进文化高层次人才。开展各级各类文化人才培训，努力提升文化市场执法队伍和基层文化队伍的整体素质。还要积极引进文化管理人才，公共文化服务的保障离不开文化工作人员的支撑，充足的人力资源保障促使公共文化服务供给得到更好的落实和实施。建立健全志愿者人才服务体系，特别要充分调动乡贤和本地大学生的积极性，为家乡的文化建设不断努力，健全农村公共文化服务体系，推动农村公共文化服务质量的提升。

本文为西南大学公共文化研究中心承担的重庆市委改革办2019年改革咨政调研计划项目“重庆市城乡一体融合发展体制机制改革中公共文化治理与政策创新研究”（项目批准号：渝委改办〔2019〕3号）、西南大学2019年中央高校基本科研业务费专项资金创新团队项目“新时代公共文化服务均等化研究”（项目批准文号：SWU1909101）的阶段性研究成果。作者覃辉鸿为西南大学政治与公共管理学院硕士研究生；吴江为西南大学政治与公共管理学院院长、教授，管理学博士，研究方向为地方政府治理与公共政策。

深化重庆忠县综合行政执法改革的对策建议

汪韶源　吴江

内容摘要:深化综合行政执法改革是贯彻党的十九大和十九届三中、四中全会精神的重要任务,是推进国家治理体系和治理能力现代化的重要一环。2019年1月以来,重庆忠县以机构改革为契机,积极探索综合行政执法改革,发展培育综合行政执法新动能,多项创新举措在全市具有先行示范作用,为后续全市综合行政执法改革的深化推进提供了实践样本和制度性经验。但仍面临执法依据不健全、体制机制需理顺、队伍建设待优化和执法重心下移有困难等问题,对此,本文从以建规立制为基础健全执法法律依据、以高效有序为前提理顺执法体制机制、以能力素质为抓手优化执法队伍建设、以属地管理为目标推动执法重心下沉四个方面提出进一步深化忠县综合行政执法改革的对策建议。

2019年8月7日至8月9日,重庆市技术预见与制度创新项目"重庆市区县机构改革后政府部门运行效能研究"课题组对忠县综合行政执法改革情况开展调研,分别访谈县文化和旅游发展委员会、卫生健康委员会、应急管理局、生态环境局、规划和自然资源局、人力资源和社会保障局、市场监督管理局等部门及所属综合行政执法支队的领导干部60余人次,并收集调查问卷100份。调研发现,忠县以本轮机构改革为契机,在全市"先行先试",积极探索推进综合行政执法改革,率先从综合行政执法的概念确定、主体设置、边界划分、阶段衔接等角度进行实践探索,不仅厘清了县级部门和乡镇(街道)行政执法职责边界,还顺应了"改革实践在先、完善修法在后"的客观现实,为后续全市综合行政执法改革的深化推进提供了实践样本和制度性经验。

一、忠县推进综合行政执法改革的实践探索

忠县以本轮机构改革为契机,以重庆市委、市政府《关于深化行政执法体制改革加快推进综合行政执法的意见》(渝委发〔2018〕14号)和重庆市委办公厅、市政府办公厅《关于贯彻落实中央深化综合行政执法改革指导意见推进重点领域改革的分工方案》(渝委办〔2018〕206号)为基本遵循,将综合行政执法体制改革与县级党政机构改革、承担行政职能事业单位改革统筹推进,聚焦综合行政执法改革重点领域,创新工作举措,采取"三步走",发展培育综合行政执法新动能。

第一步是做好综合行政执法顶层设计。忠县县委、县政府印发《忠县深化行政执法体

制改革加快推进综合行政执法实施方案》(忠委办〔2019〕7号),提出构建“5+3+4+N”的综合行政执法改革框架。“5”,就是对标对表中央设立市场监管、生态环境保护、文化市场、交通运输、农业5支综合行政执法支队;“3”,就是因地制宜设立城市管理、规划和自然资源、卫生健康3支综合行政执法支队;“4”,就是按照执法工作需要设立住房和城乡建设、应急管理、水行政、人力资源和社会保障4支综合行政执法支队;“N”,就是各乡镇(街道)分别设立综合行政执法大队。

第二步是做实综合行政执法体系建设。忠县精心拟定综合行政执法队伍“九定”(定机构名称、定隶属关系、定职责任务、定机构规格、定内设机构、定人员编制、定人员结构、定领导职数、定经费形式)方案,重新核定各执法队伍编制数量,对全县综合行政执法类编制资源实行“总量控制、动态管理、余缺调剂、周转使用”,让“死”编制“活”用,对编制数量严重不足的综合行政执法队伍采取跨领域调整编制的办法予以补充。

第三步是做细综合行政执法职责边界。忠县县委、县政府制定《关于明确县级相关部门和乡镇(街道)行政执法职责划分的通知》(忠委编发〔2019〕90号),着力对县级部门和乡镇(街道)行政执法职责边界进行清理界定,摸清了行政执法职责边界的争议点,突破了重点领域执法边界突出问题,从源头上有效解决了县级部门之间、县级部门与乡镇(街道)之间长期存在的行政执法职责边界不清、推诿扯皮、执法缺位等问题,收到了明显成效。

二、深化忠县综合行政执法改革的现实困境

忠县积极探索推进综合行政执法改革,构建综合行政执法改革框架、建立综合行政执法体系、划定综合行政执法边界等多项创新举措在全市具有先行示范作用。但在综合行政执法改革过程中也出现了一些问题,进一步深化综合行政执法改革,加快构建权责统一、权威高效的行政执法体制面临着法律依据不健全、体制机制需理顺、队伍建设待优化和执法重心下移有困难等现实困境。

(一)综合行政执法法律依据不健全

一是行政执法法律依据较混乱。当前行政执法的依据多为国家部委出台的部门规章和规范性文件,不同部门的规章文件之间存在交叉矛盾的现象,使基层执法人员无所适从,直接影响了行政执法的效率和质量。譬如在本轮机构改革中设立的规划和自然资源综合行政执法支队在国土空间规划执法中,由于中央层面规划和自然资源职能没有合并到一个部门,难以选择执法时应依照住房和城乡建设部制定的规划领域政策文件还是自然资源部(原国土资源部)制定的国土资源领域政策文件,给规划和自然资源综合行政执法造成了一定困难。二是行政执法主体法律地位不明确。目前行政执法主体的法律界定散见在《中华人民共和国行政处罚法》《中华人民共和国行政强制法》的部分授权性条款中,法律规定模糊,往往需要“借法执法”或依照所在部门的政策文件,行政执法主体缺乏法律依据,在综合行政执法过程中容易产生矛盾纠纷和违法隐患。

(二)综合行政执法体制机制需理顺

一是综合行政执法体制不健全。实施综合行政执法改革后,业务审批和日常监管等职能职责在行政主管部门,行政处罚权在综合行政执法队伍。但由于综合行政执法队伍与行政主管部门存在隶属关系,行政主管部门往往将监管职能下放给综合行政执法队伍,将压力集中在末端执法环节,"管""罚"混淆,部分行政执法队伍以罚代管,在事实上放松了事中和事后监管,严重影响了执法效率和监管效果,违背了综合行政执法改革的初衷。二是综合行政执法机制不顺畅。纵向上,本轮机构改革后12支县级综合行政执法支队和29个乡镇(街道)综合行政执法大队在新的"九定"方案中内设部门和职能职责均有所调整,原有内部业务流程体系是建立在原有内设部门分工合作基础上的,在这种情况下很难运行顺畅。横向上,各综合行政执法队伍之间信息共享不够,行政执法队伍与司法部门执法联动不够。目前所推进的综合行政执法改革是在县级层面各执法领域的相对"综合",即"一个部门一个机构管执法",县级层面的12支综合行政执法队伍彼此独立,缺乏有效沟通交流和信息共享的渠道,综合行政执法需要司法部门和其他相关执法队伍的协同配合,"单打独斗"制约了综合行政执法的有效性。

(三)综合行政执法队伍建设待优化

一是行政执法领导干部整体素质亟待提升。行政执法领导干部综合素质和能力有待提高,忠县大部分综合行政执法队伍都是在本轮机构改革中调整组建的,尤其是市场监管、应急管理、规划和自然资源等合并组建的综合行政执法队伍,领导干部往往来自合并前的各个板块,工作习惯、工作思路和工作经历各不相同,需要更加注重转变思维、团结互补、打破思想隔阂,对其他不熟悉的业务领域,需要通过系统培训提升专业技术能力。二是基层行政执法人员业务能力素质有差距。"互联网+政务"和现代执法工具的广泛应用使得综合行政执法趋于信息化,行政执法信息一体化背景下的智慧型综合行政执法方式对一些习惯传统工作方式的基层执法人员能力素质要求更高,一些基层执法人员难以适应综合行政执法队业务能力和专业技术的新要求。

(四)综合行政执法重心下移有困难

一是乡镇(街道)缺乏行政执法依据。在综合行政执法改革中各乡镇(街道)分别设立综合行政执法大队,由县市场监管、卫生健康、农业农村、交通运输等部门以书面授权的方式委托其在辖区开展行政执法,但由于缺少法律依据,乡镇(街道)综合行政执法大队无法正常行使行政检查权、处罚权和强制权,在执法重心下移过程中出现执法主体不合法的现象。二是乡镇(街道)综合执法配套保障不足。各乡镇(街道)虽然设立了综合行政执法大队,但是由于编制不足和财政经费紧缺,综合行政执法常常面临无人可用、无物可用、无钱可用的"三无"现象,以及办公场所不足、执法车辆不足、检验检测装备不足的"三不足"问题,乡镇(街道)综合行政执法无法有效开展,难以承接上级安排的综合行政执法任务。

三、深化忠县综合行政执法改革的对策建议

"改革只有进行时,没有完成时"。面对综合行政执法改革的现实困境,忠县需要从完善执法法律依据、理顺执法体制机制、优化执法队伍建设、推动执法重心下移四个方面精准施策、靶向发力、狠下真功,进一步深化综合行政执法改革,加快构建权责统一、权威高效的行政执法体制,推进县域治理体系和治理能力现代化。

(一)以建规立制为基础健全执法法律依据

一是积极推动国家健全法律法规。通过各种渠道反映基层综合行政执法中的实际问题,建议由全国人大或国务院通过立法或行政立法,制定全国性的综合执法领域法律法规,明确综合行政执法的执法主体、执法范围、执法程序和执法标准,从最高层面打破过去由国家部委制定部门规章制度的局限性,使综合行政执法有法可依、依法推进。二是探索出台地方性规章制度。国家立法时效性较长,为解决综合行政执法中无所遵循、执法主体不明确等具有紧迫性的问题,在遵守上位法精神的原则下由重庆市人大通过地方立法明确综合行政执法主体及主体的职责范围、执法程序等,为全市各领域综合行政执法提供依据。

(二)以高效有序为前提理顺执法体制机制

一是明确行政执法队伍与行政主管部门关系。完善行政主管部门与行政执法队伍的职能划转,将行政处罚权划归行政执法队伍,行政审批、日常监管等职能由行政主管部门保留,改变重审批、轻监管的行政管理方式,坚持监管与执法并重,事前审批与事中、事后监管并重。建立行政主管部门对行政执法队伍归口管理的体制,加强行政主管部门对行政执法队伍党的建设和重大事项的领导和监督,明确行政执法队伍负责人进入行政主管部门党组(党委),行政执法队伍负责人定期向行政主管部门党组(党委)汇报工作,同时行政主管部门不干涉行政执法队伍日常业务工作,保证行政执法队伍的相对独立性。二是构建综合行政执法业务流程体系。健全综合行政执法沟通协调机制和联动协作机制,建立行政执法事项清单管理制度,实现综合行政执法各项信息资源开放共享、互联互通,加强各领域各部门综合行政执法协同配合,构建行政执法与司法衔接机制,实现行政执法与司法无缝衔接,借助司法力量强化综合行政执法效果和威慑力。

(三)以能力素质为抓手优化执法队伍建设

一是加强行政执法领导干部政治建设。建立综合行政执法队伍领导班子的综合性"政治标准",优化执法队伍集体领导力,继续完善和创新领导干部"政治体检"机制,将原有的领导干部个体的体检机制深化为对领导班子整体性的"政治标准"评价体制,破解由于各种主客观因素造成的综合行政执法队伍领导班子向心力不强、定力不足、担当不够、能力缺乏、自律不严等问题,强化责任担当,激励综合行政执法队伍领导干部在新

时代实现新担当、新作为。二是开展基层行政执法人员业务技能培训。由县委组织部统筹规划设计业务能力培训体制机制，特别要着重培训基层行政执法人员对新业务的政策理解力、把握力、解释力和执行力。同时，加大专项培训资金投入，针对新任务、新要求，以轮训的方式组织基层行政执法人员到西南大学、西南政法大学等高校开展对口的政策学习和技术培训，加强业务能力建设，加快建设专业化、职业化的执法队伍，切实解决基层行政执法人员能力素质不足的问题。

（四）以属地管理为目标推动执法重心下沉

一是明确乡镇（街道）综合行政执法主体资格。由县政府出台相关规定，赋予乡镇（街道）行政处罚权，由全县 12 支综合行政执法支队与 29 个乡镇（街道）综合行政执法大队分别签订行政执法委托书，委托乡镇（街道）综合行政执法大队开展综合行政执法，厘清不同层级的执法权限，相应调整权责清单，明晰县与乡镇（街道）的执法权责划分，确保无缝衔接。二是健全乡镇（街道）综合行政执法配套保障。按照“编随事转、人随编走”的原则有序整合执法队伍，建立全县综合行政执法类编制资源“蓄水池”，对编制数量和执法人员严重不足的综合行政执法队伍予以补充，配齐综合行政执法队伍执法服装、执法车辆和执法设备，将全县综合行政执法工作经费纳入财政预算，全额保证综合行政执法需要，为综合行政执法提供充足保障，确保乡镇（街道）有足够的资源履行综合行政执法职责，推动乡镇（街道）综合行政执法标准化、规范化、制度化。

本文为 2019 年重庆市技术预见与制度创新项目“重庆市区县机构改革后政府部门运行效能评估研究”（项目批准号：cstc2019jsjy-zdxwtAX0039）的阶段性研究成果；作者汪韶源为西南大学政治与公共管理学院硕士研究生，该项目主研人员；吴江为西南大学政治与公共管理学院院长、教授，管理学博士，该项目负责人，研究方向为地方政府治理与改革。

新时代基层社会治理的困境与启示

王文涛

内容摘要：新时代背景下，国内、国际形势面临着深刻变化。随着政府职能转变和基层社区服务意识的不断提升，社区治理更加强调对居民多元化物质和精神需求的满足。当前基层社会治理出现了基层自治组织行政化倾向严重、民众参与主体性缺失、社区治理权威不强、基层自治无原则等新矛盾、新问题、新挑战、新困境。破解基层社会治理难题，关键和核心在于党建引领。同时，要着力加强和培育民众的参与主体性，厘清社会治理职权以及理顺惩戒与表扬机制。

新中国成立以来，特别是中国特色社会主义进入新时代后，我国基层社会建设取得了举世瞩目的成就。但是随着国内、国际形势的深刻变化，我国基层社会治理面临着一些新矛盾、新问题、新挑战、新困境。面对国内外复杂的社会形势，我们需要深刻探讨和反思之前在基层社区治理中所呈现出来的经验和教训。如何适应经济与社会发展新形势下基层社会建设和治理的新要求，如何进一步加强基层党组织的核心领导作用，如何更有效地动员广大民众参与到基层社会建设中来，如何激发基层自治组织参与社区建设的活力，如何协调政府、社区与社会的关系，是新时代基层社会治理应有的学术关照与实践反思。

一、新时代基层社会治理的困境呈现

（一）治理实践中基层自治组织行政化倾向严重

基层自治组织（村委会、居委会等）作为社会治理中的重要主体，在基层社会治理中发挥着“上传下达”的桥梁作用，“对下”收集群众的诉求和呼声，服务人民；“对上”转达基层政府的文件精神，配合社区建设和治理。自治组织在基层社会治理中的桥梁和纽带角色，一方面对基层治理政策的贯彻和实施起到了重要的推动作用；另一方面，对基层政府与基层群众的“双重负责”机制又容易导致基层自治组织在具体工作中“左右为难”，不得不在“夹缝中”开展工作。基层自治组织受到来自于基层政府工作压力的传递，承担了民众社区生活的大小事务，行政化倾向严重。法律定位使基层群众性自治组织成为基层政府或其派出机构的“腿”，基层政府以行政管理的方式向其布置行政工作，并决定基层工作的内容和形式，安排大量的行政事务、检查评比、会议台账等。事务性的工作占用了基层干部下基层走访的时间和精力，基层自治组织的行政化倾向挤压了居民自治的空间，导致基层社区自治功能的弱化。政府对基层自治组织“管理多、指导少”，导致基层自治组织“事务性工作多、自主性工作少”，长期形成的基层社会治理的“行政惯性”需要改变。

（二）慈善式帮扶导致底层群体参与社会治理的主体性缺失

底层群体的生存状况与社会心态，关系到社会转型的顺利进展和社会各阶层的关系稳定，是社会治理的薄弱环节。生活在社会边缘的底层群体是社会各个阶层中经济承受能力和心理承受能力最弱的群体。生活的艰难、对前途的绝望、心理的严重失衡，使底层群体强烈地反作用于社会。在精准扶贫、乡村振兴等战略背景下，社会各界集中全力对底层群体展开帮扶。然而，在扶贫帮困、脱贫致富的具体实践中，更多地强调政府、社区、基层自治组织的责任和担当，而较少关注帮扶对象对社会的回报和责任，从而导致部分帮扶对象“只想获取，不想奉献”，对于社区建设和治理摆出一副“事不关己，高高挂起”的姿态，甘愿做社区建设的“旁观者”。为人民服务是党和政府义不容辞的责任和义务，但是在现实中，极少数居民经常把基层干部对居民的服务看成一种变了味的“理所应当”。社区治理不是社区慈善，社区慈善是一种施舍式的治理逻辑，严重阻碍了民众主体性意识和参与社区治理主动性的开发，导致增能民众向“施舍”民众退化。社区居民容易养成“我穷我该要”“等着要”甚至“不要白不要”的心态，参与意愿被削弱，其主体性遭遇外吞噬。社会治理是人民群众主体性生成的过程，底层群体的主体性培育应该是基层社会治理的重要内容，当前社区治理面临的深层问题是社会无行动，群众不行动。基层政府的“长官意识”形成的社区行政逻辑导致基层社会治理遭遇人民群众的“理性无知”，而对底层群体的施舍式帮扶逻辑又加强了这种“理性无知”。底层群体在基层社会治理和建设中同样是参与主体，这种主体性应该更多地表现为底层群体的自助互助、政府和基层自治组织的引导和协助，而不应该是无原则的“有求必应”和“保姆式的服务”。

（三）片面性的奖惩机制阻碍良好社区治理环境的营造

社区和街道“优秀典型”的评选不仅仅要考察民众某一特定方面的指标是否符合评选要求，还要对评选对象的综合素质和整体表现进行全面性的考察。“优秀典型”评选对象不仅要体现代表性，更应该注重综合性和全面性。“先进典型”荣誉的评选名额众多，种类多样，而且评选标准仅仅专注于某一方面的代表性和典型性。例如，评选“社区孝子”时，将孝不孝顺父母作为评选的唯一标准，经常忽略守不守信、遵不遵守村规社约等其他道德规范标准。这样评选出来的优秀典型不仅在广大社区民众中缺乏说服力，不能起到先锋模范带头作用，反而成为民众评头论足、否定评选结果、质疑社区权威的重要谈资，进而对基层政府的权威造成损害，阻碍社区治理的有效开展。评奖评优名额多，贬低了荣誉的价值和意义；片面的评价标准，弱化了先进典型的教育和引领功能。在社区治理中，一个榜样或典型能够带动一部分民众积极投身基层社会治理；同时，一个“事儿妈平民”也会阻碍甚至破坏社区治理的进程和成果。在社区民众决议中过于讲究、爱管闲事、难以达成统一意见的极少数民众被称作“事儿妈平民”。“事儿妈平民”虽然并非刁民、村霸或“村痞流氓”，但是他们在基层社会治理和民众决议的过程中，凡事掺和、指手画脚、经常搞事，违背“少数服从多数”的民主决议规则；他们的行为和思想对周围民众产生潜移默化的“渗透”，扭曲价值观，更有甚者煽风点火，唯恐“天下不乱”。“事儿妈平民”作为社区中极少数的存在，总是会或多或少地影响民众情绪，阻碍社区决议，诋毁社区干部等。之所以出现以上现象，一是基层组织在基层社会治理中缺乏自信，基层干部工作能力与人格魅力不足，导致社区的治理权威不强，在面对社区决议时，出现少数民众“讲条件”“泄私愤”“不配合”的现象；二是基层自治无原则，熟人社会中的“面子”“人情”观念浓厚，影响了社区治理的执行力和贯彻力。

二、破解基层社会治理困境的途径和启示

（一）破解基层社会治理的困境关键在于党建引领

党政主导下的多元共治，是中国社区治理的发展路径，它适应了中国社会转型期基层社会管理和发展的现实需要。当前基层社会治理普遍存在基层党建的缺位和党组织弱化的现象。社区治理要充分发挥党的引领作用，要将党的引领作用向下延伸，建立“红色业委会”，在业委会中设立党组织，充分发挥基层党组织在基层社区建设中的先锋和引领作用。在基层党建的指引下，促使基层政府、居民委员会、业主委员会以及社区民众等各参与主体在社区治理中实现有机结合。新时代社区治理应该是在党的引领下、政府主导下多元主体参与的过程，但是引领不是控制，主导不是命令。在具体的实施中，要注意对社区党组织的功能进行科学的定位，明确社区党组织的“为”与“不为”，既不能“越位”，又不能“失位”，要明确党组织在社区治理中的政治领导、价值引领和利益协调的重要功能。

（二）厘清基层自治组织的社会治理职权

厘清基层自治组织的社会治理职权，切实转变政府治理职能，积极为基层自治组织减负增效，明确政府、街道、居（村）委会的关系，科学界定各自的职责范围，推动形成参与广泛、权责明确、协调有力、资源整合、运行高效的现代社区治理体系。厘清职责并不是推卸责任、不作为，也不是“大包大揽”，对每项工作都“全权负责”，而是科学界定和明确基层社区治理各参与主体的职责界限。分工明确，各司其职，使社区治理的工作更有成效。基层社会治理是一个复杂的系统工程，各参与主体之间不可避免地存在工作上的重叠。我们所倡导的职责界定既体现在文件、规章制度层面，还必须结合社会治理的道德和习惯。在遇到职责重叠时，相关部门应该秉持合法、合规、合作、协商的原则共同划定各自的职责范围，避免实际工作中推卸责任、推诿扯皮现象的发生。努力形成一种“组织该做的事绝不推诿、群众能管的事绝不包办、社会所做的事绝不越权”的良好社区治理局面。

（三）唤醒底层群体参与的主体性

基层社会治理需要建立一种积极行动者逻辑，即唤醒底层群体参与社区治理的主体性。社区治理是“做人的工作”，最核心和最关键的是增强居民的主体性，提高社区居民的综合素质，培养居民的“主人翁”意识、责任和担当意识，努力营造一种“社区无小事，你我共参与”的良好氛围和舆论环境。基层社区治理要坚持“谁受益谁负责”的工作原则，提供“有偿服务”或“用奉献换服务”，增强服务接受对象感恩政府、服务社会的意识。民众参与的主体性是基层社会治理内生力的重要组成部分，在社会资源和政府支持的有限外向力之下，充分发掘基层社会内生力，发挥民众的主体性作用，实现“社区人参与社区事”是基层社会建设和治理的根本目标。基层社会治理需要营造有力的基层治理权威，理顺惩戒与表扬机制。对妨碍社会治理的行为和个人进行教育引导、批评惩罚，“依法办事”“依规办事”；树立典型和榜样要全面考量，杜绝片面性、凑名额、搞形式、拼指标，使评选结果真正具有权威性和说服力。充分发挥“居民教育居民”“居民影响居民”的作用，为基层社会治理营造一个“积极向上、人人参与、和谐共享”的良好环境。

新时代背景下我们面临着新的问题、新的挑战。基层社区治理不再仅仅是一方的责任，而是需要各方的共同努力。建设一个良性运行的社区，并非是完美无缺的社区，“既要有着制度层面的合理设计和安排，又要有着生活层面的人文关怀”。在党建引领下，科学合理划定职责范围，积极为基层自治组织减负增能，充分调动和挖掘居民参与社区治理的主体性与积极性，不断破解新时代基层社区治理过程中出现的新问题、新挑战。

本文作者为吉林大学哲学社会学院博士研究生。

做大做强主流舆论，广泛凝聚社会正能量

胡祯珍　刘丹凌

内容摘要：做大做强主流舆论、广泛凝聚社会正能量，是全党、全国人民团结奋斗的共同思想基础，是实现中华民族伟大复兴的舆论支撑和精神力量。在传媒生态、舆论环境和媒体格局急速变化的当代社会，促进正能量的传播要从主体、渠道、内容等多个传播环节入手，构建正向舆论引导格局，拓展主流舆论的传播场域，促进社会主义核心价值观的传递。

习近平总书记指出："做好网上舆论工作是一项长期任务，要创新改进网上宣传，运用网络传播规律，弘扬主旋律，激发正能量。"正能量传播成为舆论宣传工作的重要方针和策略，是社会风气和传播风向的重要向标，是"网上网下同心圆"的共同核心，对于巩固壮大积极向上的主流舆论、构建稳定健康的社会生态具有重要意义。为拓宽正能量传播的实践空间，增强其发展动力，就要充分调动各主体的同频共振，推动各渠道的联动传播，促进软硬内容兼合共融，与时俱进创新传播手段，用积极、向上的内容激浊扬清，塑造清朗的传播环境。

一、调动多主体同频共振，构建正向舆论引导格局

在"技术赋权"的新媒体时代，媒介权力下放，传播话语主体呈现出多元化趋势。创造多元、开放、包容传播环境的同时，也要充分唤醒各层次传播主体的责任意识，让政府和主流媒体等代表官方的传播主体同网络意见领袖和企业、社会组织等民间力量相互协调、组合、呼应与补足，充分调动其传播正能量、弘扬主旋律的积极性和能动性，构建正向舆论引导格局。

（一）传播与监管并重，发挥政府主体的导向作用

政府的特殊职能和性质决定了其在正能量传播中进行思想引领和精神导向的重要作用。首先，政府主体应充分发挥自身的公信力和权威性，加大正面宣传、舆论引导的力度，在意识形态和上层建筑层面奠定正能量传播的总体基调，在社会实践层面将社会主义核心价值观融入大众生活。其次，政府主体应借助自身的号召力动员社会各方力量参与到正能量传播中，运用政策引导、举行重大主题活动、宣传策划等方式挖掘正能量故事，展现正能量作品，激励正能量人物，弘扬正能量精神。除此之外，政府还应充分

发挥自身的监管职能统筹其他主体、平台的正能量传播，综合运用行政、法律、技术、文化、教育手段统一治理标准、强化分析研判、整合有效资源，就传播生态的净化、网络文化的建设和规范展开整治、管理和培训工作，遏制负面信息的传播，积极引导其向正能量传播转向，达到“扬正控负”的整体效果。

(二)把关和宣传并重，发挥主流媒体的喉舌作用

主流媒体既是党和人民的喉舌，又是正能量传播的重要阵地，二者统一于主流媒体的传播使命与职责担当中。主流媒体作为信息渠道的重要“把关人”，在思想方向上要坚持以正面宣传为主的方针，牢牢把握传播正能量的舆论方向，唱响团结稳定鼓劲的主旋律，凝聚社会共识，引领社会思潮。在行事作风上，要抵制功利化、浮躁化、经济效益最大化的媒介市场风气，在激烈的竞争环境中守正创新、融合求变、担当使命，坚守职业道德、承担社会责任，发挥自身的传播力、引导力、影响力和公信力。在专业实践中，要不断锤炼和提升新闻工作者的职业素养和业务能力，构建一支政治过硬、本领过强的传播队伍，在报道内容上有侧重、有偏向地进行正能量选材，既要做好重大主题、先进人物、典型成就的宣传报道，又要注重从基层挖掘平凡人事中的正能量，多层次、多角度地激发社会正能量；在报道形式上，与时俱进地融合新兴媒体技术，不断拓展传播载体、创新报道模式、丰富传播手段。

(三)践行和倡导并重，发挥企业、社会组织的助推作用

发挥企业、社会组织传播正能量的作用，一方面要发挥它们面向社会的对外感召力，另一方面要促使其在内部管理中形成传播正能量的向心力。第一，创造便捷、包容、开明的政策环境，鼓励企业和社会组织通过爱心项目、公益计划、评选活动等途径践行社会正能量，调动他们发起或参与相关实践的积极性和主动性，完善相关制度建设为其实施提供便利性、可行性，将正能量传播的方法论和认识论统合化一，以正能量精神指导正能量实践，在正能量实践中注重宣传、扩大影响力。第二，创造和谐、温情、多元的文化氛围，引导企业加强精神文明建设和企业文化建设，倡导积极向上、爱岗敬业、风清气正、绿色文明的企业价值观，提高员工道德素养，提升企业形象，树立社会标杆。

(四)“上传”和“下达”并重，发挥网络意见领袖的桥梁作用

网络意见领袖是网络传播中的重要节点，具有较大的个人话语权和影响力。网络意见领袖既响应上层，又沟通下层，是“上传下达”、连接官方和民间的传播桥梁。一方面，要借助网络意见领袖的网络地位、粉丝基础和关注度，引导其把握正能量的传播风向、传递正确的政策导向，并在二级流动过程中将其扩散给大众；另一方面，重视网络意见领袖作为民间发声和信息上传的重要渠道作用，借网络意见领袖传扬民间正能量力量、促进负面问题的解决、发挥舆论监督的作用。同时，要注重培育网络意见领袖的个人正面形象，使其树立积极、健康的人生态度和价值观念，让他们在大众中发挥榜样和表率作用。

二、推进各渠道多方联动，拓展主流舆论传播场域

媒体行业由来已久的内容与渠道之争早已提示我们渠道之于传播的重要性，既定的传播内容和传播方向通过渠道的拓展可以达到事半功倍。渠道是正能量传播的路径和通道，发挥主流舆论的影响力和引导力要促进媒体渠道、教育渠道、社会活动等多种渠道的联动、交汇和共通，形成线上和线下同步、官方和民间统一、多元渠道一体的传播场域。

（一）扩宽媒体渠道，全方位渗透正能量

在泛媒化时代，媒介像是遍布社会生活、无处不在的毛细血管，它们作为传输渠道可以对正能量进行全方位的渗透。对于纸媒、电视、广播等传统媒体平台，应充分发挥其专业、权威的优势，开辟专版、专栏为正能量传播构建长期、稳定、连续的传输渠道；打造大型、精深的品牌产品，深入挖掘正能量内容，树立正能量传播标杆。此外，还要大力拓展直播、短视频平台、新闻客户端、移动社交平台、移动支付平台等新媒体传播阵地，借助新型传播形态和技术优势丰富正能量传播载体，变革传统、固化、单一的传播模式，创新其承载形式、呈现态式和接收方式，释放传播活力；借助庞大的用户基础，扩大正能量传播广度和受众接触面，激发传播潜力；借助虚拟互动机制，打通强关系和弱关系连接纽带，推动正能量舆论场的形成，强化正能量的传播力、影响力、感染力和爆发力。

（二）联合学校教育，系统性传扬正能量

学校教育的目标不仅在于传授知识、培育人才，更在于培养和树立正确的世界观、人生观、价值观，因此要将正能量的传扬贯穿于我国公民教育体系的各个阶段、各个环节中，系统地传扬正能量。第一，要注重课堂教学中的正面引导，通过课堂教育显性传播、教化育人的作用传播正能量，增加思想教育课程在育人计划中的比重，突出德育目标在教学目标中的地位，注重教学方式方法的灵活化、手段的多样化、互动的深入化，提升思想教育工作的实效。第二，要注重校园文化的建设，通过营造良好的校园氛围潜移默化地将正能量思想内化于学生的认知、信念和价值标准中，完善校园软、硬件文化设施建设，丰富校园文化活动，重视主题宣传，发挥宣传平台的思想引导作用，发扬中华优秀传统文化、革命文化和社会主义先进文化。第三，要注重各项社会实践活动的开展，将思想理论转化为实际行动，将正能量传播从认识论转化为方法论，培养学生勇于探索的创新精神、攻坚克难的实践能力、甘于奉献的道德素养和社会责任感。

（三）丰富社会活动，仪式化传播正能量

在虚拟空间大行其道的现代媒介社会，在场式的社会活动可以通过其仪式化作用对正能量符号进行表征，表达出丰富的精神意涵。首先，要扩大大型线下正能量传播活动的影响力和参与度，对各个地区、各个领域、各个类型、各种形式的进步力量和正能量元素进行调动，突出活动的仪式感和现场感，并以在场的形式增强正能量传播的渗透

力、冲击力和深刻性。其次，要丰富各类正能量活动的内核与形式，对地方特色、传统民俗、文化遗产、历史基因和时代精神等不同层次的正能量精神进行挖掘，因地制宜，因时而异，调动广大人民群众的参与积极性，强化身体在场的传播体验，深化共时、共在传播的认同感。

三、促进软硬内容兼合共融，顺应核心价值观发展要求

正能量传播内容内涵丰富，既包括题材严肃、信息量大，有着重要思想性、指导性、正面满足受众信息需求的硬内容，又包括贴近生活、形式活泼，从情感上侧面符合受众心理，可以带来欢乐感、满足感和幸福感的软内容。在弘扬正能量、传递社会主义核心价值观的传播过程中，需要促进二者的互动互构、兼合共融。

（一）因势利导，把握硬内容传播的时、度、效

正能量传播的硬内容包含着对经济、政治、文化、社会等各个领域重大消息、重要动态等信息的传递，关系着国计，关切着民生，要在引航政治方向、引领价值取向、引导舆论导向上注重时、度、效的把握，发扬社会主义核心价值观中“富强、民主、文明、和谐”的国家层面价值观和“自由、平等、公正、法治”的社会层面价值观。第一，要注重把握时代脉搏、把控时间节点，在宏观议题上体现正能量传播的时代性和前沿性，在具体操作中抓住最佳时机，保持正能量信息的时效性和新鲜性，在超载的信息中敏锐地发觉、及时地发现、迅速地发布正能量硬内容。第二，要把握好硬内容传播的关注热度、重要程度、和能量强度，加大对热点话题、重大信息的传播力度，释放能量强度。第三，要注重对传播效果的把握，加强受众互动，汲取受众反馈，以此作为依据调整话语方式。

（二）顺势而为，增强软内容的吸引力、感染力、传播力

软内容的传播既要立足受众视角，注重体现“爱国、敬业、诚信、友善”的个人层面价值观，又要通过软化传播的方式对硬内容议题进行反哺，增进受众对国家层面价值观和社会层面价值观的接受度和认同度。要加强传播手段的创新和话语方式的创新，顺应新媒体潮流和大众偏好，通过短视频、网络语言、直播等大众喜闻乐见的方式增强传播的吸引力；要贴近受众、贴近生活，迎合受众的心理需求，将人民群众作为出发点和落脚点，选取平凡个体的传播视点，从民生中挖掘素材，为正能量内容注入生动性、鲜活性、人情味和趣味性，调动受众的情感和兴趣，增强感染力和传播力。

本文为重庆市社会科学规划项目“新传播革命语境下的媒介焦虑研究”（项目批准号：2017YBCB058）及全国“‘文化名家’暨‘四个一批’人才”自选课题“正能量传播”的阶段性研究成果。作者胡祯珍为西南大学新闻传媒学院硕士研究生；刘丹凌为西南大学新闻传媒学院教授、硕士生导师、新闻系主任，文艺学博士，西南大学公共文化研究中心研究员，重庆市学科技术带头人后备人选，主要研究方向为跨文化传播、媒介与社会等。

加强乡村医疗卫生服务体系人才队伍建设的对策

胡梦佳　周密　刘建徽

内容摘要:精准扶贫已经进入攻坚阶段,而"因病致贫""因病返贫"仍然是精准扶贫道路上的绊脚石。加强乡村医疗卫生服务体系人才队伍建设,对于完善医疗卫生服务体系,助力精准扶贫工作具有重要意义。通过对重庆市农村基层卫生机构的调研,在分析乡村医疗卫生服务体系人才队伍建设存在的问题及其成因的基础上,本文建议:(1)加大乡村医疗建设财政投入,设立基层人才培养专项基金;(2)推进医教深度融合协同发展,引导学生树立正确的就业观;(3)完善乡村卫生人才培养机制,拓宽基层卫生人才开发渠道;(4)制定乡村卫生人才激励机制,提升基层人才的工作满意度。

《2018年国民经济和社会发展的统计公报》数据显示,我国农村贫困人口仍有1660万人,其中绝大多数是"因病致贫""因病返贫"。完善乡村医疗卫生服务体系对于精准扶贫具有重要意义,而人才队伍建设是完善乡村医疗卫生服务体系最重要的工作之一。本文基于对重庆市各基层单位,尤其是乡村医疗卫生服务体系人才队伍建设的调研,分析乡村医疗卫生服务体系人才队伍建设中存在的问题,从而提出相应的对策建议以资参考,助力精准扶贫。

一、乡村医疗卫生服务体系人才队伍建设存在的问题

(一)乡村卫生人才内部结构不平衡

乡村卫生人才队伍的结构问题表现在年龄、学历、职称构成等方面。第一,年龄结构断层,中坚力量匮乏。调查显示,26～30岁年龄段人员比例没有明显高于其他年龄段人员比例,该年龄段通常为主治医生和住院医师,是医疗卫生服务体系中最为重要的组成部分。但由于乡村医疗卫生服务体系各方面政策不够完善,吸引力较低,这部分人员的组成极不稳定,存在较重的流失倾向,进而导致乡村卫生人员出现年龄整体老化的倾向。第二,学历参差不齐,结构有待优化。虽然得益于近几年国家对高等医学教育投入的加大,医学院校毕业生数量迅速攀升,但是乡村卫生机构中的医学毕业生上升数量却并不明显,低学历问题仍然存在。第三,专业职称偏低,服务能力有限。初级职称人员与无职称人员比例较高,反映了乡村卫生人员整体素质不高,难以持续性满足广大基层群众的卫生服务需求。

(二)乡村卫生人才建设经费投入不足够

由于重庆市经济发展水平相较沿海发达省市相对落后,政府部门的财力有限,地方财政对卫生人才队伍建设的投入较少,加之乡村医疗机构的业务收入水平也较低,这导致重庆市农村基层卫生人才队伍建设的经费总量投入不足,主要体现在三个方面。第一,人才引进资助经费较少。重庆市高端卫生人才建设每年经费总量不足 3000 万元,分配到乡村卫生人才队伍建设的经费则更少。第二,乡村卫生人员的薪资支持不足。乡村卫生机构相当一部分收入用于发放工资,还有一些单位需要国家拨款才能满足薪资需求。由于存在拨款不到位的情况,个别岗位人员待遇偏低,乡村卫生人员与在城镇工作的同行之间存在较大的收入差距,容易造成个别卫生单位,如预防保健机构对人才的吸引力低于医院。第三,乡村卫生人员的编制问题未能落实。长期以来,由于国家核定的编制数量限制和地方财政困难,乡村卫生人员缺编、空编问题较为突出。

(三)乡村卫生人才培训工作成效不充足

当前重庆市乡村基层卫生人员培养工作存在不合理之处,针对偏远贫困地区卫生人员的培养机制不利于医学人才合理流向农村基层,主要体现在三个方面。第一,培训经费不足。乡村卫生单位的收入在满足业务支出、人员工资等支出后,可支配用于培训的经费极为有限,个别贫困地区基层卫生单位的培训更需要政府扶持。第二,培训形式单一。乡村卫生人才的培训容易流于形式,局限于会议式、教学式培训,难以与实地教学穿插交织进行。第三,培训内容笼统。乡村卫生人才的培训内容容易"一刀切",针对乡村卫生单位全科医生和预防医学专业人员的适用性不足,基层卫生管理人员与职业化卫生管理干部队伍建设要求存在较大差距,干部培养不足,岗位培训薄弱。

二、乡村医疗卫生服务体系人才队伍建设问题的成因

(一)乡村区位优势缺乏

城乡经济发展的客观差距导致相当一部分毕业生不愿到乡村基层工作。乡村区位优势缺乏主要体现在五个方面:一是缺乏有竞争力的经济优势。乡村财政支持力度极其有限,难以做到"高薪养才",更难吸引到优秀人才。二是缺乏明显的政策优势。人才引进政策引进全职人才困难较大,对高端人才的吸引力不够。三是缺乏职业发展优势。现有的乡村卫生人才培训制度不够完善,培养开发难度较大,职业发展前景不够明朗。四是缺乏制度优势。激励与保障机制缺乏创新性和灵活性,薪酬制度单一导致各职业薪酬模式趋同,制度方面的优惠措施落实不足,制约了人才积极性的充分发挥,难以做到"才尽其用"。五是缺乏地理优势。乡村地理位置偏远,工作生活条件艰苦,导致乡村基层卫生机构的青年人才流失比例较大。

(二)政策体制藩篱仍存

政策是引导人才合理流动的有效工具,人才合理流动依赖于良好的政策环境。缺乏鼓励医学人才向特殊区域、特殊岗位流动的政策,将导致乡村卫生人力资源的匮乏。世界上许多国家为了引导人才向基层流动,都出台了相应的政策,如美国有专门为农村招收、培养卫生人才的教育政策,日本也有减免学费、助学贷款等政策引导毕业生向基层流动。但重庆市乡村医疗服务体系卫生人才队伍建设的政策体制存在藩篱。例如重庆市基层卫生人才队伍建设的发展规划的目标、实施策略和具体保障措施有待落实,对不同单位情况的人力配置标准未能清晰规定,对紧缺专业人员、适宜人才、乡村卫生人力培训、公共卫生队伍建设等方面的政策倾向性不够,在基层卫生人员引进、学历培养、技术培训、职称晋升、工资待遇、社会保障等层面缺乏政策合力,个别偏远基层卫生单位的对口帮扶机制还不够健全。

(三)医教协同程度较低

完整的医学教育体系应该包括学校基础教育、毕业后教育和继续教育。医学教育体系理应特别关注乡村卫生服务需求,考虑乡村社会体制、市场经济与农村经济的特殊性,围绕教育、培训、准入、稳定等环节,加快为乡村基层卫生改革提供人才支撑。目前,重庆市医教协同程度有待进一步深化。第一,在学校基础教育方面,重庆市政府部门对医学专科教育的鼓励倡导程度有待进一步提高,对乡村紧缺专业人员如全科医生、预防保健人员的优惠政策不够完善。第二,从毕业后教育来看,专业培训制度有待完善,培训对象概念模糊,实践环节不够扎实,导致部分毕业生的毕业后教育流于形式,不利于实现院校教育与医学教育的顺利过渡。第三,在继续教育方面,由于社会体制、市场经济与农村经济的特殊性,大量引进卫生技术人员并不现实,因此,提高现有乡村卫生人员的整体素质是改善卫生人员素质现状最直接的方法。但目前政府部门、卫生机构与学校的合作默契度还不够,对不同层次与不同年龄段的乡村卫生人员采取的措施也缺乏针对性,对中青年卫生人员的激励政策也有待落实。

三、乡村医疗卫生服务体系人才队伍建设的对策建议

(一)加大乡村医疗建设财政投入,设立基层人才培养专项基金

人才建设问题的核心在于让人才"引得进、留得住、用得好"。要解决当前乡村医疗卫生服务体系中存在的专业水平不高、人才水平不足、人才流动性强等问题,前提是要树立"人才兴医、人才强卫"的工作理念,充分认识到人才队伍的建设对于乡村医疗卫生事业的关键作用。针对乡村医疗卫生服务体系中存在的问题,政府应持续加大财政投入,设立相应的人才培养专项基金,为农村基层卫生机构的发展奠定经济基础。具体来说,一是要整体加大对乡村医疗卫生机构的财政投入,调高乡村医疗卫生服务体系的财

政补助比例，改善办公环境和增加配套医疗设施，从而提升乡村卫生人员工作的满意度及归属感。二是要重点保障乡镇卫生院和村卫生室医疗卫生人员的合理工资及福利待遇，科学制定工作绩效奖金评定制度，合理设置贫困地区“特岗”工资福利待遇标准，切实发挥薪酬福利“吸引人”“留住人”的积极作用，从而激发乡村卫生人员的工作积极性。三是要落实设立基层卫生人才培养专项基金，增加乡村卫生人员培训及进修的机会，提升乡村卫生人员自身综合素质，拓宽乡村卫生人员职业发展路径，从而增强乡村医疗卫生工作的吸引力。

（二）推进医教深度融合协同发展，引导学生树立正确的就业观

当前，高校毕业生就业困难与广大乡村基层地区人才匮乏的问题同时存在。一方面，多数高校毕业生刻板地认为乡村基层工作环境不佳、生活条件艰苦、发展空间受限，从而不愿意到农村基层地区工作，即卫生人才“下不去”；另一方面，农村基层卫生人员流动性较大，一旦有调配到城市综合医院的工作机会，许多乡村基层卫生人员便会迅速流动，即卫生人才“留不住”。要为乡村医疗卫生服务体系培养“下得去”又“留得住”的卫生人才，就要推进医教深度融合协同发展，引导医学高校毕业生树立正确的就业观和择业观。第一，对于学生，要引导其端正求职态度，认清就业形势，放低就业姿态，放远人生目标；要培养艰苦奋斗精神，提高环境适应能力，积累基层工作经验，锻炼工作实践能力，为实现远大的人生目标而奠定基础。第二，对于院校，要督促整合师资力量，建设就业指导师资队伍，组织教师参加就业指导培训班，完善就业指导考核评价机制，竭力为学生提供就业咨询和指导。第三，对于环境，要完善就业基本政策，调解医疗卫生事业改革中的突出问题，加强对医学毕业生到乡村基层就业的支持，营造正确的社会价值观，发挥社会调节功能。

（三）完善乡村卫生人才培养机制，拓宽基层卫生人才开发渠道

合理的人才开发是人才管理的第一关。当前我国乡村医疗卫生人才总量仍然不足，“人才引进”成为农村基层卫生人才队伍建设的“源动力”。为引进优秀人才，拓宽人才开发渠道，政府要在国家宏观的人才政策框架下，制定相应的政策，多渠道、灵活地引导优秀人才主动向农村基层流动。第一，对于卫生机构的紧缺人才，可采用“特事特办”的方式聘用，根据特殊的情况制定具体的人才引进方式，必要时可以抛开录取比例等固定条款的限制。第二，对于特别优秀的全科人才，可采用“专项引进”的方式选拔，设立引进优秀人才的“专项奖励”，通过不同于常规招聘的方式引进。第三，对于临时缺乏的卫生人才，可采用短期招聘、临时聘用等柔性方式引入，既能弥补乡村卫生人才队伍的不足，又能发挥人才引进的“传、帮、带”作用，以优秀人才的知识储备和工作经验提升农村基层在职卫生人员的专业知识和技能。第四，针对乡村人力资源缺编严重的问题，政府可与高等医学院校签订协议，有针对性地定向培养医疗、护理、预防人才，并对定向培养的人才流动设置严格的标准。

(四)制定乡村卫生人才激励机制，提升基层人才的工作满意度

卫生人才队伍是公共人力资源的一部分，同样需要利用激励政策来激发卫生人才的积极性、创造性，以便更好地完成组织目标和个人发展需求。在乡村区位优势缺乏的情况下，有效的激励保障机制是留住人才的重要手段。在制定激励保障机制时，一是要考虑当地实际情况。卫生行政部门可根据当地医疗卫生机构的业务开展情况、人员情况，在征求医疗卫生机构专业人员意见的基础上，制定符合地方实际情况的激励政策，落实基层卫生人员职务的针对性评定工作。二是要针对具体激励对象。对于年纪较轻的卫生人才可以采取物质保障的激励方式，如倾斜化的工资制度；对年纪稍长的卫生人才可以采取精神层面的激励方式，如职务级别的晋升制度。三是要涉及工资福利待遇。出台相应激励政策，根据卫生工作考核结果按比例分配公共卫生经费用于人员经费的比例，保证乡村卫生岗位的工资福利待遇不低于甚至高于城市综合医院，创造良好的职业环境，给予足够的职业发展空间，吸引卫生人才队伍扎根农村基层、服务农村基层。此外，还可加大乡村卫生单位办公设备的标准化改造，改善乡村卫生人员的办公环境，提升乡村卫生单位的医疗服务能力，以良好的工作环境提升卫生人员的工作满意度。

本文为国家社科基金青年项目“适度规模经营视角下农业面源污染协同治理路径与金融支持政策研究”(项目批准号：18CGL024)和重庆市社科规划特别委托重点项目“重庆推动城乡融合发展路径研究(项目批准号：2019TBWT-ZD24)”的阶段性研究成果。作者胡梦佳、周密为西南大学经济管理学院硕士研究生；刘建徽为西南大学经济管理学院副教授、硕士生导师，管理学博士。

重庆万州基层公共文化服务建设存在的问题与对策建议①

王倩茹　吴江

内容摘要：基层公共文化服务建设关系到基层群众的切身利益，是满足人民群众精神文化需求，提升文化生活品质的重要手段。本文基于对重庆市万州区的实地调研，通过分析万州区基层公共文化服务建设的总体现状，发现存在公共文化设施建设城乡差距大、公共文化服务产品供需不平衡、公共文化服务专业人才占比低等主要问题，提出应从精准投入公共文化资金、合理配置公共文化资源、加快公共文化人才专门培养等方面入手加强基层公共文化服务建设。

随着我国社会主要矛盾的转变，文化日益成为人民创造力和社会凝聚力的重要源泉，经济社会的高质量发展同样离不开文化的引领和支撑。2019 年 8 月 5 日—8 月 7 日课题组在重庆市万州区展开为期三天的调研活动，围绕公共文化设施建设、公共文化服务产品供需、公共文化服务专业人才等问题展开深入访谈调研，发现基层公共文化服务需要更加贴近人民群众需求，以及更完备的基础设施、更多样的公共文化形式、更专业的文化人才队伍，才能满足人民对美好文化生活的期待和向往。

一、万州区基层公共文化服务建设的总体现状

（一）公共文化服务基础设施不断完善

近年来，万州区公共文化设施总量在不断增长，已有博物馆 2 个，文化馆和图书馆各 1 个，社区文化室 181 个，乡村文化室 413 个，乡村综合性文化服务中心示范点 61 个，形成了全区三级公共文化设施和网络体系，更大程度上满足了人民群众的文化需求。其中，万州区博物馆（三峡移民博物馆）目前是全国中小学生研学实践教育基地，针对万州区边远乡镇的农村儿童，举办研学活动，为其提供研学机会。沙河街道建成了综合文

① 2019 年 8 月 5 日—8 月 7 日，“重庆市城乡一体融合发展体制机制改革中公共文化治理与政策创新研究”“新时代公共文化服务均等化研究”课题组在万州区展开为期三天的调研活动。课题组分为 3 个调研小组对万州区 17 个党政机构部门和部分镇街村社展开调研，访谈干部近 80 名，随访群众 20 余名。

化站，站内设有电子阅览室、图书阅览室、多功能教室、文化活动室、宣传橱窗、办公室、排练厅等，设施配套完善，功能齐全，可以很好地满足辖区群众的基本文化活动需求。

(二)公共文化服务基本内容日趋丰富

万州区政府为了丰富城乡居民的公共文化生活，充分利用多种文化平台，广泛开展公共文化服务活动，并坚持公共文化服务下移，增加对基层公共文化和服务的供给。2018年，长岭镇政府购买节目送文化下村22场，惠民电影放映近200场，政务微信公众号推送稿件150篇，长岭岗太极拳队更是先后到重庆市区、新加坡等地巡回演出。乡镇公共文化服务活动整体开展情况良好，群众参与积极性高涨，综合文化站和农家书屋投入使用后更加丰富了群众的公共文化生活。社会组织开展社区公共文化活动的积极性也有所提高，同时部分公共文化服务已经衍生为长期性活动，合唱和广场舞形式的文化活动尤为常见。然而大多数文化活动因受到场地限制，活动开展效果受到一定程度的影响。

(三)公共文化服务人才队伍逐渐壮大

随着基层公共文化服务建设的推进，万州区公共文化服务人才队伍也逐渐壮大，万州区结合文艺协会和文艺人才资源状况，实施“三区人才”支持计划，为乡镇社区提供公共文化服务，带动基层文化人才队伍建设，提升公共文化服务水平，丰富居民公共文化生活。截至2019年3月，万州区已有文艺演出志愿团队117支、志愿者242名，作品526件，配送文艺演出节目114套。此外，街道设有民爱社工服务中心，免费为社工中心服务人员提供办公场所、办公设备及午餐、晚餐，社工服务中心须在民政局登记注册并与文化中心一道开展活动，在壮大农村公共文化服务人才队伍的同时，也为城乡公共文化服务均等化建设奠定了人才基础。

二、万州区基层公共文化服务建设存在的问题

(一)城乡公共文化设施建设差距大

一是万州城区基本公共文化服务设施覆盖率要远高于乡村地区。万州区政府高度重视基层公共文化服务建设，基层公共文化服务资源总量逐步增多，但与此同时，受经济发展因素的制约，乡村的公共文化服务基础设施建设水平远远落后于城市。2018年，万州区在原有的公共文化服务设施基础上继续提档升级，启动了融媒体中心建设项目。而农村几乎没有符合国家三级标准的文博馆，图书馆、文化馆、文化站大多年代久远，设施建设破损陈旧、配套不足、规模偏小，无论建筑面积还是结构布局都不再适应现代审美趋向和现阶段的文化事业发展需要，城乡差距非常明显。

二是公共文化设施的配置结构不尽合理。目前主要还是以行政区划分的方式为主，而不是按照实际人口数量，本着人人享有的理念予以配置，市、区县、乡镇(街道)、村

(社区)由上到下呈现出"倒金字塔"式的网络格局。万州城区的公共文化设施包含文博馆和全民阅读基层示范点等,而很多村社的综合文化服务中心只有一间农家书屋和一个健身广场,基本公共文化设施基础较为薄弱,难以实现农村公共文化活动标准化、常态化。这种平均分配、不顾实际需求的方式不能使公共文化资源得到合理配置,造成大量文化资源闲置、浪费。

(二)公共文化服务产品供需不平衡

一是"重建设、轻管理",没有建立群众文化需求反馈机制。政府对下乡节目内容和频次的硬性规定,没有考虑受众的需求和喜好,公共文化服务资源的分配没有考虑乡镇街道的实际所需,城乡居民的文化水平尚有一定差距,脱离农村客观发展实际的文化不是村民喜闻乐见的,导致村民对提供的公共文化服务不喜爱、不参与。万州区惠民电影、图书室建设、流动书屋建设都在开展,农家书屋也逐渐投入使用,但观看和使用情况不佳。主要原因在于公共文化工作"重建设、轻管理",没有建立群众的需求反馈机制,此外,免费开放的宣传力度也有待加强。例如,沙河街道社区图书室的书籍种类偏少,多为库存书籍,过于陈旧,与群众需求不相符合,群众的自觉参与性自然不高。

二是产品供给单一,难以满足多元需求。随着人们生活质量的提升,精神文化需求较之以往也有所改变,致使公共文化服务供给方面出现供非所求、供不应求的现象,万州区虽开展了送戏下乡、惠民电影等文化活动,但这种单一的文化活动已经无法满足群众日趋差异化、个性化、多元化的文化需求,处于新时代的群众更加偏向于形式简单、便捷的活动形式,乡村地区群众对于观看电视节目和上网的需求较高,但获取公共文化资源和开展文化活动的渠道还是具有较大的局限性,以广播电视为例,部分村社的数字网络系统还不完善,可以观看的电视节目非常有限,仅限于中央电视台和部分地方频道。

(三)公共文化服务专业人才占比低

一是用人单位招考缺乏自主权。一般公招条件的设置难以满足特殊岗位对于招聘人员的要求,例如讲解员,用人单位招聘的自主权太少导致硬性的招考制度招来许多"高分低能"人员,出现人岗不适配的问题。万州区全区文化领域专业技术人才共867人,其中高级职称188人,中级职称326人,初级职称353人,高层次专业性人才占比仅为21%。文化领域专业性人才本就不多,伴随着人才的大量流失,公共文化服务专业人才断层严重,青黄不接,乡镇文化站工作人员在编不在岗、专干不专现象普遍。例如,沙河街道文化中心专职干部仅一人,其他两人均为混岗使用,村一级文化协管员多为兼职,缺少文化专干。

二是非编专业技术人员工资水平低。编外专业技术人员的工资核定问题若不加以解决将很难留住人才,例如博物馆讲解员这一岗位专业知识性强,需要很高的专业素养,这类型人才对于博物馆来说不可或缺,但因其不在编制内、工资水平低,最终人才大量流失。乡镇一级人才施展才华的"舞台"有限,待遇条件也远不如城区,招聘工作本就困难重重,加之人事政策与人才政策之间存在矛盾,人事政策强调专岗专人,人才政策强调“不为我所有，但为我所用”，导致混岗问题成为许多乡镇亟待解决的难题。万州区图书馆在编人员 32 人，其中 50 岁以上 17 人，实际在岗人员 22 人，借调到区文旅委和区宣传部 2 人；万州区文化馆在编人员 62 人，实际在岗 28 人，混岗和人员结构老化问题严重，基层公共文化服务数字化网络化建设缺乏人才体系的支撑。

三、万州区基层公共文化服务建设的对策建议

（一）保障公共文化资金精准投入

一是加大公共文化服务项目上级资金投入力度和整合力度。公共文化基础设施建设是村民开展文化活动的基础物质保障，是乡村公共文化发展的主要阵地，也是缩小城乡间公共文化发展差距的重要指标。对于公共文化服务项目建设发展存在资金不足的乡镇（街道），应给予政策上的倾斜，补齐乡村公共文化设施总量不足、结构不合理、设施建设质量不达标等短板，逐步完善文化娱乐、法律宣传、体育竞技、文艺汇演等各项功能，力争在全区范围内普遍建成基层综合性公共文化活动场所和设施，进而实现市、区县、乡镇（街道）、村（社区）四级公共文化服务网络全覆盖。

二是建立图书馆总分馆制度。图书馆总分馆制度即区图书馆为总馆，乡镇综合文化馆为分馆，部分社区、行业图书室为文化服务站。以构建县域图书馆总分馆制为突破口，把优质的公共文化服务向基层传递和延伸。同时打造万州城区 24 小时自助图书馆借阅体系，利用流动服务车联络延伸服务，构建管理、流通、服务一体化的图书馆资源共享体系。通过网络（微信公众号、官方网站）、24 小时自助图书馆体系、流动服务等方式实现“数据多跑路，群众少跑腿”，达到纸质书籍与网络数字资源共建共享，打造“借、藏、阅、网”一体化管理模式，实现万州区“15 分钟文化圈”全覆盖目标，实现一城多馆带动全区乡镇、街道图书服务体系的跨越式发展。

（二）促进公共文化资源合理配置

一是形成村民需求表达机制。疏通增加村民需求表达决策通道，利用村委会近民亲民的有利条件，正向调节政府与村民之间的协同关系，培养农民对于自身需求的表达意识和表达能力，认真听取村民对公共文化服务的意见与建议。万州区应结合实际情况，改变活动方式，提升资金使用效果，例如群众对于公园健身和广场舞形式的文娱活动更加有兴趣，可以增加相关设备的配送。打破公共文化自上而下的硬性提供机制，逐步建立起从社区到乡镇自下而上的公共文化需求反馈机制，因地制宜、因时制宜制定公共文化服务供给目录，提供“菜单式”公共文化服务，文化志愿者通过“点单制”提供相关公共文化服务，可以很好解决供需脱节问题。

二是公共文化活动宣传到位、形式多样。应根据农村人口结构，在村一级成立老年协会，通过老年协会开展政策宣传和文化宣传。政府部门应统筹城乡资源，充分考虑农村地区的经济发展状况，根据人口密度分布，量体裁衣，在人口稀少的偏远地区实现“广

电户户通”,在人口相对密集的乡村发展“三网融合”,解决互联网高速接入的问题,降低网络开通使用成本,群众足不出户便可通过手机、电视等数字网络终端获取各类公共文化资源。目前,乡村人口结构呈现老龄化态势,为了保障老年人在信息化时代同样可以享受到丰富的文化生活,应定期开展互联网应用专题培训讲座,最大程度缩小其与年轻一代的“网络代沟”。

(三)加快公共文化人才专门培养

一是改革用工制度。实行全员聘用,引入竞争机制,激发内在活力。推进区文化馆、博物馆、图书馆等单位内部机制改革,积极探索公共文化人才队伍建设、管理和使用新机制,切实解决部门职责不清、活力不足、效率不高等问题,努力提高公共文化服务质量和水平。提高农村和基层文化工作人员的薪资待遇和福利待遇,解决编外专业技术人员的编制问题,保证其工作环境的稳定。乡镇和村一级的文化专干存在招人难,留人更难的现实困境,建议参照国务院办公厅印发的《乡村教师支持计划(2015—2020年)》,实现城乡编制标准同步,文化专干工资水平不低于当地公务员,薪资福利待遇实现差别化补助,越是基层岗位,条件越是艰苦,工资福利越是要高。

二是改革招考制度。实行特殊岗位自招制,既要考察日常工作能力,又要注重文化专业素养。目前混岗混编问题的出现主要是由于工作体量大,在编人员不在岗,办事效率不高。应因地制宜地制定选才用才政策,采取多种形式、多种渠道从民间文化能人中选一批热心基层公共文化工作的人员进入文化队伍,建立健全公共文化队伍培训和管理机制,综合解决文化站工作人员才不适岗、编制被侵占借用的问题。鼓励支持公共文化社会团体发展,提供免费培训课程、文化活动开展场地,对优秀公共文化团体给予经费奖补,使之成为基层公共文化服务的主要力量。

本文为西南大学公共文化研究中心承担的重庆市委改革办2019年改革咨政调研计划项目“重庆市城乡一体融合发展体制机制改革中公共文化治理与政策创新研究”(项目批准号:渝委改办〔2019〕3号)、西南大学2019年中央高校基本科研业务费专项资金创新团队项目“新时代公共文化服务均等化研究”(项目批准文号:SWU1909101)的阶段性研究成果。
作者王倩茹为西南大学政治与公共管理学院硕士研究生;吴江为西南大学政治与公共管理学院院长、教授,研究方向为地方政府治理与改革。